D1674228

Hermann Simon Hg./Ed.

Strategie im Wettbewerb
Strategy for Competition

Alle Beiträge zweisprachig

Hermann Simon Hg./Ed.

Strategie im Wettbewerb

Strategy for Competition

50 handfeste Aussagen
zur wirksamen Unternehmensführung

50 Powerful Lessons for
Effective Management

IM F.A.Z.-INSTITUT

Bibliografische Information Der Deutschen Bibliothek –
Die Deutsche Bibliothek verzeichnet diese Publikation in der
Deutschen Nationalbiografie; detailliertere bibliografische
Daten sind im Internet über http://dnd.ddb.de abrufbar.

Hermann Simon Hg./Ed.

Strategie im Wettbewerb – Strategy for Competition

50 handfeste Aussagen zur wirksamen Unternehmensführung
50 Powerful Lessons for Effective Management

F.A.Z.-Institut für Management-,
Markt- und Medieninformationen,
Frankfurt am Main: 2003

ISBN 3-89981-001-5

Frankfurter Allgemeine Buch
IM F.A.Z.-INSTITUT

Copyright	F.A.Z.-Institut für Management-, Markt- und Medieninformationen GmbH Mainzer Landstraße 199 60326 Frankfurt am Main
Umschlaggestaltung	Rodolfo Fischer Lückert
Satz Umschlag	F.A.Z.-Marketing/Grafik
Buchgestaltung	Rodolfo Fischer Lückert
Druck	Druckhaus Beltz, Hemsbach

Printed in Germany

Inhalt

III Strategien und Wettbewerb
Strategies and Competition

IV Strategie und Marktdynamik
Strategy and Market Dynamics

V Strategie und Umbau
Strategy and Restructuring

VI Strategie und Krise
Strategy and Crisis

VII Strategie und Outsourcing
Strategy and Outsourcing

VIII Strategie, Organisation und Umsetzung
Strategy, Organization and Implementation

Vorwort

Das Thema Strategie erfährt im 21. Jahrhundert eine Wiederbelebung und trifft auf großes Interesse. Während in den achtziger Jahren zahlreiche neue Strategiekonzepte wie Wettbewerbsvorteile, Zeitwettbewerb oder Kernkompetenzen entwickelt wurden, standen in den neunziger Jahren Kostenreduktion, Rationalisierung und Restrukturierung im Vordergrund. Doch heute zeigt sich vermehrt, dass dem Gesundschrumpfen von Unternehmen Grenzen gesetzt sind. Das Interesse an Strategie nimmt deshalb über verschiedene Zielgruppen hinweg massiv zu:

- Investoren und Anleger wollen die Strategie eines Unternehmens als Determinante des zukünftigen Erfolges besser verstehen. Nicht allein der Gewinn, sondern auch die Strategie bestimmt den Börsenwert.

- Kunden und Lieferanten betrachten die Strategie, wenn sie im Rahmen von Wertschöpfungsketten eine stärkere Integration und Partnerschaften anstreben. Da solche Anbindungen oft auf Dauerhaftigkeit angelegt sind, empfehlen sich nur Partner mit starken Strategien.

- Bewerber interessieren sich für die Strategie, weil langfristige Aufstiegs- und Entwicklungschancen entscheidend von ihr abhängen. Gerade High Potentials, um die alle kämpfen, achten bei der Auswahl eines Arbeitgebers auf eine überzeugende Strategie.

- Und natürlich sieht sich jeder Manager ständig und wiederholt mit der Frage konfrontiert, ob der Kurs seines Unternehmens noch stimmt. Soll er in neue Produkte oder neue Märkte investieren? Der chinesische Markt sollte erobert werden, aber gleichzeitig verlangt die Entwicklung mehr Geld. Globalisierung und technischer Fortschritt eröffnen neue Chancen, erschweren aber auch die Wahl. Trotz der Fokussierung auf Kerngeschäfte hat in vielen Firmen die Komplexität eher zu- als abgenommen.

Angesichts dieser Entwicklungen ist es nicht verwunderlich, dass der Strategiebegriff noch schillernder geworden ist. Je nach Perspektive subsumieren Autoren, Management-Gurus und Berater die unterschiedlichsten Inhalte unter diesem faszinierenden Terminus. In Anlehnung an das berühmte Zitat von Augustinus über die Zeit könnte man sagen:

9

„Was aber ist Strategie? Wenn ich selber darüber nachdenke, so weiß ich es. Wenn mich aber jemand fragt, ihm Strategie zu erklären, so weiß ich es nicht."

Auch das vorliegende Buch wird die Frage, was Strategie ist, nicht abschließend und erschöpfend beantworten können. Es bietet aber mehrere Besonderheiten. Um sowohl deutsche wie auch internationale Leser anzusprechen, sind alle Beiträge in deutscher und in englischer Sprache abgedruckt. Unter den Autoren aus aller Welt finden sich Unternehmer, Manager, Professoren und Berater. Sie beleuchten eine Vielzahl von Aspekten, die in ihrer Gesamtheit das Phänomen Strategie berühren. Praxisnähe und Praxisrelevanz stehen durchgängig im Vordergrund. Die einzelnen Abschnitte sind äußerst kompakt gehalten, sodass selbst der Leser mit knappem Zeitbudget Wissen schnell und wirksam erwerben oder auffrischen kann.

Leider lassen sich bei einer solchen Mannigfaltigkeit gewisse Redundanzen nicht vermeiden. Der Preis, sie zu eliminieren, wäre mitunter der Verlust der spezifischen Blickwinkel der jeweiligen Autoren. Dies wäre ein hoher Preis, den es sich meines Erachtens nicht zu entrichten lohnt. Mein Anliegen ist es, den Themenkomplex aus möglichst unterschiedlichen Perspektiven beleuchten zu lassen. Ferner soll es dem Leser möglich sein, ihn interessierende Aspekte jederzeit problemlos einzeln herausgreifen zu können.

In einer Marktwirtschaft spielt sich Strategie immer im Wettbewerb ab. „Strategie im Wettbewerb" erscheint uns deshalb als treffender Titel für dieses Buch. Der Untertitel „50 handfeste Aussagen zur wirksamen Unternehmensführung" bringt zum Ausdruck, dass es uns um den konkreten Nutzen für Unternehmer und Manager geht.

Strategie findet zunehmend im internationalen Rahmen statt. Der Leitartikel von Peter F. Drucker belegt dies anhand der Entwicklung der Gesellschaft der Zukunft, die unentwirrbar mit weltweiten Strömungen verknüpft ist. Die Unternehmen müssen in nahezu allen Teilaspekten von Strategie, egal, ob Wettbewerb, Outsourcing, Personalgewinnung, Allianzen oder Kapitalmarkt, internationale Zusammenhänge verstehen und beachten. Diese Postulate betreffen keineswegs nur Großunternehmen, sondern ebenso mittelständische Firmen, die auf Grund ihrer Spezialisierung oft besonders stark in die Weltwirtschaft integriert sind.

Das Buch wendet sich an obere und oberste Führungskräfte aller Funktionen; sie sind die primäre Zielgruppe. Auch Studenten und Forscher, die sich für praktische Strategie interessieren, werden in diesem Buch eine reichhaltige Ernte finden. Strategie sollte von jedem Top-Manager und Unternehmer als ihn persönlich betreffende Herausforderung verstanden werden. Wenn das Buch dazu beiträgt, dass die heutigen und die zukünftigen Führungskräfte klügere Strategien entwickeln und diese effektiver umsetzen, dann erfüllt es seine Aufgabe.

Zahlreichen Personen gebührt mein Dank für ihre Beiträge und ihre Mitarbeit. Mein erster Dank gilt den Autoren für die Bereitschaft, ihre Gedanken und Erfahrungen mit uns zu teilen. Ich möchte den Partnern und Consultants von Simon, Kucher & Partners für viele Anregungen und kritische Diskussionen danken. Bei den operativen Aufgaben haben mich Dorothea Hayer und Ingo Lier stets mit hoher Effektivität unterstützt. Maureen Fitzgibbons zeichnete für die Übersetzungen vom Deutschen ins Englische verantwortlich. Das Team der „Frankfurter Allgemeinen Zeitung" mit Doris Dröll, Karola Kneib und Patricia Heß sowie Dr. Christina Eibl und Uwe Sander von „Frankfurter Allgemeine Buch im F.A.Z.-Institut" sorgte für eine gleichermaßen angenehme wie effiziente Zusammenarbeit. Ihnen allen sei herzlich gedankt.

Bonn und Boston,

im Juli 2003   Hermann Simon

Foreword

The topic of strategy is experiencing a revival in the 21st century. This is the next step of an evolution that began in the 1980s, when countless strategy concepts such as competitive advantages, time-based competition and core competencies were developed. In the 1990s the focus shifted to cost reductions, rationalization and restructuring. Yet today it has become increasingly clear that there are limits to how much a company can downsize. This realization has awakened great interest in the importance of strategy and how companies are looking beyond downsizing.

- Investors and shareholders want to understand better how a company's strategy serves as the determinant for future success. Profit alone does not determine a company's market value; strategy now plays a crucial role as well.

- Customers and suppliers take the other party's strategy into consideration when they aim to achieve stronger integration and create partnerships. Because such relationships are often for the long-term, only partners with strong strategies are acceptable.

- Job applicants are likewise interested in the strategy of the firm, because opportunities for promotions and development often depend strongly on it. In particular, the "high potentials" – sought after by all companies – look for a convincing strategy when selecting an employer.

- And, of course, all managers repeatedly ask themselves: Is the company still on the right course? Should the company invest into new products or new markets? The Chinese market is waiting to be conquered, but R&D is also asking for more money. Globalization and technological advances uncover new opportunities, but the choices are getting more difficult to make. Despite a stronger focus on core activities, the complexity of business has increased rather than decreased.

In light of these developments, it is no wonder that the word "strategy" has become much more multi-faceted. In this book, authors, management gurus and consultants offer you various conclusions from different perspectives about this fascinating word. What Augustine once said about time could also be said today about strategy: "But what is strategy?

If I think about it, I know. Yet when someone asks me to explain what strategy is, I don't know."

This book won't define strategy exhaustively and completely, but it still has plenty to offer. Above all, the book is meant to be both practical and relevant. The authors are entrepreneurs, managers, professors, and consultants from all over the world. They shed light on a multitude of aspects that deal with strategy. The individual articles are very succinct – you can quickly and effectively acquire new knowledge or update what you already know. Finally, in order to address an international as well as a German audience, all articles appear in English and German.

With such variety, certain redundancies are hard to avoid. But to eliminate them would also mean losing the specific vantage point of an author. In my opinion, this would be too high a price to pay. You should have the opportunity to consider the subject of "strategy" from as many different angles as possible. Furthermore, you should be able to effortlessly find an article on a specific area of interest at any time.

In a market economy, strategy must always be "for" competition. Surviving under competitive conditions is the biggest challenge for companies. Therefore, "Strategy for Competition" is an accurate title for this book. The subtitle "50 Powerful Lessons for Effective Management" indicates our focus on concrete value for entrepreneurs and managers.

Strategy surfaces more and more in an international context. The lead article from Peter F. Drucker verifies this by revealing how society's future development is inextricably linked to global trends. A company must understand and observe the international connections in nearly each area of strategy, be it competition, outsourcing, recruiting, alliances or capital markets. This applies not only to major corporations, but also to medium-sized companies which, because of their specialization, are often well integrated into the world economy.

The book addresses top managers and executives in all functions; they are the primary target group. Students and researchers who are interested in practical strategy will also find a wealth of information in this book. Every top manager and entrepreneur must see strategy as a personal challenge. If this book is able to help current and future company leaders develop more astute strategies and implement them more effectively, then it has achieved its goal.

Numerous individuals deserve my thanks for their contributions and hard work. My first thanks go to the authors for their willingness to share their thoughts and experiences with us. I would like to thank the partners and consultants at Simon, Kucher & Partners for their many ideas and critical discussions. Regarding the book's production, my deep appreciation goes to Dorothea Hayer and Ingo Lier, who consistently supported me with great effectiveness. Maureen Fitzgibbons was responsible for the translations from German into English. The team at the „Frankfurter Allgemeine Zeitung" – Doris Dröll, Karola Kneib and Patricia Heß – and Dr. Christina Eibl and Uwe Sander from „Frankfurter Allgemeine Buch im F.A.Z.-Institut" provided both a congenial and efficient working relationship. I thank you all very much.

Bonn and Boston,

July 2003   Hermann Simon

Leitartikel von Prof. Dr. Peter F. Drucker:

Die Gesellschaft der Zukunft

Strategie findet immer innerhalb eines gesamtgesellschaftlichen Rahmens statt, innerhalb dessen sich jedes Unternehmen bewegen muss. Die Entwicklungen der Zukunft sind deshalb eine strategische Determinante übergeordneter Art. Die großen Linien werden in diesem Leitartikel aufgezeigt. Die Gesellschaft der Zukunft wird durch gravierende Veränderung gekennzeichnet sein, unter denen die Überalterung der Bevölkerung, die zunehmende Relevanz von Wissen sowie ein neuer Protektionismus hervorgehobene Bedeutung gewinnen. In der Zukunft werden Unternehmen andere, größere Rollen übernehmen und mit höherer Komplexität zurechtkommen müssen. An die Stelle von Eigentum als Bindeglied werden Allianzen, Joint Ventures und Verträge als Bausteine der Zusammenarbeit treten. Die Einbeziehung dieser Trends für die Formulierung und Umsetzung von Strategien stellt die Unternehmensführer vor ungewohnte Herausforderungen.

Die Gesellschaft der Zukunft wird sich nicht nur stark von derjenigen des 20. Jahrhunderts, sondern auch von den Erwartungen der meisten Menschen unterscheiden. Vieles wird völlig neu sein. Die meisten Entwicklungen sind schon heute Realität oder treten schnell hervor.

In den Industrieländern wird das rapide Wachstum der älteren und das gleichzeitige schnelle Schrumpfen der jüngeren Generation der alles dominierende Faktor sein. Obwohl Politiker noch immer die Erhaltung der bestehenden Rentensysteme versprechen, weiß jeder, dass sich die Lebensarbeitszeit, intakte Gesundheit vorausgesetzt, in 25 Jahren bis Mitte 70 ausdehnen wird. Allerdings wird eine wachsende Zahl von Menschen über 50 nicht mehr in traditionellen Festanstellungen tätig sein, sondern in anderen, neuen Arbeitsverhältnissen, etwa als Zeitarbeiter, Teilzeitangestellte, Berater, oder in Einzelprojekten zum Einsatz kommen. In Zukunft wird nahezu die Hälfte aller Menschen in einem Unternehmen nicht mehr fest angestellt sein.

Das Schrumpfen der jüngeren Generation wird zu noch tief greifenderen Umwälzungen führen. Eine vergleichbare Entwicklung hat es seit dem Niedergang des Römischen Reiches nicht mehr gegeben. In den entwickelten Ländern liegt die Geburtenrate heute meist weit unterhalb des Wertes von 2,2 Lebendgeburten pro Frau. Diese Rate ist für eine gleich bleibende Bevölkerungszahl notwendig. Einwanderung ist schon heute ein wichtiges und hoch kontroverses Thema in allen reichen Ländern und wird an Brisanz gewinnen. Die über Jahrzehnte jugendbestimmten Märkte werden sich grundlegend verändern, und die Alten werden das attraktivste Marktsegment bilden – mit entsprechenden Folgen für Produktentwicklung, Marketing und Dienstleistungen.

Die Gesellschaft der Zukunft wird eine Wissensgesellschaft sein. Wissen wird zum wichtigsten Rohstoff, und Wissensarbeiter bilden die beherrschende Gruppe in der arbeitenden Bevölkerung. Die drei Hauptmerkmale werden sein:

- Grenzenlosigkeit, denn Wissen kennt keine Grenzen;
- sozialer Aufstieg durch leicht zu erwerbende Bildung und Ausbildung;
- größere Erfolgschancen, aber auch höhere Misserfolgsrisiken.

Der weltweite Wettbewerb wird intensiver werden, da Wissen und Information durch das Internet überall verfügbar sein werden. Unter den Wissensarbeitern sind die so genannten „Wissenstechnologen" die am schnellsten wachsende Gruppe. Sie vereinen Wissen und technische Fähigkeiten.

Die Produktion wird den gleichen Weg gehen wie die Landwirtschaft. Der relative Wert industriell gefertigter Produkte nimmt stetig ab. Der Anteil der in der Produktion Beschäftigten ist in Amerika von 35 Prozent der Arbeitnehmer im Jahre 1950 auf heute weniger als die Hälfte dieses Wertes gesunken. Deutschland und Japan erleben eine ähnliche Entwicklung, allerdings verbunden mit größeren sozialen Spannungen. Der Trend zum Protektionismus, der die Entwicklung in der Landwirtschaft bis heute bestimmt hat, ist auch für die Industrie zu erwarten. Wahrscheinlich wird es zur Bildung großer regionaler Blöcke kommen, die nach innen freien Handel praktizieren, sich dafür aber nach außen umso stärker durch protektionistische Maßnahmen schützen. Die jüngsten Streitereien zwischen den USA und der Europäischen Union sind ein Vorbote dieser Entwicklung.

Unternehmen der Zukunft werden völlig anders aussehen als heute. Traditionell sind Firmen nach Produkt- oder Dienstleistungslinien organisiert und werden vom Eigentum zusammengehalten. Multinationale Unternehmen im Jahre 2025 werden wahrscheinlich durch Strategien zusammengehalten und gesteuert werden. Allianzen, Joint Ventures,

Minderheitsanteile, Know-how-Vereinbarungen und Verträge werden zunehmend zu Bausteinen unternehmerischer Bündnisse. Diese Organisationsformen werden eine neue Art des Top-Managements erforderlich machen. Die wichtigsten Aufgaben, die auf das Top-Management zukommen, werden darin bestehen, Balance zu halten zwischen den gegensätzlichen Anforderungen, die sich durch die Notwendigkeit von kurz- und langfristigem Erfolg ergeben, sowie den Ausgleich zu wahren zwischen den unterschiedlichen Ansprüchen der beteiligten Interessengruppen, also Kunden, Aktionären, Wissensarbeitern und Communities.

Das Management muss diese grundlegenden Entwicklungen bei der Formulierung und Umsetzung ihrer Strategien für die Gesellschaft der Zukunft beachten.

Lead Article by Prof. Dr. Peter F. Drucker:
The Next Society

Strategy always transpires within the parameters of society; and within these parameters, every company must act. As a result, the developments of the future are paramount strategic determinants. The major aspects are presented in this lead article. The society of the future will be characterized by new traits. Among those, the aging of the population, the eminence of knowledge and a new protectionism play key roles. In the next society corporations have to perform new, larger roles and deal with higher complexity. They will not only be held together by ownership, but alliances, joint ventures and contracts will increasingly form the building blocks of confederations. It will be a challenge for corporate strategists to integrate these trends into strategy formulation and implementation.

The next society will be very different from the society of the 20th century, and also different from what most people expect. Much of it will be unprecedented. And most of it is already here, or is rapidly emerging.

In the developed countries, the dominant factor will be the rapid growth of the older generation and the rapid shrinking of the younger generation. Politicians still promise to save the existing pension systems but everybody knows perfectly well that in another 25 years people will have to continue working until their mid-70s, health permitting. But a growing number of people over 50 will not continue working as traditional full-time employees. They will participate in the labor force in many new and different ways: as temporaries, as part-timers, as consultants, or on special assignments. In the future, as many as half of the people working for an organization will not be fully employed by it.

The shrinking of the younger population will cause an even greater upheaval. Nothing like this has happened since the dying centuries of the Roman Empire. In developed countries the birth rate is now below the replacement rate of 2.2 live births per woman. This rate is critical for sustaining the population size. Immigration will become an important and highly divisive issue in all rich countries. Markets will change in fundamental ways. Many markets have been youth-determined for decades.

The elderly will become the most attractive market segment which will have consequences for product development, marketing and services.

The next society will be a knowledge society. Knowledge will be its key resource and knowledge workers will be the dominant group in its workforce. The three main characteristics will be:

- borderlessness, because knowledge travels easily,
- upward mobility through easily acquired education, and
- the greater potential for failure and success.

Global competition will intensify since knowledge will be made accessible everywhere through the Internet. Among the knowledge workers, the so-called "knowledge technologists" are the fastest growing group. They combine knowledge and manual skills.

Manufacturing will travel along the same road as agriculture has already. The relative value of manufactured goods is steadily declining. Manufacturing employment in America has fallen from 35 percent of the workforce in the 1950s to less than half that now. Countries such as Germany or Japan are headed in the same direction but with greater social frictions. We have experienced a growing protectionism in farming, and a similar development has to be expected for manufacturing. It is likely that strong regional blocks will emerge that trade freely internally but are highly protectionist externally. The recent rows between the United States and the European Union are a harbinger of this trend.

The corporation of the next society will be very different from today. Traditional corporations today are organized along product or service lines and held together by ownership. The multinationals of 2025 are likely to be held together and controlled by strategy. Alliances, joint ventures, minority stakes, know-how agreements and contracts will increasingly be the building blocks of a confederation. This kind of organization will need a new kind of top management. One of the most important jobs ahead for top management will be to balance the conflicting demands on business being made by the need for both short-term and long-term results, and by the corporation's various constituencies: customers, shareholders, knowledge employees and communities.

Management has to observe these seminal developments in the next society when formulating and implementing corporate strategies.

I

Grundlagen der Strategie
Fundamentals of Strategy

1.1 Was ist Strategie?

Hermann Simon

Der Strategiebegriff ist relativ jung und wird in vielerlei Bedeutungen gebraucht. Strategie ist zu einem Modewort geworden. Nachfolgend sprechen wir die wichtigsten Elemente von Strategie an. Wir kommen zu dem Ergebnis, dass Strategie sehr komplex und umfassend ist. Strategie muss Wollen, Denken und Handeln einschließen.

Strategie ist die Kunst und die Wissenschaft, alle Kräfte eines Unternehmens so zu entwickeln und einzusetzen, dass ein möglichst profitables, langfristiges Überleben gesichert wird. Im Kontext der Unternehmensführung ist Strategie – trotz seiner heutigen weiten Verbreitung – ein junger Begriff. Sporadisch tauchte das Wort Strategie seit den sechziger Jahren im Fachjargon auf, erst nach 1980 wurde Strategie zu einem zentralen Begriff im Management. Was umfasst Strategie?

1. Wissen, was man will. Der Wille, als das meines Erachtens wichtigste Element von Strategie, existiert in der Managementwissenschaft nicht. Strategien werden nicht primär von Analysen, sondern vom Willen eines Einzelnen oder eines Teams getrieben. Der Wille versorgt das Unternehmen mit Energie.

2. Wissen, was man nicht will. Das ist ebenso wichtig wie der erste Punkt. Denn nur eine eindeutige Position in dieser Frage vermeidet Ablenkung und ständige Reorientierung. Bill Gates hat hier eine seiner Stärken. In einem Interview aus dem Jahre 1998 sagt er: „Wir werden weder den Besitz von Telekom-Netzen oder Telefongesellschaften anstreben. Wir werden nicht in die Systemintegration einsteigen und nicht in die Beratung auf dem Feld Informationssysteme." Nur wer genau weiß, was er nicht will, kann sich voll auf das konzentrieren, was er will. Hätten die BMW-Manager gewusst, dass sie ihre Kraft nicht in die Sanierung des maroden Unternehmens Rover, sondern in Produktinnovation und Marketing investieren wollen, wären die Firma und ihre Aktionäre heute um Milliarden reicher. Michael Porter geht noch einen Schritt weiter: „The essence of strategy is choosing what not to do."

3. Etwas Neues schaffen. Strategie muss immer mit Innovation einhergehen. Diese kann durchaus nach innen gerichtet sein. Aldi verkauft Produkte wie jeder andere Einzelhändler auch. Aber Aldi tut es auf eine innovative, eigentümliche Weise, mit anderen Prozessen, mit niedrigeren Kosten. Aldi macht fast alles anders als die Branche. Strategie darf niemals Imitation sein. Daraus folgt zwangsläufig, dass Strategie mehr ist als Wissenschaft. Der französische Philosoph Henri Bergson hat schon 1907 darauf hingewiesen, dass sich Wissenschaft zwangsläufig mit dem Wiederholbaren beschäftigt, denn nur so kann sie Gesetzmäßigkeiten entdecken. Strategie aber ist gerade das nicht Wiederholbare, das nicht Imitierbare. Genau hier liegt auch einer der großen Irrtümer der meisten Strategen: Sie sind ständig auf der Suche nach Gesetzmäßigkeiten von Strategie. Sie studieren die Erfolgsstories von gestern, um sie zu imitieren. Das ist ein Holzweg. Nur Kreativität, Originalität, Querdenken produzieren überlegene Strategien. „Find out what everybody else is doing, then do it differently", lautet ein amerikanisches Motto. Das Problem besteht nur darin, dass einem niemand sagt, was „differently" heißt, das kann man nur selbst herausfinden.

4. Durchhalten. Strategie heißt durchhalten, Ausdauer zeigen, nicht aufgeben! Man könnte die Michelangelo-Worte „Genius ist ewige Geduld" in „Strategie ist ewige Geduld" abwandeln. Trotz der scheinbaren Schnelllebigkeit unserer Zeit und ihrer Märkte entstehen dauerhafte Erfolgspositionen nicht in kurzer Zeit. Vielmehr erfordern sie Visionen und Aktionen, die über Jahrzehnte reichen und einem konsistenten Strategiemuster treu bleiben. Zur Erinnerung: Intel ist mehr als 30, Microsoft mehr als 20 und SAP mehr als 30 Jahre alt – fürwahr keine Eintagserfolge bzw. -fliegen!

5. Strategie ist allumfassend. Strategie ist nicht lang- versus kurzfristig. Strategie ist nicht übergeordnet versus detailorientiert. Strategie ist nicht zentral versus dezentral. Carl von Clausewitz hat diese Omnipräsenz von Strategie treffend apostrophiert: „Die Strategie muss mit ins Feld ziehen, um das Einzelne an Ort und Stelle anzuordnen und für das Ganze die Modifikationen zu treffen, die unaufhörlich erforderlich werden. Sie kann also ihre Hand in keinem Augenblick von dem Werke abziehen."

Strategie braucht Intelligenz und Intuition, Rationalität und Emotion, Wille und Analyse sowie die Fähigkeit, das Ganze durch Menschen in reales Handeln umzusetzen.

1.1 What Is Strategy?

Hermann Simon

The word "strategy" is used with many different meanings. The term has achieved buzzword status. In the following, I will address the most important elements of strategy. The article concludes that strategy is very complex and comprehensive. A strategy must consist of three components: will, thought and action.

Strategy is the science and art of developing and employing all the resources of a company in such a way as to guarantee the most profitable, long-term survival. Despite its popularity, the word "strategy" has not been used very long in the context of corporate management. It started popping up sporadically in the sixties, but it wasn't until the 1980s that "strategy" became a key word in management. What does strategy involve?

1. Knowing what you want. Will, in my opinion the most important component of strategy, is not addressed in most management textbooks. Strategies are not primarily driven by analyses, but by the will of an individual or a team. Will supplies a company with energy.

2. Knowing what you don't want. This is just as important as the previous point. Only those managers who are clear on this question will be able to focus and stay on course. This is one of Bill Gates's strengths. In a 1998 interview, he said: "We are not going to own any telecommunications networks: phone companies, things like that. We're not going to do system integration or consulting for corporate information systems." Only managers who know what they don't want can focus all their energies on what they do. If BMW's executives had known that they didn't want to invest their energy in overhauling the Rover organization, but rather in product innovation and marketing, the company and its investors would be billions richer today. Michael Porter takes this point even a step further: "The essence of strategy is choosing what not to do."

3. Creating something new. Strategy always goes together with innovation. This innovation may be directed inwards. Aldi sells products similar to other retailers, but it does so in an innovative, unique fash-

ion, with different processes and lower costs. Aldi does almost everything differently than the rest of the retail industry. Strategy must not ever be imitation. It inevitably follows that strategy is different than science. In 1907, the French philosopher Henri Bergson pointed out that science can only deal with the repeatable because that is the only way it can detect laws. However, strategy can't be repeated or imitated. This is where most strategists make their greatest mistake: Managers are constantly looking for strategic patterns. They study the success stories of yesterday and try to emulate them. This approach is flawed. Superior strategies emerge only from creativity, originality, unconventional thinking. An American adage says: "Find out what everybody else is doing, then do it differently." The only problem is, no one tells you what "differently" means. You have to find out yourself.

4. Perseverance. Strategy means perseverance, stamina, not giving up. One might even say "Strategy is eternal patience", a corporate adaptation of Michelangelo's "Genius is eternal patience". Despite the fact that we live in a fast-moving age with dynamic markets, lasting success isn't achieved over night. It is a result of visions and activities that span decades and follow a strategic pattern. Intel has been around for more than 30 years, Microsoft for more than 20, and SAP for more than 30. These are certainly not instant (or fleeting) successes!

5. Strategy is all-encompassing. Strategy is not long- vs. short-term, general vs. detailed, or centralized vs. decentralized. Carl von Clausewitz aptly characterizes strategy's ubiquitous nature: "Strategy must join the Army in the field in order to arrange particulars on the spot, and to make the modifications in the general plan, which incessantly become necessary in war. Strategy can therefore never take its hand from the work."

Strategy requires a combination of intelligence and intuition, rationality and emotion, will and analysis and the ability to deploy people to put it all into action.

1.2   Eine kurze Geschichte der Strategie – Teil I

Hermann Simon

Der Strategiebegriff ist alt. Im Kontext der Unternehmensführung wird allerdings erst seit wenigen Jahrzehnten von Strategie gesprochen. Doch seit den sechziger Jahren hat kein anderes Teilgebiet der Betriebswirtschaftslehre so viele neue Konzepte hervorgebracht. In diesem Abschnitt geben wir einen kurzen Abriss der Entwicklung bis etwa zum Jahre 1980. Im nächsten Abschnitt behandeln wir die letzten beiden Jahrzehnte.

Der Begriff Strategie stammt aus dem Griechischen und setzt sich aus den Wörtern „Stratós", das heißt Heer oder Truppe, und „ágein", was führen bedeutet, zusammen. Diesem Ursprung gemäß gehörte Strategie bis vor wenigen Jahrzehnten zum Militärjargon und war ein in Geschäftskreisen ungebräuchlicher Terminus. In Deutschland ist der Begriff eng mit Carl von Clausewitz verbunden, der sich in seinem Hauptwerk „Vom Kriege" intensiv mit strategischen Fragestellungen auseinander setzt. Von Clausewitz liefert eine bis heute zutreffende Aufgabenbeschreibung: „Die Strategie muss mit ins Feld ziehen, um das Einzelne an Ort und Stelle anzuordnen und für das Ganze die Modifikationen zu treffen, die unaufhörlich erforderlich werden. Sie kann also ihre Hand in keinem Augenblick von dem Werke abziehen." Diese Definition lässt sich eins zu eins auf Unternehmensstrategie übertragen. Strategie ist keineswegs abgehobenes, theoretisches Planen, sondern sie muss nahe an der Ausführung bleiben, ständig Feedback erhalten und entsprechend anpassen, ohne je das größere Ziel aus den Augen zu verlieren. Eine scharfe Trennung zwischen Strategie und Taktik bzw. Operations, wie man im Geschäftsleben sagt, darf es nicht geben.

In der Betriebswirtschaftslehre ist Strategie ein vergleichsweise junger Begriff. Sporadisch tauchte er in den fünfziger Jahren, zunehmend häufiger dann in den Sechzigern auf. Vorher sprach man von langfristiger Planung („long-range planning"). Als Vater des unternehmerischen Strategiebegriffes kann Igor Ansoff gelten, der seinerzeit strategischer Planer bei der amerikanischen Flugzeugfirma Lockheed war und später Managementprofessor wurde. Auf ihn geht die berühmte Ansoff-Matrix zurück, die anhand der beiden Kriterien „Produkte" (alt oder neu) und „Märkte" (alt oder neu) vier mögliche Wachstumsstrategien definiert, deren eine die berühmt-berüchtigte Diversifikation (neu–neu) darstellt. Eine Zusammenfassung der Entwicklung von Strategie-Systemen findet sich in Tabelle 1.

Zeitraum	50er-/60er-Jahre	70er-/frühe 80er-Jahre	Späte 80er-/90er-Jahre	2000+
Fokus	Langfristige Planung	Externe Chancen	Interne Kompetenzen	Wertorientierung, Integration Externe Chancen – interne Ressourcen
Inhalte	Antizipation des Wachstums	Attraktive Märkte, Wettbewerbsvorteile, Diversifikation, Boston, Porter	Fähigkeiten, Kernkompetenzen, Ressourcen, Hamel-Prahalad	Kapitalmarkt-Disziplin, Konzentration auf Kerngebiete
Annahmen	Trends lassen sich fortschreiben	„Wir können alles" Die Zukunft ist prognostizierbar	„Innen fällt die Entscheidung"	„Werte/Überlegenheit schaffen durch Konzentration"
Zentralisierung	Mittel	Hoch	Hoch-gering	Hoch-gering
Planungsrhythmus	Circa 10 Jahre	5 Jahre	3 Jahre	Permanent, nach Bedarf/Schnelligkeit

Tab. 1: Entwicklung von Strategie-Systemen

Den Durchbruch brachten jedoch nicht Wissenschaftler, sondern Unternehmensberater, die ab Ende der sechziger Jahre eine Reihe neuer Planungskonzepte mit strategischem Anspruch einführten. Hervorzuheben sind die Portfolio-Konzepte von McKinsey und der Boston Consulting Group, die anhand leicht unterschiedlicher Kriterien die Klassifizierung von Geschäftseinheiten und darauf aufbauend die Ableitung von Strategien erlauben. Teilweise basieren diese Werkzeuge auf Ideen, die bei Royal Dutch Shell und General Electric entwickelt und erprobt wurden. Eine zentrale Rolle spielte auch die Erfahrungskurve, um deren Erforschung sich insbesondere die Boston Consulting Group verdient machte. Zwar war der Zusammenhang zwischen kumulativer Produktionsmenge und Kosten schon seit den dreißiger Jahren aus dem Flugzeugbau bekannt, jedoch hatte ihn bisher niemand konsequent im Hinblick auf seine Implikationen für Kosten- und Marktführerschaft interpretiert. Das so genannte PIMS-Projekt (für Profit Impact of Market Strategy), in das Daten aus 3000 strategischen Geschäftseinheiten einflossen, tat ein Übriges, die Aufmerksamkeit auf Marktführerschaft und Wettbewerbsposition zu lenken. Diese Einsichten führten zur Neuausrichtung von realen Strategien, besonders bekannt geworden ist das Beispiel von General Electric, dessen Vorstandsvorsitzender Jack Welch bei seinem Dienstantritt im Jahre 1982 erklärte, nur in Geschäften bleiben zu wollen, in denen GE die Nummer eins oder zwei in der Welt sei bzw. werden könne. Nach zwanzig Jahren muss man dieser Strategie extremen Erfolg attestieren, General Electric stieg zum wertvollsten und profitabelsten Unternehmen der Welt auf.

Dieses Beispiel belegt, dass die Einsichten und die Instrumente, die die Strategie bis zu Beginn der achtziger Jahre entwickelte, erheblichen Einfluss auf die Führung von Unternehmen gewannen. Erst nach dieser Phase wandte sich die Wissenschaft verstärkt strategischen Fragestellungen zu und lieferte innovative und interessante Beiträge. Dazu werden wir im folgenden Beitrag einen Überblick geben.

1.2 A Short History of Strategy – Part I

Hermann Simon

> The term "strategy" is not new. But it wasn't until the last few decades that it's been used in a business context. Nevertheless, no other branch of business studies has produced so many new concepts since the 1960s. In part one, I will present a short overview of the development of strategy until around 1980. In part two, I will examine the recent two decades.

The word "strategy" is derived from the Greek words "stratós", meaning "army" or "troop", and "ágein" meaning "to lead". In line with this etymology, the word was used predominantly in military contexts up until a few decades ago and was highly uncommon in business circles. In Germany, the word is closely associated with Carl von Clausewitz, who deals with strategic issues exhaustively in his work "On War". Von Clausewitz's description of strategy remains relevant to this day: "Strategy must join the armed forces in the field in order to arrange particulars on the spot, and to make the modifications in the general plan, which incessantly become necessary in war. Strategy can therefore never take its hand from the work." This definition can be applied as is to corporate strategy. Strategy has nothing to do with elevated, theoretical planning, but is closely connected with execution. It requires regular feedback and needs to adjust to the situation without ever losing sight of the main goal. There mustn't be a sharp division between strategy and tactics, or "operations", as it is referred to in business.

Strategy is a comparably new word in business. It began to be used sporadically in the 1950s and gradually more often in the sixties. Before that time, strategic issues were referred to as "long-range planning". Igor Ansoff, formerly strategy planner of Lockheed Aircraft Corporation and later a professor of management, is recognized as the father of the term "corporate strategy". He formulated the celebrated Ansoff Matrix, which defines four possible growth strategies by combining the criteria "product" (existing or new) and "markets" (existing or new). One of the possible strategies is the infamous diversification strategy (new-new). Table 1 shows the development of strategy systems.

Period	1950s–1960s	1970s/early 1980s	Late 1980s/ 1990s	2000+
Focus	Long-range planning	External opportunities	Internal competencies	Value orientation, integrat./Extern. opportunities – internal resources
Content	Anticipation of growth	Attractive markets, competitive advantages, diversification, Boston, Porter	Abilities, core competencies, resources, Hamel-Prahalad	Capital market-discipline, concentration on core areas
Assumptions	Continuous trends	"We can do everything" – the future is predictable	"Strategy defined internally"	"Create values and superiority through concentration"
Centralization	Moderate	High	High – low	High – low
Planning Horizon	Approx. 10 years	5 years	3 years	Permanent, according to need/speed

Table 1: Development of strategy systems

The breakthrough wasn't achieved by scientists, but by consultants. In the late sixties, they introduced a series of new planning concepts of strategic nature. Noteworthy are McKinsey's and Boston Consulting Group's portfolio concepts, which, using slightly different criteria, made it possible to classify business units in order to derive strategies. Some of these tools are based on ideas that were developed and tested by Royal Dutch Shell and General Electric. The experience curve also played a significant role. The Boston Consulting Group won acclaim for the formulation and promotion of this concept. Though the relationship between cumulative production volume and costs had been known since the 1930s from the aircraft construction industry, no one had interpreted it in regard to its implications for costs and market leadership until that time. The so-called PIMS project (Profit Impact of Market Strategy), which utilized data from 3000 strategic business units, was also responsible for turning attention towards market leadership and competitive positioning. These insights led companies such as General Electric to redefine their strategies. Upon becoming CEO of General Electric in 1982, Jack Welch declared that GE would remain only in those businesses in which it was Number 1 or Number 2 in the world, or could at least achieve this status. Twenty years later, no one can deny that this strategy was extremely successful. General Electric became the most valuable and profitable company in the world.

The GE case shows that the insights and instruments generated by strategy until the early 1980s had a considerable impact on corporate management. Not until after this phase did scholars earnestly address strategic issues and make innovative and interesting contributions.

1.3 Eine kurze Geschichte der Strategie – Teil II

Hermann Simon

Nach der Entwicklung grundlegender Werkzeuge wie Portfolio-Konzept und Erfahrungskurve setzte Anfang der achtziger Jahre eine zweite Phase strategischer Kreativität ein. Wettbewerbsanalyse, Zeitwettbewerb und externe Chancen bestimmten das Denken. Ende des Jahrzehnts wandte sich die Strategie jedoch vermehrt internen Aspekten zu. Heute werden externe Chancen und interne Ressourcen als gleichberechtigte Determinanten von Strategie angesehen.

Die Neuausrichtung von Strategie seit 1980 ist insbesondere mit dem Namen von Michael Porter, Professor an der Harvard Business School, verbunden. Mit seinen beiden Büchern „Competitive Strategy" (1980) und „Competitive Advantage" (1985) führte er eine systematischere und tiefgründigere Sichtweise ein. Der wichtigste Beitrag Porters besteht in einer Erweiterung des Wettbewerbsgedankens in horizontaler und vertikaler Richtung. So befindet sich ein Unternehmen nicht nur im Wettbewerb mit etablierten Konkurrenten, sondern ist auch der Konkurrenz durch Substitute sowie durch potenzielle neue Wettbewerber ausgesetzt. Ein Hersteller von Nierensteinzertrümmerern muss nicht nur andere ähnliche Hersteller in seine Wettbewerbsbetrachtung einbeziehen, sondern seine Marktposition wird auch von Pharmafirmen oder Chirurgen bedroht, die Nierensteine durch chemische Auflösung oder Operation beseitigen. In vertikaler Hinsicht kämpfen vorgelagerte Lieferanten und nachgelagerte Kunden um Anteile an der Wertschöpfungskette. Je nach relativen Machtpositionen, Austauschbarkeiten und Abhängigkeiten resultieren daraus sehr unterschiedliche Renditen. In dem System der Wettbewerbskräfte muss ein Unternehmen seine Marktauswahl und seine Strategie bewusst planen. Das betrifft sowohl den Platz in der Wertschöpfungskette als auch den Wettbewerbsvorteil, der entweder auf Differenzierung/Mehrwert oder auf niedrige Kosten/günstige Preise ausgerichtet sein sollte. Zudem ist zu entscheiden, ob man den gesamten Markt oder nur ein Segment bedienen will. Kombiniert man beide Dimensionen, so ergeben sich die vier generischen Strategien (vgl. Tab. 1).

	Wettbewerbsvorteile	
	Niedrige Kosten	Differenzierung
Gesamtmarkt	Kostenführerschaft	Differenzierung
Segment	Kostenfokus	Differenzierungs-fokus

Tab. 1: Die vier generischen Strategien

Unklarheit oder faule Kompromisse bei diesen Entscheidungen führen dazu, dass man „zwischen den Stühlen" sitzt und gegenüber strategisch besser fokussierten Unternehmen ins Hintertreffen gerät.

In den achtziger Jahren verdienen zwei weitere Beiträge Erwähnung. Das Buch „In Search of Excellence" von Peters und Waterman erschien 1982 und wurde sofort zum Bestseller. Die Autoren propagierten das so genannte 7-S-Modell von McKinsey (Strategie, Struktur, Systeme, Selbstverständnis, Spezialkenntnisse, Stil, Stammpersonal) und stellen die Kundennähe als dominierenden Erfolgsfaktor heraus. Aus heutiger Sicht ist eine nachhaltige Wirkung dieses Bestsellers nicht zu erkennen. Eine weitere Welle bezog sich auf den Zeitwettbewerb: Geschwindigkeit, kurze Entwicklungszeiten, Pionierstatus bestimmten strategische Überlegungen.

Zusammenfassend kann man sagen, dass externe Chancen (Marktwachstum, Kundenorientierung, Wettbewerbsvorteile) in den Jahren 1970 bis 1990 im Fokus der Strategie standen. Diese Phase zeichnete sich also durch eine gewisse Einseitigkeit insofern aus, als attraktive, wachsende Märkte keine Garantie für Erfolg sind. Vielmehr scheiterten sehr viele Diversifikationen. Die Ursache lag darin, dass den Unternehmen die Kompetenzen fehlten, um in den neuen Märkten erfolgreich zu sein.

In der Folge wandte sich die Strategieforschung diesen internen Aspekten zu; Fähigkeiten, Ressourcen, Kernkompetenzen, Kosten traten in den Vordergrund des Interesses. Diese Reorientierung der Strategie ist vor allem mit den Namen Hamel und Prahalad verbunden. Das Buch „The

Machine that Changed the World" (1990) analysierte die Strategien der Autohersteller und attestierte den japanischen Unternehmen in nahezu allen Kriterien (Entwicklungszeiten, Qualität, Kosten) Vorteile. Der Trend setzte sich in der Reengineering-Welle fort, die eine Neuorganisation aller Prozesse forderte und enorme Einsparungen versprach. Kostenreduktion, Rationalisierung, Restrukturierung beschäftigten die Unternehmensleiter. Diese Phase war somit durch eine Innenorientierung der Strategie gekennzeichnet. Hier wiederholte sich die Geschichte, denn bereits in den fünfziger Jahren gab es an der Harvard Business School die so genannte ressourcenorientierte Denkschule, die Unternehmensführung primär von innen verstand.

Doch beide Sichtweisen sind einseitig. Attraktive Märkte kann man ohne entsprechende Kompetenzen nicht erfolgreich bedienen; umgekehrt nutzen Fähigkeiten nichts, wenn es keine Nachfrage für die erzeugten Produkte gibt. Letzteres haben viele frühere Wehrtechnikunternehmen schmerzlich erfahren müssen. Die moderne Auffassung von Strategie bezieht deshalb externe Chancen und interne Ressourcen gleichgewichtig und gleichberechtigt ein.

1.3 A Short History of Strategy – Part II

Hermann Simon

> The second phase of strategic creativity began in the early 1980s, following the development of basic tools such as the portfolio concept and the experience curve. Competitive analysis, time competition and external opportunities shaped the way companies thought. Towards the end of the decade, however, strategy began to focus more on internal aspects. Today, external opportunities and internal resources are considered equal determinants of strategy.

The reorientation of strategy that began in 1980 is closely linked to Michael Porter, a professor at the Harvard Business School. His books "Competitive Strategy" (1980) and "Competitive Advantage" (1985) introduced a more systematic, more profound view of strategy. Porter's most significant contribution lies in broadening competitive thinking in both horizontal and vertical directions. Not only do companies compete against established rivals, but they are also exposed to competition through substitutes and potential new opponents. A manufacturer of lithotripters not only has to take similar manufacturers into account when examining its competitive situation, but also has to defend its market position against pharmaceutical companies and surgeons offering chemical or operative treatment of kidney stones. From a vertical point of view, upstream suppliers have to compete with downstream customers for a share of the value-added chain. Depending on the relative position of power, substitutes and dependencies result in very different yields. Within the system of competitive forces, a company must consciously select its markets and plan its strategy. That concerns not only its position in the value-added chain, but also its competitive advantage, which should be oriented towards either differentiation/value-added or lower costs/lower prices. Companies also need to decide whether they want to serve an entire market or just a segment.

If we combine both dimensions, we come up with four generic strategies (see figure 1).

		Competitive Advantage	
		Lower Cost	Differentiation
Target Market	Broad Target	Cost Leadership	Differentiation
	Narrow Target	Cost Focus	Differentiation Focus

Figure 1: Four generic strategies

A lack of clarity or wrong compromises in making these decisions cause companies to get stuck between these strategies and fall behind other firms that have a clearer strategic focus.

Three other books published in the 1980s warrant mention. Peters' and Watermann's "In Search of Excellence", published in 1982, became an instant bestseller. The authors propagated McKinsey's so-called 7-S Model (strategy, structure, systems, skills, shared values, style, staff) and stressed that closeness to the customer was the decisive factor for success. Today, we see that this bestseller didn't have a lasting effect. Time competition was another trend. Speed, short development times and pioneer status determined strategic planning.

In short, external opportunities – market growth, customer orientation, competitive advantages – were the focus of strategy between 1970 and 1990. This phase is characterized by a certain one-sidedness insomuch that attractive, growing markets do not automatically lead to success. On the contrary, many diversification attempts failed because companies lacked the skills needed to be successful in the new markets.

Consequently, strategic research began to concentrate on internal aspects; skills, resources, core competencies and costs became the focus of interest. This reorientation of strategy is closely linked to Hamel and Prahalad. "The Machine That Changed the World" (1990) analyzed strategies in the automobile industry and claimed that Japanese auto manufacturers had competitive advantages in nearly all criteria (development, quality, time, costs). The trend continued in the re-engineering wave, which called for the reorganization of all processes and promised enormous savings. Managers again turned their attention inward, towards cost reduction, rationalization, restructuring. But this was just history repeating itself, for as far back as the 1950s, professors from the Harvard Business School propagated the so-called "resource-oriented" school of thought, which approached strategy primarily from an internal perspective.

However, both views are one-sided. Companies can not successfully serve attractive markets if they lack the appropriate competencies. On the other hand, skills do not help if there is no demand for the product, something many defense technology companies had to learn the hard way. The modern view of strategy embraces external opportunities and internal resources as equally important components.

1.4   Geschäftsdefinition – Teil I

Hermann Simon

Die Frage, in welchem Geschäft man ist, bildet den Ausgangspunkt der strategischen Planung. Ein Geschäft lässt sich auf dreierlei Weise definieren: produkt-, bedürfnis- oder kompetenzorientiert. Traditionell dominiert die produktorientierte Geschäftsdefinition. Dieses Verständnis beinhaltet jedoch das Risiko, die Kundenbedürfnisse zu ignorieren. Die bedürfnisorientierte Geschäftsdefinition tritt deshalb verstärkt in den Mittelpunkt. Am Beispiel der amerikanischen Eisenbahnen wird die unterschiedliche Sichtweise deutlich.

In welchem Geschäft sind Sie? Diese Frage klingt einfach, ja fast banal. Sie hat jedoch für die Strategie fundamentale Bedeutung. Hierauf wies erstmals im Jahre 1961 der Harvard-Professor Theodore Levitt in einem Aufsatz mit dem Titel „Marketing Myopia" (Marketing-Kurzsichtigkeit), der zu einem Klassiker wurde, hin. Grundsätzlich kann man sein Geschäft aus drei unterschiedlichen Perspektiven definieren: vom Produkt, vom Kundenbedürfnis oder von den Kompetenzen her. Abbildung 1 veranschaulicht diese drei Varianten.

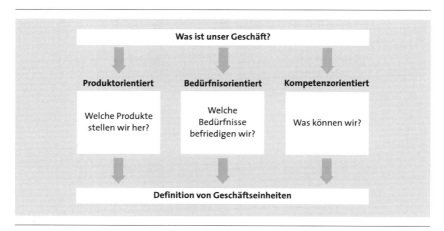

Abb. 1: Definition von Geschäftseinheiten

Levitt illustrierte die Relevanz seiner ungewöhnlichen Frage am Beispiel der amerikanischen Eisenbahnen. Traditionell hätten diese als Antwort gegeben: „Wir sind im Eisenbahngeschäft", ihre Aktivitäten also produktorientiert definiert. Levitt hielt diese Sicht für ein gravierendes Missverständnis und sah in ihr die Hauptursache des Niederganges der einst äußerst erfolgreichen Eisenbahnunternehmen.

Seiner Meinung zufolge hätten die Eisenbahnen den Kunden und seine Bedürfnisse zum Gegenstand ihrer Geschäftsdefinition machen sollen. „Wir sind im Geschäft der Personenbeförderung" (oder der Güterbeförderung), wäre demzufolge die strategisch richtige Antwort gewesen.

Die bedürfnisorientierte Sichtweise ist von der produktorientierten grundsätzlich verschieden. Man geht nämlich vom Bedürfnis des Kunden aus, und dieses besteht beispielsweise darin, dass er von New York nach Chicago reisen will. Das ist die primäre Tatsache und Triebkraft der Nachfrage. Erst an zweiter Stelle folgt dann die Wahl des Verkehrsmittels. Und hier wählt der Kunde die für ihn insgesamt günstigste Methode. Das kann je nach Fall die bequemste, die schnellste, die wirtschaftlichste oder die billigste Form sein. Der Kunde ist nicht per se an der Eisenbahnfahrt interessiert; sobald ihm sich ein günstigeres Verkehrsmittel bietet, bevorzugt er dieses. Wäre dies das Geschäftsverständnis der Eisenbahngesellschaften gewesen, dann hätten sich Investitionen in Fluggesellschaften geradezu aufgedrängt, eventuell sogar in Autobahnen. Doch nichts derartiges geschah. Vielmehr sahen sich die Firmen im Eisenbahngeschäft, betrieben dieses auch sehr effizient. Sie verpassten jedoch völlig den Markteintritt des Flugzeuges, da sie dieses nicht als Konkurrenz sahen. Auf diese Weise wurden sie langfristig an den Rand gedrängt und gingen unter bzw. lebten nur noch als staatlich subventionierte Organisationen weiter. Paradoxerweise scheint sogar der amerikanische Staat einsichtiger gewesen zu sein. Denn im Jahre 1934 wurde in Amerika die neue Gesetzgebung für Fluggesellschaften dem Railroad Act untergeordnet, das Parlament ordnete also beide Branchen dem gleichen Geschäft zu. Eine valide Geschäftsdefinition ist entscheidend für die strategische Ausrichtung eines Unternehmens.

1.4 Defining the Business – Part I

Hermann Simon

In strategic planning, the first thing a company needs to ask itself is what business it's in. There are three ways to define a business: product-oriented, needs-oriented or competence-oriented. Most companies define their business as product-oriented. The problem with this perception is that customer needs are often ignored. As a result, the needs-oriented business definition is moving to the center of attention. The example of American railroad companies illustrates the difference between the product and the needs-oriented business definition.

"What business are you in?" This question sounds easy – almost trivial. But it is of fundamental importance for strategy. Harvard Business professor Theodore Levitt pointed this out in 1961 in his paper "Marketing Myopia", which has since become a classic. There are basically three perspectives from which companies can define their business: the product perspective, the customer needs perspective or the competence perspective. Figure 1 illustrates these three variants.

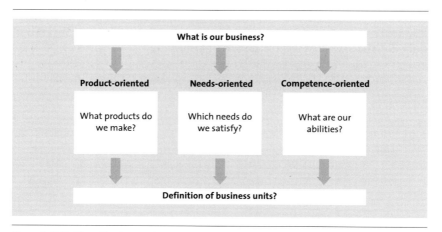

Figure 1: Definition of business units

To illustrate the relevance of his unusual question, Levitt alluded to the American railroad industry. Traditionally, this industry would have replied that they are in the railroad business – a product-oriented definition. According to Levitt, this view was a grave misconception and was the main reason for the decline of the once mighty railway industry in the US.

Levitt believed that the railroads should have put the customer and his needs at the heart of their business definitions. "We are in the business of passenger transport" (or freight transport) would have been the strategically correct answer.

The needs-oriented view is fundamentally different from the product-oriented view. It starts with and focuses on the needs of the customers. Say, for instance, that the customer would like to travel from New York to Chicago. This need is the most important fact and triggers demand. The means of transportation is secondary. The customer selects the mode of transportation that suits him best. Depending on the person, that can mean the most convenient, the quickest, the most efficient or the cheapest alternative. The customer is not interested in the train ride per se. He is interested in getting to his destination as quickly, comfortably or cheaply as possible. If the railroads had seen customer needs, and not running a railroad, as their business, they most likely would have invested in the airline industry, maybe even in highways. But that did not happen. Instead, they saw themselves in the railroad business. And they were good at it. But they totally missed the market entry of the airplane because they didn't consider it a competitive threat. In the long run, this mistake caused them to lose the market. Most railway companies went bankrupt or just managed to get by on state subsidies. Ironically, even the US government seemed to be more aware of what was really going on than the railroad industry itself. In 1934, they made the new airline legislation a part of the Railroad Act. The US Congress categorized both industries in the same business. A valid business definition is decisive for the strategic direction of a company.

1.5 Geschäftsdefinition – Teil II

Hermann Simon

> Die bedürfnisorientierte Geschäftsdefinition soll sicherstellen, dass nicht an den Wünschen der Kunden vorbeiproduziert wird. Gleichzeitig erweitert sie die Wettbewerbsperspektive und reduziert somit das Risiko, gegen Substitute und neue Technologien zu verlieren. Die kompetenzorientierte Geschäftsdefinition ist vor allem für Technologieunternehmen kritisch, sollte aber stets im Zusammenhang mit dem Kundenbedürfnis gesehen werden. Hüten sollte man sich vor einer zu weiten Definition, die ins Unverbindliche abgleitet. Die Geschäftsdefinition muss spezifisch bleiben, um konkrete Handlungsanweisungen für die Strategie zu ermöglichen.

Eine bedürfnisorientierte Geschäftsdefinition reduziert das Risiko, das die Nachfrager ausbleiben und ihre Bedürfnisse auf andere Weise befriedigen. Offenbar hatten große Teile der früheren mechanischen Uhrenindustrie in der Schweiz nicht diese Einsicht. So verlor diese Branche ihre weltführende Stellung. Das Bedürfnis des Verbrauchers ist im Falle einer Uhr nicht auf Mechanik bezogen. Typischerweise wird es sich auf Zeitmessung beziehen, aber es gibt auch andere Motive, die eine Uhr befriedigen kann. „Rolex ist nicht im Uhrengeschäft", sagte André Heiniger, der Gründer von Rolex. Ähnlich lässt sich für die Swatch sagen, dass sie in einer Art speziellen Modegeschäftes agiert. Mithilfe solcher Produkte und weiterer Luxusuhren, deren Geschäft sich auf Prestige, Image, Luxus etc. bezieht, holten die Schweizer die Marktführerschaft zurück.

Eine bedürfnisorientierte Geschäftsdefinition erweitert die Wettbewerbsperspektive. In welchem Geschäft ist der Hersteller eines Gallensteinzertrümmerers? Und mit wem konkurriert er? Bei produktorientierter Definition würde man das Geschäft als Herstellung und Verkauf von Gallensteinzertrümmerern beschreiben – und dabei das Risiko eingehen, einen wesentlichen Teil des Wettbewerbs zu vernachlässigen. Denn das Kundenbedürfnis, diesen lästigen Stein loszuwerden, lässt sich auch durch einen chirurgischen Eingriff, die Einnahme eines Medikamentes, die Einführung eines Lösungsmittels mithilfe einer Sonde oder eines Zertrümmerers, lösen. In Wirklichkeit befindet sich der Hersteller von Zertrümmerern also im Wettbewerb mit allen diesen Technologien. Sein Erfolg wird nicht allein davon abhängen, wie gut er im Vergleich zu anderen Herstellern von Zertrümmerern ist, sondern ob er das Kundenbedürfnis besser löst als die alternativen Verfahren.

Die kompetenzorientierte Geschäftsdefinition stellt die Frage: „Was können wir?" oder „Was können wir besser als andere?" Diese Frage ist für die Wahl des Geschäftes kritisch, aber allein reicht sie nicht aus. Denn der Wert einer Kompetenz wird letztendlich wieder durch ihren Beitrag zur Befriedigung eines Bedürfnisses befriedigt. Wir empfehlen deshalb, diese Frage nicht isoliert zu beantworten, sondern mit dem Bedürfnis zu verknüpfen. Im Sinne einer Fokussierung und der Konzentration sollte das kompetenzorientierte Geschäftsverständnis allerdings auch nicht vernachlässigt werden.

Jedes Unternehmen muss sich von Zeit zu Zeit fragen, ob seine Geschäftsdefinition noch gültig ist. Neue Technologien, veränderte Bedürfnisse, unterschiedliche Moden können zur Notwendigkeit einer Neudefinition führen. Derek Abell, ein Strategieforscher, bezeichnet die Geschäftsdefinition als den Startpunkt der strategischen Planung. Das ist zutreffend, denn nur wenn ein Unternehmen versteht, in welchem Geschäft es ist, wird es die richtigen Produkte und Technologien entwickeln. Es sei aber vor einer zu weiten oder zu nebulösen Definition gewarnt. Ein Fabrikant von Bleistiften geht vielleicht zu weit, wenn er sein Geschäft mit „Kommunikation" umschreibt. Und ob Autofirmen, Tankstellen, Hotels gut beraten sind, ihre Geschäfte mit „Mobilität" zu definieren, bezweifle ich. Die Geschäftsdefinition sollte immer eng genug bleiben, damit sich daran konkrete Konsequenzen knüpfen im Sinne von

- „Was tun wir? Was tun wir nicht?"

- „Wer sind unsere Konkurrenten? Wer nicht?"

Je mehr und je tiefer Sie über die Definition Ihres Geschäftes nachdenken, desto größer ist die Chance, Schicksale wie diejenigen der amerikanischen Eisenbahnen oder der schweizerischen Uhrenindustrie zu vermeiden. Denn der Kunde zahlt immer nur für die bessere Befriedigung eines Bedürfnisses. Deshalb sollte dieses und nichts anderes die letztendliche Basis für Ihre Geschäftsdefinition sein.

1.5 Defining the Business – Part II

Hermann Simon

> The needs-oriented business definition helps ensure that the product is not placed before the needs of the customer. At the same time, it broadens the competitive perspective while reducing the risk of losing to substitutes and new technologies. The competence-oriented business definition is especially important for technology companies. However, it should always be coupled with the needs-oriented view. It is important that companies steer clear of a too broad definition that allows them to shirk commitment. The definition needs to be specific so that concrete instructions for formulating the strategy result.

A needs-oriented business definition reduces the likelihood that customers run off and satisfy their needs somewhere else. A large part of the former Swiss mechanical watch industry failed to understand this. As a result, they lost their global leader status. What they did not realize was that the customers' needs didn't relate to watch mechanics. The typical motivation for purchasing a watch is to keep track of time, not to own a mechanical item. But there are other needs a watch can satisfy. "Rolex is not in the watch business", André Heiniger, the founder of Rolex, once said. Likewise, Swatch is involved in a kind of fashion business. With the help of Rolex, Swatch and other luxury watch makers whose business is related to prestige, image and luxury, the Swiss were able to regain market leadership in the watch industry.

A needs-oriented business definition broadens the competitive perspective. In what business is a manufacturer of lithotripters? And who are his rivals? A product-oriented business definition would describe the business as the manufacture and selling of lithotripters. But companies that define their business this way run the risk of neglecting a considerable part of the competition. The customer is interested in eliminating his gallstones, and he can satisfy this need through several methods: surgery, pharmaceuticals, dissolution therapy or a lithotripter. In reality, the lithotripter manufacturer is competing with all these technologies. His success doesn't simply depend on how good he is compared to other lithotripter manufacturers, but also on whether he can meet the customers' needs better than the alternatives.

The competence-oriented business definition asks the question "What are our abilities?" or "What can we do better than the competition?" Although this question is critical for choosing a business, it alone is not sufficient. The value of a competence is ultimately determined by its contribution toward satisfying a need. Therefore, we advise companies not to treat the competence issue as an isolated question, but to combine it with customer requirements. However, in order to achieve focus and concentration, the competence-oriented business definition should always be considered.

Every company needs to ask itself from time to time whether its business definition is still valid. New technologies, changing needs and trends might make it necessary to redefine the business. Strategy researcher Derek Abell characterizes the business definition as the starting point of strategic planning. Abell is right: Only those companies that understand which business they're in will develop the right products and technologies. But the definition should never be too broad or too nebulous. A producer of pencils is probably going a bit overboard if he redefines his business as "communication". And I doubt whether automotive companies, gas stations, or hotels should define their businesses as "mobility". The definition must always be narrow enough to elicit concrete questions such as

- "What should we do? What shouldn't we do?"

- "Who are our competitors? Who is not?"

The deeper the consideration you give to your business definition, the greater the chance that you will elude the fate of the American railroad or the Swiss watch industries. The only thing the customer ever pays for is the better satisfaction of a need. This, and nothing else, should be the ultimate basis for your business definition.

1.6 Gewinn oder Wachstum?

Hermann Simon

> Strategen müssen mit dem Widerspruch zwischen kurzfristiger Gewinnmaximierung und dem Streben nach langfristigem Wachstum umgehen, denn beide Ziele lassen sich nur schwer unter einen Hut bringen. Viele Strategien leiden darunter, dass eines dieser Ziele einseitig betont wird, es handelt sich um „Entweder-oder-Strategien". Eine gute Strategie zeichnet sich hingegen dadurch aus, dass sie sowohl hohe kurzfristige Gewinne als auch hohes Wachstum anstrebt und erreicht. Das Management muss von vornherein wissen, wie es beide Ziele gewichtet, damit alle Strategiealternativen zielführend bewertet werden können.

Welche Zielsetzung sollte man mit einer Strategie verfolgen? Die klassische Betriebswirtschaftslehre geht vom Ziel der Gewinnmaximierung aus. Dieses Ziel ist insofern konsistent, als beide Seiten des Handelns, der Umsatz und die Kosten, einbezogen werden. Selten wird jedoch explizit gesagt, ob der kurzfristige oder der langfristige Gewinn gemeint ist. Der kurzfristige Gewinn, etwa auf Jahresbasis, ist eine klar definierte und im Rechnungswesen erfasste Größe. Aber sollte es Ziel der Strategie sein, den kurzfristigen Überschuss zu maximieren? Der Widerspruch erscheint inhärent: Strategie ist per definitionem etwas Längerfristiges. Als alternatives Ziel bietet sich der langfristige Gewinn an. Diese Größe hat jedoch mehrere Nachteile. Zum einen bedarf sie einer weitergehenden, komplexen Konkretisierung. Häufig verwendet man als Maß für den langfristigen Gewinn den Kapitalwert oder Discounted Cash Flow (DCF), also die Summe der abgezinsten zukünftigen Cashflows. Jedoch sind auch einfache Rentabilitätsrechnungen (etwa ROI) verbreitet, bei denen die zeitlichen Unterschiede im Gewinnanfall nicht berücksichtigt werden. Alle Größen, die zukünftige Perioden einbeziehen, lassen sich nur anhand von Prognosen berechnen, die ihrerseits der Manipulation zugänglich sind.

In dieser Situation suchen die Strategen nach simplen Ersatzlösungen. Ähnliches gilt für den Kapitalmarkt, auch dort werden einfache Erfolgsmaße präferiert. Zwar sind Unternehmer, Manager oder Anleger an kurzfristigem Gewinn interessiert, doch wollen sie auch langfristige Wertsteigerung, d.h. Wachstum. Damit gelangen wir zum Dilemma der Strategie: Soll man mehr Wert auf kurzfristigen Gewinn legen oder ein möglichst starkes Wachstum anstreben? In der Tat sind diese beiden Zielgrößen nicht leicht unter einen Hut zu bekommen, sie erweisen sich häufig als inkompatibel. Am Beispiel der Preispolitik lässt sich diese Inkompatibilität leicht demonstrieren. Will man den kurzfristigen Gewinn hochfahren, empfiehlt sich in der Regel eine Preiserhöhung. Leider hat diese jedoch den Nachteil, dass die Nachfrage, damit auch der Marktanteil, sinkt und das Wachstum leidet. Umgekehrt ist es bei einer Preissenkung: Nachfrage und Umsatz steigen, der Gewinn jedoch geht zurück. Ähnliche Widersprüche ergeben sich bei F&E-Anstrengungen, bei Investitionen in neue Anlagen, beim Eintritt in neue Märkte. Kurzfristiger Gewinn und Wachstum vertragen sich schlecht.

Auch an der Börse zeigt sich das Dilemma. Während bis Anfang der neunziger Jahre die Gewinne etwa 90 Prozent der Börsenkurse erklärten, liegt dieser Prozentsatz heute bei nur noch 50 Prozent. Doch was macht den Rest aus? Meines Erachtens spielt das Wachstum heute als Treiber des Shareholder Value eine zentrale Rolle. Es wird als die Proxy-Variable für Zukunftserfolge und -potenziale eines Unternehmens interpretiert. In der Internet-Euphorie hat es sogar maßlose Übertreibungen dahingehend gegeben, dass nur noch Wachstum zu zählen schien und kurzfristiger Gewinn gar als gefährlich im Sinne der Vernachlässigung der Zukunft gesehen wurde. Mittlerweile sind diese Exzesse wieder verschwunden.

Sehr stark waren die Strategien japanischer Unternehmen von ähnlichen Gedanken bestimmt, vor allem in den achtziger Jahren. Der Ausbau und die Maximierung des Marktanteils bildeten vorherrschende Zielsetzungen. Dahinter stand auch eine Überschätzung von Economies of Scale, Erfahrungskurven- und Marktmachteffekten. Die Misere, in der sich viele japanische Unternehmen heute befinden, hat ihren Ursprung in dieser Übergewichtung des Wachstums- zu Lasten des Gewinnziels.

Es lässt sich keine generelle Empfehlung geben, wie diese Gewichtung im Rahmen der strategischen Planung anzusetzen ist. Vielmehr handelt es sich hierbei um eine originäre unternehmerische Entscheidung. Wir gehen deshalb bei der Bewertung von Märkten, Investitions- oder Strategiealternativen so vor, dass wir das Management zunächst um eine relative (quantitative) Gewichtung der relevanten Zielgrößen bitten. Neben der Rendite und dem Wachstum können dies weitere Variablen wie Größe eines Marktes, Stabilität, Eintrittsbarrieren etc. sein. In dieser Gewichtung kommen die individuellen strategischen Präferenzen zum Ausdruck. Sie erlaubt es, Märkte oder Akquisitionsobjekte vergleichbar zu machen und in eine Rangfolge zu bringen. Die Frage ist dann nicht mehr, entweder Gewinn oder Wachstum, sondern sowohl Gewinn als auch Wachstum. Denn die Herausforderung von Strategie besteht in nichts anderem als der Kombination beider Ziele.

1.6 Profit or Growth?

Hermann Simon

Strategists have to deal with the contradiction between short-term profit maximization and long-term growth. These goals are difficult to reconcile, and many strategies suffer because only one is empha-sized. A good strategy successfully strives for both high short-term profits and strong growth. From the very beginning, managers have to know how much importance to attribute to each goal so that they are able to evaluate all strategic alternatives according to their goal-achieving potential.

Which objectives should a strategy aim to fulfill? A manager from the old school would answer "profit maximization". This goal is consistent because both sides of business activities – revenue and costs – are taken into consideration. However, seldom is it explicitly said whether short-term or long-term profit is meant. The short-term profit (e.g. on an annual basis) is a clearly defined accounting figure. But should it be the goal of strategy to maximize short-term profit? The contradiction appears to be inherent: By definition, strategy is something long term. Long-term profit offers itself as an alternative goal. But this variable has several disadvantages. First, it must be more precisely defined. Fre-quently, discounted cash flow (DCF), the sum total of the discounted future cash flows, is used to measure long-term profitability. However, simple investment appraisal techniques, such as return on investment (ROI), are also widely used, but they do not take time differences in prof-it accumulation into account. All variables that take future periods into consideration can only be predicted. This prediction is always open to manipulation.

In this situation, strategists look for simple alternative solutions. It's similar in the capital market, where simple techniques for measuring performance are preferred. Entrepreneurs, managers or investors are interested in short-term profit, but they also want long-term value appreciation, i.e. growth. This brings us to the dilemma in strategy: Should companies place more value on short-term profit, or should they strive for the strongest growth possible? Indeed, these goals are not easy to reconcile, and they often prove to be incompatible. The area of pricing clearly demonstrates this incompatibility. A price increase is recommendable for companies that want to rev up short-term profit. But the disadvantage of this move is that it causes demand and market share to decrease, which has a negative effect on growth. The opposite occurs when prices are decreased: demand and revenue increase, but profit falls. Similar contradictions result in R&D, investments in new facilities, entry into new markets. Growth and short-term profit do not make good bedfellows.

The dilemma can also be seen on the stock market. Until the early 1990s, around 90 percent of developments in stock prices could be attributed to profit. Today, this percentage is only 50 percent. But what makes up the rest? I believe that growth plays a central role today as a driver of shareholder value. It is interpreted as the proxy variable for a company's future potential and success. During all the Internet euphoria, there were even excessive exaggerations to the effect that only growth seemed to count. Short-term profit was even considered dangerous because it was thought to cause companies to neglect the future. However, these exaggerated views have since vanished.

The strategies of Japanese companies were strongly influenced by similar thinking, particularly in the 1980s. Expansion and the maximization of market share were the dominate goals. The overassessment of economies of scale, experience curve effects and market power effects were also reasons for setting these goals. The plight many Japanese companies face today can be traced to the exaggerated importance attributed to growth – at the expense of profit.

When creating a strategy, there is no general formula for weighting these goals. Rather, it is a fundamental management decision. Therefore, before evaluating markets, investment or strategy alternatives, we ask management to provide us with quantitative weights for these objectives. In addition to profit and growth, further variables such as size of a market, stability, or entry barriers can be included. In this weighting process, the idiosyncratic strategic preferences are reflected. The weighting makes it possible to rank and compare markets or acquisition candidates. No longer do you have to choose between profit or growth – you can strive for both. The challenge of strategy is to achieve the desired combination of both goals.

II

Strategietypen
Types of Strategy

2.1 Integrierte Strategie

Hermann Simon

Frühere Strategiekonzepte zeichneten sich durch eine einseitig externe oder interne Orientierung aus. Die moderne Strategieauffassung legt nahe, dass externe Chancen und interne Kompetenzen gleichgewichtig zu berücksichtigen sind. Nur wenn beide Seiten stimmen, besteht Aussicht auf dauerhaften Erfolg. Der Strategieprozess wird durch diese Erweiterung komplexer.

In ihrer kurzen Geschichte hat die Strategie Phasen durchlaufen, in denen sie entweder stärker nach außen oder stärker nach innen orientiert war. Strategieansätze, die primär auf Markt, Kunde und Wettbewerb abstellen, gehören zur ersten Kategorie; Portfolio, Wettbewerbsvorteile, generische Strategien, PIMS, Diversifikation sind Beispiele. Strategie sollte diesem Verständnis gemäß vom Markt her getrieben und entwickelt werden. Umgekehrt stellen Konzepte wie Kernkompetenzen, ressourcenbasierte Strategie, Reengineering die internen Aspekte der Unternehmensführung stärker in den Vordergrund. Dieses Paradigma sieht also überlegene Fähigkeiten eines Unternehmens als Ausgangspunkt für die Strategieentwicklung. Was kann ein Unternehmen besser als seine Wettbewerber? Wo hat es überlegene Ressourcen, etwa in der Finanzkraft, im Zugang zu Rohstoffen oder Menschen, im technologischen Know-how?

Beide Sichtweisen haben ihre Berechtigung, jedoch zeichnen sich auch beide durch eine gewisse Einseitigkeit aus. Die Tatsache, dass ein Markt im Hinblick auf Größe, Wachstum oder Rendite attraktiv ist, sagt allein nichts über die Chancen eines bestimmten Unternehmens aus, in diesem Markt tatsächlich erfolgreich zu sein. Die Illusion, jeden attraktiven Markt betreten und dort dauerhaft profitabel agieren zu können, ist ein Hauptverursacher strategischer Fehlentscheidungen. Dies gilt vor allem für die so genannte Diversifikation, bei der Märkte mit neuen Kunden und neuen Produkten betreten werden. Das Unternehmen sieht sich hier also einer doppelten Herausforderung bzw. Erfahrungslücke gegenüber: Man kennt weder die Produkte noch die Kunden. Die Tatsache, dass die BASF im Musikgeschäft, Kodak bei Pharmazeutika, Exxon bei Bürosystemen oder Volkswagen bei Computern gescheitert sind, hatte nichts damit zu tun, dass diese Märkte nicht attraktiv waren. Das Gegenteil war der Fall. Das Scheitern ist ausschließlich darin begründet, dass man die notwendigen Fähigkeiten nicht beherrschte bzw. andere Firmen bei diesen Kompetenzen überlegen waren.

Das Gleiche gilt in umgekehrter Richtung. Warum sind viele einst blühende Firmen wie NSU, Deutz oder Buck von einzelnen Märkten ganz verschwunden oder zumindest geschrumpft, obwohl sie oft ausgezeichnete Kompetenzen besaßen? Weil es für diese Fähigkeiten keine Nachfrage mehr gab! In den fünfziger Jahren war NSU der weltgrößte Motorradhersteller. Doch mit dem Vordringen des Autos schrumpfte der Markt für dieses Produkt, und NSU schaffte es nicht, eine Automobilkompetenz zu entwickeln, die ein eigenständiges Überleben ermöglichte. Deutz war der in Deutschland führende Traktorenhersteller, doch mit dem Rückgang der Landwirtschaft sank auch der Bedarf an Traktoren. Eine dauerhafte erfolgreiche Übertragung des Traktoren-Know-hows auf beispielsweise LKW oder Baumaschinen gelang nicht. Die Firma Buck war der in Deutschland führende Hersteller von Tarnmunition. Das Ende des Kalten Krieges ließ die Nachfrage einbrechen. Buck bemühte sich verzweifelt, andere Märkte für seine herausragenden technologischen Kompetenzen zu finden, was jedoch letztendlich misslang. Egal, wie gut eine Firma heute im Bau von Dampfmaschinen oder Dampflokomotiven sein mag, sie wird mit diesen Fähigkeiten nicht überleben können, da es keine Nachfrage mehr für diese Kompetenzen gibt.

Strategie muss deshalb immer bestrebt sein, sowohl extern (markt-) als auch intern (ressourcen-)orientiert vorzugehen. Die Herausforderung lautet, beide Seiten gleichgewichtig einzubeziehen. Das nennen wir integrierte Strategie (vgl. Abbildung 1).

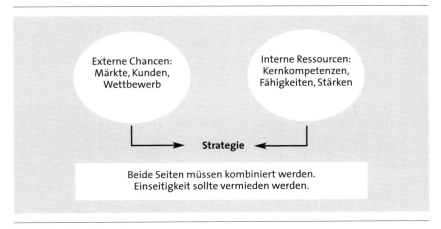

Abb. 1: Integrierte Strategie

Für die Strategieentwicklung ergibt sich aus dieser integrierten Sicht-weise eine deutlich höhere Komplexität, da man stets beide Seiten im Auge behalten muss. Zur Beurteilung der strategischen Situation emp-fehlen wir, die externen Wettbewerbsvorteile und die internen Kompe-tenzen in ähnlicher Weise zu analysieren. Auf beiden Seiten werden hierzu quantitative Abschätzungen vorgenommen. Extern sollte man dabei vor allem auf Kundenurteile rekurrieren. Zur Bewertung der internen Kompetenzen eignen sich Workshops mit Mitarbeitern, die die Konkurrenzunternehmen kennen, Benchmarks oder die Befragung neu-traler externer Experten. Die Ableitung der Strategie kann auf dieser Datenbasis beide Aspekte ausgewogen einbeziehen, sodass die Erfolgs-chancen erheblich steigen.

2.1 Integrated Strategy

Hermann Simon

Strategy concepts used to be one-sided, with either an internal or external focus. Modern approaches to strategy suggest that both external potential and internal skills must be taken into account in a more balanced way. Only if both aspects are addressed will a company have the best chances for enduring success. These additional demands have made the process of strategy development more complex.

In its short history, there have been phases where strategy has been more externally oriented and phases where it has been more internally focused. Strategy concepts based primarily on market forces, customers and competition fall into the first category. Examples include portfolio management, competitive advantages, generic strategies, PIMS, and diversification. This view sees strategy as market-driven. In contrast, concepts such as core competencies, resource-based management, and reengineering put the internal aspects of strategy in the foreground. In this case, a company's superior knowledge and skills base is the starting point for strategy development. What can we do better than our competitors? In what areas are our resources superior (e.g. financial strength, access to raw materials or labor, or technological know how).

Both views are justifiable. The trouble is that they are one-sided. The mere fact that a given market is attractive in terms of size, growth or profitability does not say anything about the real chances of a company to be successful in that market. The illusion that one can enter any attractive market and compete in it profitably is one of the main causes of strategic failures. This applies in particular to the so-called diversification strategy, under which a company enters new customer markets with new products. In this case the company faces a two-fold challenge, which is compounded by a lack of experience: neither the product nor the customer is known. BASF's failure in the music business, Kodak's in pharmaceuticals, Exxon's in office systems or Volkswagen's in information technology had nothing to do with these markets' being unattractive. On the contrary, these failures can be traced to a relative lack of the necessary skills and know-how for those markets.

The same is true the other way around. Why have many formerly prosperous companies like NSU, Deutz or Buck lost ground or even vanished from certain markets, even though they often had outstanding competencies? Because there was no longer a demand for their skills!

In the 1950s NSU was the world's largest motorbike manufacturer. But the increased use of the automobile led to a decline in the motorbike market, and NSU did not manage to establish the automotive competencies which could have ensured its independence. Deutz was one of Germany's leading tractor manufacturer until the agriculture sector declined, taking the demand for tractors with it. Deutz was unable to successfully apply its experience and know-how in tractors to other sectors such as commercial vehicles or machinery. Buck was Germany's leading manufacturer of camouflage munitions. However, with the end of the Cold War, demand tumbled sharply. Buck tried desperately to find different markets for their outstanding technological competencies, but without success. No matter how good a company might be today at building steam locomotives or steam engines, it will not survive because there is no longer demand for these competencies.

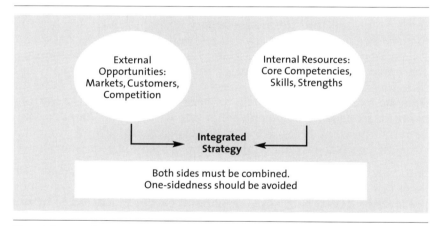

Figure 1: Integrated strategy

Strategies must therefore have both an external (market) and an internal (resource) basis. The challenge is to find a balance which includes both aspects, a concept we call integrated strategy. Figure 1 illustrates this concept.

This integrated approach makes the development of strategy concepts much more complex, because both internal and external aspects have to be borne in mind.

For the assessment of a company's current strategic situation, we recommend a balanced analysis of both external competitive advantages and internal skills. Quantitative estimates and assessments must be made in both areas. The external analysis should rely primarily on customers' opinions and views. Internal skills can be successfully assessed through benchmarking, workshops with employees who have an informed view of the market and competitors, and through interviews with impartial experts. Based on these data, strategic development can then proceed by incorporating a well-balanced combination of both aspects, thereby considerably increasing the chances for success.

2.2 Ressourcenbasierte Strategie

Dieter Lauszus

Sowohl in der Managementforschung als auch in der Praxis herrscht ein weit gehender Konsens darüber, dass sich strategische Unternehmensführung verstärkt auf die Entwicklung von Erfolgspotenzialen in Unternehmungen fokussieren sollte. Der vorliegende Beitrag beschäftigt sich mit einem strategischen Konzept, das Erfolgspotenziale stärker in unternehmensinternen Fähigkeiten als in der Positionierung im Markt sieht. Doch wie können Organisationen ihre Ressourcen systematisch identifizieren und entwickeln? Welche Ressourcen sind strategisch wertvoll, welche nicht? Und wie kann das Top-Management sie als Instrument einer strategischen Unternehmensplanung einsetzen?

Die ressourcenorientierte Strategie verlagert die Betrachtung der Erfolgspotenziale von Unternehmen, im Gegensatz zu marktorientierten Konzepten, auf die internen Unternehmensressourcen. Die grundlegende Annahme ist, dass Wettbewerbsvorteile ihren Ursprung in Ressourcen haben, über die ein Unternehmen alleine verfügt. Unternehmen werden in diesem Sinne als „Bündel" von Ressourcen interpretiert.

Es stellt sich nun die Frage, wie die Unternehmensleitung die eigenen Potenziale systematisieren kann. Eine Klassifikation ist die in tangible (materielle), intangible (immaterielle), finanzielle und organisationale Ressourcen. Tangible Ressourcen, wie zum Beispiel Produktionsanlagen oder Büroausstattung, sind abnutzbar und meist begrenzt vorhanden. Sie eignen sich daher nur wenig als Basis einer langfristigen strategischen Überlegenheit. Intangible Ressourcen, dazu zählen beispielsweise Patente, Markennamen, das technologische Know-how oder die Mitarbeiter, sind dagegen nicht abnutzbar, sondern erfahren unter Umständen sogar eine Wertsteigerung im Zeitablauf. Sie sind ferner weniger begrenzt als tangible Ressourcen und somit hervorragend zur Begründung von Wettbewerbsvorteilen geeignet. So ist es Beiersdorf gelungen, mit der Dachmarke Nivea eine äußerst erfolgreiche Produktdiversifikation zu realisieren. Bei den von Hermann Simon ausgemachten „Hidden Champions" ist es insbesondere die innovative Technologie, die ihnen die Marktführerschaft in Nischen sichert. Die außerordentlich wichtige Rolle von Mitarbeitern als Wettbewerbsressource wird in der Unternehmensberatungsbranche deutlich. Dort stellt der Berater – genauer: sein Wissen – zweifelsohne das wichtigste Aktivum dar.

Die dritte Gruppe bilden finanzielle Ressourcen, wie liquide Mittel oder die Kapitalstruktur. Sie werden im Einsatz vollständig verbraucht und stehen begrenzt zur Verfügung. Als Fundament einer langfristigen Unternehmensplanung sind sie geeignet, falls der Kapitalbedarf besonders groß ist und bestimmte Wettbewerber nicht mithalten können. Der UMTS-Markt liefert ein Beispiel. Unter organisationalen Ressourcen werden schließlich sämtliche Managementsysteme einer Unternehmung, wie die Organisationsstruktur, Informationssysteme oder auch die Unternehmenskultur, zusammengefasst. Sie sind im Zeitverlauf zwar nicht abnutzbar, jedoch nur begrenzt vorhanden. Dennoch kann eine Strategie – unter bestimmten Voraussetzungen – auf organisationalen Ressourcen aufbauen. Die flexible Organisationsstruktur und die partnerschaftliche Unternehmenskultur von Bertelsmann haben einen einst mittelständischen Betrieb innerhalb der letzten Jahrzehnte zu einem globalen Medienkonzern werden lassen.

Generell sind vier Bedingungen zu nennen, die Unternehmensressourcen erfüllen sollten, um eine Strategie zu stützen:

- Ressourcen müssen für Unternehmen und Kunden einen Wert besitzen,

- Ressourcen dürfen sich nicht abnutzen, um langfristig Wettbewerbsvorteile generieren zu können,

- es sollte keine Substituierbarkeit mit alternativen Ressourcen möglich sein, und

- die Ressourcen sollten durch andere Unternehmen nur schwer kopier- bzw. imitierbar, d.h. einzigartig sein.

Insbesondere dem letzten Punkt kommt Bedeutung zu. So führt eine erfolgreiche Nachahmung wertvoller Stärken durch die Konkurrenz zur Erosion der darauf aufbauenden Wettbewerbsvorteile. Hier gilt es, eine Imitation strategisch relevanter Ressourcen zu erschweren. Eine besondere Rolle in diesem Zusammenhang spielt etwa die historische Entwicklung sozialer Systeme, die es Unternehmen ermöglicht, eine individuelle und unnachahmbare Kultur auszubilden (siehe Bertelsmann). Weiterhin kann eine hohe soziale Komplexität Austausch oder Imitation erschweren, wenn beispielsweise das relevante Wissen auf viele Mitarbeiter verteilt ist. So sind häufig Wettbewerbsvorteile im Dienstleistungsbereich schwerer kopier- bzw. imitierbar, als dieses auf der Produktebene möglich ist. Die letzte hier vorgestellte Barriere stellt auf den Grad der Einbindung einer Ressource in das Unternehmen ab. Diese Unternehmensspezifität hat zur Folge, dass die Ressource außerhalb ihres ursprünglichen Verwendungszweckes, also zum Beispiel in einer Konkurrenzunternehmung, deutlich an Wert verliert.

Ressourcen können die Leistung einer Unternehmung langfristig steigern helfen. Jedoch ist die Unternehmensführung gut beraten, den tatsächlichen Wert eines strategisch relevanten Erfolgspotenzials anhand der vorgestellten Anforderungen gründlich zu überprüfen.

2.2 Resource-Based Strategy

Dieter Lauszus

There is a general consensus among managers and management researchers that corporate strategy should focus more strongly on developing a company's success potential. This article deals with the resource-based strategy, a concept that sees success potential more in internal competencies than in market positions. But how can an organization systematically identify and develop its resources? Which resources are of strategic value? And how can management use them as an instrument of corporate strategy?

In contrast to market-oriented strategies, the resource-based view argues that internal resources are the foundation of a company's success potential. The underlying assumption is that a company's competitive advantages derive from resources that are unique to that firm. In this sense, a company is viewed as a "bundle" of resources.

This leads to the question of how managers can systematize their company's potential. One categorization method classifies resources either as tangible (material), intangible (immaterial), financial or organizational. Tangible resources, such as production facilities or office equipment, eventually wear out and are usually limited. Thus, they are an inadequate basis for long-term strategic superiority. Intangible resources, such as patents, brand names, technological know-how or human resources, do not wear out – at least not quickly. In fact, under certain conditions, their value may even increase over time. They are not as limited as tangible resources and, consequently, can provide an excellent basis for competitive advantages. Beiersdorf used an intangible resource to achieve product diversification with its umbrella brand 'Nivea'. The Hidden Champions – a term coined by Hermann Simon to describe little-known, mid-sized market leaders – are also very good at developing and deploying unique resources. They secure market leadership in their respective niche by developing innovative technologies, special customer intimacy and focus. The important role human resources play in competitive strategy can be seen in the consulting industry. The consultant – or, more specifically, his/her knowledge – is without a doubt the most important asset a consulting firm has.

The third category is financial resources, such as liquid assets or capital structure. Financial resources eventually run out and are in limited supply. They are suitable as the foundation of a long-term strategy whenever large amounts of capital are necessary and rivals can not compete (witness the UMTS market).

The final category is organizational resources. Organizational resources include all of a company's management systems, such as organizational structure, information systems or corporate culture. Although they do not wear out over time, they are limited. Nevertheless, under certain conditions, a strategy can be carefully built on organizational resources. Bertelsmann's flexible organizational structure and cooperative corporate culture have helped this once mid-sized company to grow into a global media giant within a few decades.

Company resources have to meet the following conditions in order to be effective for supporting a strategy:

- A resource must have value for companies and customers;
- a resource must be enduring, otherwise it can't generate long-term competitive advantages;
- a resource can not be substituted with alternative resources;
- a resource should be difficult for other companies to duplicate; in other words, it must be unique.

The last point is particularly important. If a competitor can successfully duplicate these valuable resources, the competitive advantages based on these resources will erode. In order to avoid this scenario, it is necessary to make strategically relevant resources difficult to imitate. The historical development of social systems that enable companies to cultivate an individual and inimitable culture (e.g. Bertelsmann) plays a critical role in this context. In addition, a high degree of social complexity can make substitutibility or imitation difficult if, for example, the relevant knowledge is spread among many employees. Competitive advantages on the "soft" service side can be more difficult to duplicate/imitate than advantages on the product level. The last barrier relates to the degree to which a company integrates a resource. A resource that is strongly integrated depreciates significantly when used outside of its original context, e.g. in another company.

Companies can exploit their resources to help increase their performance for the long term. However, management should first conduct a thorough examination based on the above requirements to determine a resource's actual value.

2.3 Kostenführerschaftsstrategie

Bernd Kaluza/Thorsten Blecker

Bei der Strategie der umfassenden Kostenführerschaft streben die Unternehmen an, der kostengünstigste Anbieter in einer Branche zu sein, d.h., sie versuchen, eine rentable und dauerhaft haltbare Position zu erreichen. Diese generische Strategie wird weltweit in der unternehmerischen Praxis erfolgreich eingesetzt und im Schrifttum intensiv diskutiert. Die von Porter entwickelten Wettbewerbsstrategien gelten nicht nur in der Industrie, sondern auch im Handel und in weiteren Dienstleistungsbranchen.

Bei der Strategie der umfassenden Kostenführerschaft wird Erfolg über die günstige Kostenposition und weitergehend über einen niedrigen Preis angestrebt. Im Mittelpunkt dieser Strategie steht die Analyse der wichtigsten Kostentreiber. Entscheidende Maßnahmen und Instrumente sind die dauerhafte Kontrolle der Kosten sowie ein effizienter Einsatz der Produktionsmittel, das Sicherstellen einer hohen Arbeitsproduktivität, das Vermeiden von Kunden mit geringen Auftragsgrößen und/oder zu großen Änderungs- bzw. Sonderwünschen.

Besonders bedeutsam sind Kostensenkungen mithilfe der konsequenten Anwendung des Erfahrungskurvenkonzepts. Der Erfahrungskurveneffekt postuliert, dass die inflationsbereinigten und auf den Wertschöpfungsanteil bezogenen Stückkosten mit jeder Verdopplung der kumulierten Produktionsmenge um 20 bis 30 Prozent sinken. Durch die Produktion und den Absatz großer Mengen sollen Mengendegressions- und Lernkurveneffekte realisiert werden. Voraussetzungen für eine erfolgreiche Umsetzung der Kostenführerschaft sind ein hoher Marktanteil, hohe Marktdurchdringung, effiziente Vertriebssysteme und kostenreduzierende Produkt- und Verfahrensinnovationen.

Ein überzeugendes Beispiel für eine erfolgreiche Umsetzung der Kostenführerschaft liefert die Firma Aldi, die mehrere Grundprinzipien verfolgt. Das wichtigste Prinzip ist dabei die Gewährleistung niedriger Preise. Die erforderliche Kostensenkung wird mithilfe eines internationalen Einkaufs, kostengünstiger Transporte, einer eingeschränkten Sortimentsauswahl und günstigen Finanzierungsbedingungen erreicht.

Zudem werden Handelsmarken aufgebaut und Markenartikel zunehmend ausgelistet.

Weitere Kostensenkungen realisiert Aldi, indem die spartanisch ausgestatteten Filialen meist an der Peripherie der Innenstadtkerne und Ortsrandlagen angesiedelt werden. Es wird gleichzeitig angestrebt, die Personalkosten drastisch zu reduzieren. Die konsequente Vereinfachung der Geschäftsprozesse zeigt sich auch bei den getroffenen Maßnahmen zur Vermeidung von „Verschwendung". So wird weitgehend auf ein Controlling und auf Stabsstellen verzichtet. Jahrespläne werden nicht aufgestellt, da sich das Unternehmen hauptsächlich an Ist-Daten orientiert.

Ausgewählte Voraussetzungen und Risiken der Kostenführerschaft in der **Theorie**

Voraussetzungen
▶ Beschaffung:
günstige Rohstoffquellen, Global Sourcing, geringe Lagerbestände, fertigungssynchrone Beschaffung (JIT), Systemlieferanten
▶ Produktion:
produktivitätssteigernde Verfahrensinnovationen, fertigungsgerechtes Produktdesign, Produkt- und Prozessstandardisierung, Serien- oder Massenfertigung
▶ Absatz:
hoher Marktanteil, effizienter Vertrieb, aggressive Preispolitik
▶ Führung:
effiziente Kontroll- und Berichtssysteme, kostenorientierte Unternehmenskultur, quantitative Zielvorgaben
Risiken
▶ Technologische Veränderungen entwerten Investitionen und Wissen
▶ Produkte werden zu spät ersetzt
▶ Kompensatorische Kostensteigerungen treten auf
▶ In einer Branche kann nur ein Kostenführer existieren

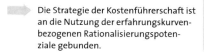
Die Strategie der Kostenführerschaft ist an die Nutzung der erfahrungskurvenbezogenen Rationalisierungspotenziale gebunden.

Grundprinzipien zur erfolgreichen Umsetzung der Kostenführerschaft in der **Praxis** am Beispiel Aldi

▶ Preisführerschaft bei allen verkauften Produkten

▶ Weltweiter Einkauf

▶ Kostengünstiger Transport

▶ Straffe Sortimentsauswahl

▶ Qualitätsniveau vergleichbar mit bekannten Markenartikeln

▶ Kostengünstige Lage und Ausgestaltung der Verkaufsräume

▶ Wöchentliche Zeitungswerbung

▶ Hoher Bekanntheitsgrad

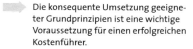
Die konsequente Umsetzung geeigneter Grundprinzipien ist eine wichtige Voraussetzung für einen erfolgreichen Kostenführer.

Abb. 1: Voraussetzungen und Grundprinzipien der Kostenführerschaft

Grundsätzliche Risiken der Kostenführerschaft bestehen darin, dass technologische Veränderungen bisher getätigte Investitionen und Lernprozesse entwerten, Produkte auf Grund der Konzentration auf das

Kostengefüge zu spät ersetzt und/oder die Wettbewerbsvorteile durch kompensatorische Kostensteigerungen ausgeglichen werden. Weiterhin ist zu beachten, dass innerhalb eines relevanten Marktes nur ein Kostenführer existieren kann. Verfolgen jedoch mehrere Unternehmen diese Strategie, so entstehen mit hoher Wahrscheinlichkeit ruinöse Preiskriege.

Zudem stellt im Rahmen der Kostenführerschaft die Qualität ein wichtiges Kaufkriterium dar und darf eine prohibitive Grenze nicht unterschreiten. Dieses Risiko reduziert Aldi durch eine konsequente Qualitätsorientierung, insbesondere bei den Handelsmarken. So können Kunden ohne nähere Erläuterung Artikel in die Filiale zurückbringen und erhalten den vollen Kaufpreis erstattet.

Weitere erfolgreiche Beispiele von Kostenführerschaft finden sich im Flugreisengeschäft. Fluggesellschaften wie Southwest Airlines in den USA oder Ryanair und Easyjet in Europa sind nicht nur billiger, sondern auch profitabler als ihre großen Wettbewerber. Das liegt im Wesentlichen an der extremen Einfachheit ihrer Systeme und der sehr hohen Kapazitätsauslastung.

Zusammenfassend ist zu betonen, dass die Kostenführerschaft nur dann als vorteilhaft anzusehen ist, wenn aus Abnehmersicht homogene Produkte am Markt angeboten werden, der Preis das wichtigste Kaufargument ist und die Unternehmenssituation bei einem hohen Marktanteil eine Nutzung des Erfahrungskurveneffektes erlaubt. Dabei darf eine Mindestqualität als weiteres wichtiges Kaufkriterium jedoch nicht unterschritten werden.

2.3 Cost Leadership Strategy

Bernd Kaluza/Thorsten Blecker

Companies that pursue an overall cost leadership strategy strive to become the lowest cost supplier in their industry, i.e. they try to achieve a profitable and sustainable position. This generic strategy is being successfully implemented by companies worldwide and is hotly debated in business literature. The competitive strategies developed by Porter are not valid only in manufacturing industries, but in retail as well as in other service sectors.

Companies that implement an overall cost leadership strategy employ a low-cost value chain and, subsequently, low prices to attain a leading position in their market. An analysis of the most important cost drivers is at the center of this strategy. Measures and instruments that are decisive for the success of a cost leadership strategy are long-term cost control, efficient use of the means of production, high labor productivity, avoidance of customers with low orders and/or special requests.

For a successful strategy, it is particularly important to reduce costs through effective application of the experience curve concept. The experience curve effect postulates that the cost of value added declines approximately 20-30 percent each time accumulated volume is doubled. The goal is to realize scale and learning curve effects by producing and selling high volumes. In order to become the cost leader, a company must boast a high market share, high market penetration, efficient distribution systems, and product and procedure innovations that cut costs.

A compelling example of effective cost leadership is Aldi. Aldi follows several basic principals of a cost leadership strategy, the most important being a low-price guarantee. Cost reduction is achieved through international purchasing, economical logistics, a very limited range of products, and favorable financing conditions. In addition, private label brands are established, while classical brands are increasingly delisted.

Aldi saves additional costs by building its no-frills stores just outside the city limits or in the suburbs. At the same time, it strives to drastically reduce personnel costs. Aldi also takes measures to prevent "wasteful-ness" by effectively simplifying its business processes. For example, it operates for the most part without a controlling department or staff units. Because the company orients itself primarily towards actual data, an annual plan is not formulated.

Requirements and Risks of Cost Leadership in **Theory** (selection)	Basic Principles for Successful Implementation of a Cost Leadership Strategy in **Practice** – Example: Aldi
Requirements	
▶ Purchase:	
Cheap raw material sources, global sour-cing, low inventory	
Just-in-time purchasing, system provider	▶ Price leadership for all of the products offered
▶ Production:	
Process innovations that increase productivity, optimized product design, product and process standardization, batch or mass production	▶ Global purchasing
	▶ Economical transport
▶ Sales:	
High market share, efficient sales, aggres-sive pricing	▶ Limited range of products
▶ Management:	
Efficient control and report systems, cost-oriented corporate culture, quantitative objectives	▶ Quality level comparable to well-known brand names
	▶ Inexpensive location and no-frills furnish-ings
Risks	
▶ Technological changes make investments and knowledge useless	▶ Weekly advertisement in the newspaper
▶ Old products are replaced too late	▶ High awareness level
▶ Compensatory cost increases necessary	
▶ There's room for only one cost leader in an industry	
⟹ A cost leadership strategy is bound to the use of experience curve-related rationalization potential	⟹ Commitment to implementing the appropriate principles is an important requirement for a successful cost lea-der

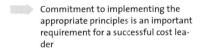

Figure 1: Requirements and basic principles of cost leadership

But being cost leader also involves several fundamental risks. First, tech-nological changes can render the investments made and the knowledge already acquired useless. Second, because the company is so focused on the cost structure, it might fail to replace "old" products on time, and competitive advantages might be "canceled out" by compensatory cost increases. It should also be pointed out that there can be only one cost leader in any one relevant market. If several companies pursue a low-cost strategy, destructive price wars are likely to result.

Quality also represents an important buying criterion. It must not fall below a minimum acceptable standard. Aldi alleviates that risk by focusing on consistent, though not top, quality, especially with its private labels. Aldi is so convinced of the quality of its products that it allows customers to return their purchases for a full refund, no questions asked.

Other successful examples of cost leadership can be seen in the air travel business. Airlines such as Southwest Airlines in the USA or Ryanair and Easyjet in Europe are not only cheaper but also more profitable than their bigger competitors. The main reason for this is the extreme simplicity of their systems and high capacity utilization.

In summary, several requirements must be met in order for a cost leadership strategy to be effective. First, the company has to offer products that are homogenous from the customer's point of view. Second, price must be the most important buying attribute. Third, market share has to be high enough that the experience curve effect can be exploited. In addition, the company must not fall short of a minimum acceptable standard of quality.

2.4 Marktorientierte Strategie

Michael Laker

Eine marktorientierte Strategie stellt die Marktchancen und Kunden-bedürfnisse konsequent in den Mittelpunkt der Unternehmensaus-richtung. Interne Anpassungen sind dieser Philosophie klar unterge-ordnet bzw. haben den Markterfordernissen zu folgen. Strikt markt-orientierte Unternehmen sind häufig durch eine hohe kreative Unruhe und durch eine ausgeprägte Risikobereitschaft charakteri-siert. Sie ändern ihr Vorgehen, ihre Geschäftsinhalte oder Wettbe-werbsposition häufiger als Firmen, die primär von innen getrieben werden. Wie zahlreiche Beispiele belegen, eröffnen sich dadurch viel-fach aber ungeahnte Geschäftschancen.

Jedes Unternehmen wird von sich behaupten, marktorientiert vorzuge-hen. Ansonsten hätte es seine Existenzberechtigung und wahrschein-lich auch seine Existenz schon verloren. Eine marktorientierte Strategie geht jedoch weiter und macht die Kundenanforderungen und Markt-entwicklungen zum Dreh- und Angelpunkt aller Aktivitäten. Im Ein-zelnen umfasst eine konsequent marktorientierte Strategie die Beant-wortung der folgenden drei Fragestellungen:

1. Wo sind relevante Marktchancen?

2. Wie können diese mit Erfolg ausgeschöpft werden, d.h., wie können die Kundenbedürfnisse bestmöglich sowie profitabel erfüllt und die Differenzierung von der Konkurrenz nachhaltig erreicht werden?

3. Welche internen Maßnahmen sind erforderlich?

Die folgenden Beispiele sollen die Umsetzungsvielfalt marktorientierter Strategien aufzeigen. Während sich Bertelsmann in den letzten 50 Jah-ren kontinuierlich von einer Bibeldruckerei zum globalen und in allen Wertschöpfungsstufen präsenten Medienkonzern gewandelt hat, voll-zieht Preussag einen abrupten Wandel von einem Stahl- zu einem Tou-ristikkonzern und reagiert damit auf die schwierige Marktsituation innerhalb des ursprünglichen Stammgeschäftes. Neben dem Erkennen neuer Marktentwicklungen/-trends sind die Definition und Entwick-lung des eigenen Marktes (Gegenstand/Angebot, Kundengruppen,

Regionen) integraler Bestandteil einer marktorientierten Strategie. Marktdefinitionen sind nicht extern gegeben. Beispielsweise haben Swatch, der Brillen-Discounter Fielmann oder aber MLP durch neue Marktdefinitionen und innovative Marktstrategien neue Marktsegmente geschaffen, die es so zuvor nicht gab. Sie haben damit die Verhältnisse in ihren Märkten nachhaltig verändert. In diese Kategorie fällt auch der amerikanische Baumaschinenhersteller Caterpillar, der seinen Kunden einen weltweiten Ersatzteil-Service innerhalb von 24 Stunden bietet. Damit hat sich der ursprüngliche Erfolgsfaktor einer gesamten Branche vom Produkt in Richtung Service gewandelt. Auf der anderen Seite hat es Caterpillar geschafft, sich nachhaltig auch von der Konkurrenz zu differenzieren: Während die Produktion von Baumaschinen vergleichsweise einfach nachzuahmen ist, kann ein weltumspannendes Logistiksystem – wenn überhaupt – nur über Jahre hinweg aufgebaut werden. Andere Unternehmen, wie Gardena, Ikea oder aber Starbucks, haben mit konsequenter Kundenorientierung Märkte neu geschaffen und bearbeiten diese sehr erfolgreich. Beim Mobilfunk, in der Autoindustrie oder der IT sieht dies ganz anders aus, dort ist die Technologie das Fundament des Erfolges. In beiden Fällen zählen jedoch Schnelligkeit und Pioniervorteil.

Was sind die Lehren, d.h., wodurch zeichnen sich marktorientierte Erfolgsstrategien aus? Im Kern sind es vier Faktoren, die im Mittelpunkt der Strategieentwicklung stehen:

1. *Erkennung bzw. Schaffung von und konsequente Ausrichtung auf Markttrends und Kundenbedürfnisse:* Marktgetriebene Unternehmen analysieren systematisch die relevanten Markttrends und zeigen bei ihren Engagements eher risikofreudiges Verhalten. Ein gewisses Fehlschlagsrisiko wird dabei bewusst in Kauf genommen. So ist die Firma Würth mit mehreren separaten Projekten im E-Business aktiv, wohl wissend, dass sich einige am Ende als Flops herausstellen werden.

2. *Klare marktbezogene Geschäftsdefinition und -positionierung:* Die Definition des eigenen Geschäftes ist die wohl bedeutsamste strategische Aufgabe. So definiert z.B. der Bohrmaschinenhersteller Hilti sein Geschäft als „Wir machen Löcher" und stellt damit unabhängig vom Produkt und Technologie einen klaren, langfristig orientierten Marktbezug her. Vielleicht werden eines Tages Löcher mit Lasern, Ultraschall oder Wasser „gebohrt". Hilti wird, auch wenn sich die Technologie ändert, die Kundenbedürfnisse weiter befriedigen.

3. *Kenntnis und Schaffung von Kernwerten für den Kunden und damit Wettbewerbsvorteilen gegenüber der Konkurrenz:* Viele augenscheinlich marktorientierte Strategien scheitern, weil den Kunden kein wirklicher Wert/Nutzen geboten wird. Der Kundennutzen kann im Produkt

(siehe Gardena) im Service (siehe Caterpillar) oder aber im Preis (siehe Aldi) liegen.

4. *Hohe Lern- und Anpassungsgeschwindigkeit:* Eine extrem hohe Marktdynamik erfordert eine mindestens ebenso hohe interne Lerngeschwindigkeit. Vielfach tun sich hier gerade erfolgreiche Unternehmen besonders schwer, da erst durch eine sich abzeichnende Krise der Handlungsdruck offensichtlich wird. Nicht selten ist es dann aber schon zu spät, wie zahlreiche Beispiele belegen (AEG, Nixdorf, Grundig etc.).

Die Marktorientierung ist somit nicht etwas von außen Vorgegebenes, sondern muss von jedem Unternehmen aktiv ausgestaltet werden. Jedes Unternehmen hat es demzufolge selbst in der Hand, Aktivitätsgrad und Ausmaß der Marktorientierung zu bestimmen. Immer getreu dem Sprichwort: Wer nicht mit der Zeit geht, geht mit der Zeit.

2.4 Market-Oriented Strategy

Michael Laker

A market-oriented strategy makes market opportunities and customer needs the focal point of all company activities. Internal adjustments are clearly subordinate to this policy – they must follow the market requirements. Companies that strictly follow a market-oriented approach are frequently characterized by a high degree of creative turmoil and are very willing to take risks. They change their approach, their business content, or their competitive position more frequently than companies that are primarily driven by internal forces. As numerous examples show, however, this opens a multitude of unexpected business opportunities.

Every company would claim to be market-oriented, otherwise it would not have the capability to survive on the market. A market-oriented strategy goes much deeper, however. It makes customer requirements and market development the focal point of all its activities. More specifically, an effective market-oriented strategy must answer the following three questions:

1. Where are relevant market opportunities?

2. How can they be successfully exploited, i.e. how can customer needs be best and most profitably filled, and how can lasting differentiation from the competition be achieved?

3. What internal actions must be taken to successfully implement a market-oriented strategy?

The following examples show that there is not one right way to implement a market-oriented strategy. Over the last 50 years, Bertelsmann has made the gradual transformation from a Bible publisher to a global media group in the whole value chain. Preussag, on the other hand, reacted to the difficult situation in the steel market by shifting its business focus to tourism. In addition to recognizing new market developments and trends, companies with market-oriented strategies must define and develop their markets (product/offer, customer groups, regions). The market definition is not determined by external forces. Swatch, MLP, and the low-price optician Fielmann created brand new market segments by introducing innovative market strategies and redefining the original markets. By doing so, they fundamentally changed the conditions in their markets. US construction equipment manufacturer Caterpillar, which offers its customers delivery of spare parts within 24 hours around the globe, also belongs to this category. With this service, Caterpillar has shifted the focus of an entire industry from product to service. Nevertheless, Caterpillar has managed to differentiate itself from the rest of the market: While construction equipment is relatively easy to imitate, a global logistics system takes years to build, and there is no guarantee for its success. Other companies, such as Gardena, Ikea, or Starbucks, have re-created entire markets by strongly committing themselves to customer orientation, and they operate in these markets very profitably. Their success is not due to great technological innovations or technological competencies. In the wireless communication, automobile, or IT industries, it is an entirely different story: technology is the foundation for success. In both cases, speed and a first-mover advantage are crucial, however.

What lessons can we learn from this? What are the characteristics of a successful market-oriented strategy? There are basically four factors at the center of strategic development.

1. *Identification/creation of market trends and customer needs, and strict orientation of the company towards these trends.* Market-driven companies analyze the relevant market trends systematically and demonstrate rather risky behavior in their activities. They are willing to accept a certain degree of failure. For example, Würth is carrying out several e-business projects, fully aware that some of them will fail in the end.

2. *Clear, market-oriented business definition and positioning.* The most significant strategic task is to define the own business. The power drill manufacturer Hilti defines its business with the slogan "We make holes". This definition provides them with a clear, long-term reference to the market, regardless of the product or technology. In the future, holes might be "drilled" with lasers, ultrasound, or water. Regardless of technological changes, Hilti will continue to satisfy customer needs.

3. *Knowledge of and creation of core values for the customer, thereby generating competitive advantages.* Many seemingly market-oriented strategies fail because the customer is not offered a true value. Value-to-customer can lie in the product (Gardena), in the service (Caterpillar), or in the price (Aldi).

4. *Ability to learn and adjust quickly.* An extremely high market dynamic makes it necessary for companies to learn quickly in order to keep up with changes in the market. This is particularly difficult for successful companies because they do not see the need to act until a crisis is already upon them. By that time, however, it is often too late (witness AEG, Nixdorf, Grundig).

Market orientation is not dictated from the outside – it is something that every company has to develop actively for itself. It is the responsibility of each company to determine the degree of its activity and the extent of its market orientation. One thing is clear: Companies that do not recognize the sign of the time will soon vanish from the market.

2.5 Balanced Scorecard

Georg Wübker/Jens Baumgarten

Anfang der neunziger Jahre entwickelten Robert S. Kaplan und David P. Norton in Zusammenarbeit mit zwölf Top-Unternehmen (u.a. DuPont, Shell, GE) ein neuartiges strategisches Steuerungsinstrument, die so genannte Balanced Scorecard (BSC). Ihr Hauptmotiv war dabei die Verbesserung bestehender Ansätze, bei denen Finanzkennzahlen zu sehr im Mittelpunkt standen. Die zunehmende Komplexität der Unternehmenssteuerung erfordert Instrumente, die neben reinen Finanzkennzahlen auch Messgrößen für andere Erfolgsfaktoren bieten: Perspektiven für Kunden, Märkte, Prozesse und Mitarbeiter müssen stärker berücksichtigt werden. Dieser Erkenntnis kommt die BSC nach.

Hauptziel der BSC ist das Herunterbrechen der Unternehmensstrategie auf relevante, messbare Erfolgsfaktoren. Auf Basis einer klaren Vision werden strategische Ziele für die vier Bereiche Finanzen (z.B. ROCE), Kunden/Markt (z.B. Kundenwert), Prozesse (z.B. Entwicklungszeiten) sowie Mitarbeiter (z.B. Mitarbeiterzufriedenheit) abgeleitet, in eine kausale Beziehung zueinander gesetzt und durch Kennzahlen operationalisiert. Das Vorgehen zur Entwicklung einer BSC ist dabei wie folgt:

1. Entwicklung von Vision und Unternehmensstrategie,

2. Ableitung und Formulierung der strategischen Ziele für die betrachteten Unternehmenseinheiten,

3. Abbildung der Ziele in einem Ursache-Wirkungs-Modell,

4. Festlegung der operativen Ziele sowie Maßnahmen,

5. Entwicklung von Kennzahlen zur Messung des Erreichungsgrades dieser Ziele,

6. Entwicklung eines Umsetzungsplans und Feedback-Prozesses.

Im Rahmen der von uns betreuten Einführungen der BSC in Unternehmen verschiedener Branchen ergaben sich folgende strategische Verbesserungen:

- *Herunterbrechen der Vision/Strategie auf klare meßbare Zielgrößen:* Das Top-Management erarbeitete eine Vision, die als Basis für das Ableiten der strategischen Kernziele des Unternehmens diente. Dabei konzentrierte man sich auf insgesamt sechzehn Ziele – je vier Ziele pro Perspektive – und reduzierte hierduch die Komplexität der Strategieentwicklung erheblich.

- *Balance zwischen finanzwirtschaftlichen, internen und marktbezogenen Kennzahlen:* Diese Ausgewogenheit von internen und externen Steuerungsgrößen ist ein Kernaspekt der BSC. Nicht mehr ausschließlich finanzwirtschaftliche Kennzahlen standen fortan im Mittelpunkt der Unternehmenssteuerung.

- *Hohe Transparenz und gemeinsames Verständnis der Strategie/Ziele:* Durch intensive Diskussionen im Management über die Werttreiber in der Branche und im Unternehmen erzielte das Management einen breiten Konsens über die wichtigsten Ziele und Steuerungsgrößen. Diese Transparenz verbesserte das gemeinsame Verständnis über die Wechselwirkungen zwischen den jeweiligen Zielgrößen – ein sehr wichtiges Ergebnis des BSC-Prozesses.

- *Hohe Akzeptanz, Motivation und Identifikation bei Mitarbeitern:* Auf Grund der zahlreichen Diskussionen in den verschiedenen Management-Workshops stießen die Scorecards auch auf eine hohe Akzeptanz bei den Mitarbeitern – was letztlich eine offenere Unternehmenskultur förderte.

- *Erhöhte Kundenbindung:* Ein wichtiges strategisches Ziel (Bereich Kunde) war die Erhöhung der Kundenbindung. Die Wechselrate konnte durch geeignete Maßnahmen signifikant reduziert werden. Dies führte zu einer Steigerung des Unternehmenswertes.

- *Strategische Lerneffekte/kontinuierliches Feedback:* Stand und Ergebnisse der einzelnen Maßnahmen müssen permanent kommuniziert werden. Das Management kann somit bei Bedarf gegensteuern. Dieser Feedbackprozess und die damit einhergehenden Lerneffekte sind essenzielle Bestandteile für eine erfolgreiche Umsetzung.

Um das Konzept der BSC erfolgreich zu implementieren, müssen neben Finanzanalysetools auch „weiche", qualitative Methoden eingesetzt werden. Hierzu zählen u.a.: Vision-/Strategie-Workshops, Interviews mit Mitarbeitern, Zufriedenheitsmessungen, Innovation Circles, Fokusgruppen oder Prozessanalysen. Durch diese Tools wird das Management bei der Ermittlung der wichtigsten Steuerungsgrößen unterstützt. Entscheidend für den Erfolg ist vor allem das Commitment aller beteiligten Unternehmenseinheiten, allen voran des Top-Managements. Hier sind anfangs oft „Barrieren in den Köpfen" zu überwinden, andere als die

„althergebrachten" Steuerungsgrößen zu verwenden. Der Nutzen der BSC zeigt sich jedoch erst dann, wenn genau dieser essenzielle Schritt gelingt, und ein grundlegend geänderter Prozess der Strategiefindung und -implementierung einsetzt.

2.5 Balanced Scorecard

Georg Wübker/Jens Baumgarten

In the early 1990s, Robert S. Kaplan and David P. Norton worked together with twelve leading companies (e.g. DuPont, Shell, GE) to develop a new strategic control instrument, the so-called balanced score card (BSC). Their main motivation for developing this tool was to improve the existing approaches, which focused too strongly on financial figures. Due to the increasing complexity of management control, instruments are needed that offer measurement variables other than just financial figures: perspectives for customers, markets, processes and employees have to be given greater consideration. The BSC fulfills this requirement.

The main goal of the BSC is to break down the corporate strategy into relevant, measurable success factors. Based on a clear corporate vision, strategic goals are defined for four areas: finance (e.g. ROCE), customers/market (e.g. customer value), processes (e.g. development times) and employees (e.g. employee satisfaction). These goals are then placed in a causal relationship with one another and operationalized using performance figures. The following steps are involved in creating a BSC:

1. Develop a corporate vision and strategy.

2. Derive and formulate strategic goals for the relevant business units.

3. Enter the goals in a cause-and-effect model.

4. Determine the operative goals and measures.

5. Develop figures for measuring the viability of reaching these goals.

6. Develop an implementation plan and feedback process.

The following strategic improvements have resulted from BSCs we've helped implement in companies from various industries:

- *Break down of the vision/strategy into clear, measurable objectives:* Top managers developed a vision that served as the basis for the company's strategic core objectives. In doing so, they limited their focus to 16 goals – four goals per perspective, thereby considerably reducing the complexity of the strategy development.

- *Balance between financial, internal and market-related figures:* This balance of internal and external control factors is a core aspect of the BSC. No longer are only financial performance figures at the center of management control.

- *High transparency and common understanding of the strategy/goals:* Following intense discussions on the value drivers in the industry and within the company, management reached a broad consensus on the important goals and management controls. This transparency fostered a common understanding of the interdependencies between the objectives – a very important result of the BSC process.

- *High level of acceptance, motivation and identification among employees:* Due to numerous discussions in the various management workshops, the scorecards were also well accepted by the employees. This ultimately encouraged a more open corporate culture.

- *Increased customer loyalty:* An important strategic goal (customers) was an increase in loyalty. The churn rate could be reduced significantly by employing the appropriate measures. The lower churn rate led to an increase in corporate value.

- *Strategic learning effects/continual feedback:* The status and results of the various measures have to be communicated so that management can take counteractions if necessary. This feedback process and the learning effects that go with it are essential components of successful implementation.

In order to successfully implement the BSC concept, both finance analysis tools and "soft", qualitative methods have to be employed. This includes vision/strategy workshops, interviews with employees, satisfaction analyses, innovation circles, focus groups or process analyses. These tools help management determine the most important control variables. Absolutely vital for success is the commitment of all participating business units, particularly of management. Oftentimes, this initially requires the participants to tear down mental barriers that hinder them from using anything other than the traditional control variables. However, the value of the BSC can be seen only after this essential step has been made and a fundamentally changed process for developing and implementing strategy has been implemented.

Strategien und Wettbewerb
Strategies and Competition

3.1 Strategische Wettbewerbsvorteile

Hermann Simon

Viele Unternehmen setzen ihre inneren Potenziale nicht in Wettbewerbsvorteile am Markt um und scheitern. Der Wettbewerb fordert konsequentes Denken im strategischen Dreieck „Wir – Kunde – Konkurrenz". Es geht darum, strategische Wettbewerbsvorteile zu schaffen. Diese haben drei Kriterien zu genügen: Sie müssen für den Kunden wichtig sein, dauerhaften Charakter haben und vom Kunden tatsächlich wahrgenommen werden.

In vielen Unternehmen liegt die wichtigste strategische Schwachstelle nicht in der Technologie oder der Produktion, sondern in der Transformation des eigenen Wissens und Könnens in Wettbewerbsvorteile am Markt. Die folgenden Beispiele illustrieren dies drastisch. Siemens verfügte im Jahre 1957 mit dem Modell 2002 über den ersten in Serie gefertigten, voll transistorisierten Computer der Welt. IBM führte erst 1959 einen solchen Rechner ein. Dennoch errang IBM die Marktführerschaft. Der frühere Vorstandvorsitzende, Thomas J. Watson Jr., kommentiert dies wie folgt: „We consistently outsold people because we knew how to put the story before the customer, how to install the machines successfully, and how to hang on to customers once we had them."

Bei elektronischen Schreibmaschinen hatten die europäischen Hersteller Olympia, Olivetti und Triumph-Adler 1979 einen Vorsprung von gut drei Jahren gegenüber japanischen Konkurrenten. Dieser Zeitvorteil wurde nicht zur Eroberung des Weltmarktes genutzt. Das Videosystem 2000 von Philips/Grundig wurde von Experten als dem VHS-System von Matsushita technisch fühlbar überlegen eingestuft. Dennoch mussten die europäischen Firmen hinnehmen, „dass sie das Rennen um den Weltmarkt verloren, weil sie nicht von Anfang an auf die weltweite Penetration ihrer Produkte gesetzt hatten", wie es der japanische Strategieexperte Kenichi Ohmae formuliert. Microsoft setzte sich bei Anwenderprogrammen in den neunziger Jahren gegen Wordstar, Harvard Graphics und Lotus 1-2-3 nicht durch, weil die Software besser war, sondern weil man sich auf Grund überlegener Marktmacht und mittels einer geschickten Bündelung als Standard etablierte.

Diese Beispiele deuten an, dass wichtige Prinzipien der Schaffung und Durchsetzung von Wettbewerbsvorteilen am Markt unterschätzt werden. Der Wettbewerb erfordert ein rigoroses Denken im strategischen Dreieck: „Wir – Kunde – Konkurrenz."

Abb. 1: Strategisches Dreieck „Wir – Kunde – Konkurrenz"

Um in diesem Dreieck erfolgreich operieren zu können, muss ein Unternehmen alle drei „Eckpunkte" sowie die Beziehungen zwischen ihnen gleich gut kennen. Das klassische Marketing konzentriert sich auf den Kunden und versucht, ihn möglichst gut zufrieden zu stellen. In fast allen Märkten wird der Kunde heute jedoch auf hohem Niveau befriedigt. Es genügt folglich nicht mehr, eine im absoluten Sinne gute Leistung zu erbringen, sondern es kommt darauf an, gezielt besser zu sein als die Konkurrenz, d.h. Wettbewerbsvorteile zu schaffen und zu verteidigen.

Unter einem strategischen Wettbewerbsvorteil verstehen wir eine im Vergleich zum Wettbewerb überlegene Leistung, die drei Kriterien erfüllen muss:

- Sie muss einen für den Kunden wichtigen Leistungsparameter betreffen.
- Der Vorteil muss vom Kunden tatsächlich wahrgenommen werden.
- Der Vorteil darf von der Konkurrenz nicht schnell einholbar sein, d.h., er muss eine gewisse Dauerhaftigkeit aufweisen.

Die gleichzeitige Erfüllung der drei Kriterien „wichtig", „wahrgenommen", „dauerhaft" bildet eine hohe Messlatte. Doch nur ein Vorteil, der diese drei Anforderungen erfüllt, verdient das Attribut „strategisch". So erzeugt zum Beispiel eine bessere Verpackung, wenn dieser Parameter für den Kunden nachrangige Bedeutung hat, keinen strategischen Vorteil. Wenn eine Firma selbst ihre Leistung für besser hält, der Kunde dies aber – aus welchen Gründen auch immer – nicht wahrnimmt, nicht glaubt, daran zweifelt, dann zählt der Vorteil ebenfalls nicht. Ist die Überlegenheit nur vorübergehend, etwa bei einer Preissenkung, der die Konkurrenz sofort folgen kann, so sprechen wir ebenfalls nicht von einem echten Wettbewerbsvorteil. Anders wäre dies beispielsweise, wenn der Preissenkung eine dauerhaft günstigere Kostenposition zu Grunde liegt. Dann kann die Konkurrenz nicht mitziehen, ohne in die Verlustzone zu geraten.

3.1 Strategic Competitive Advantages

Hermann Simon

> Many companies don't turn their inner potential into competitive advantages in the market and thus are doomed to failure. Competition demands consistent thinking in terms of the strategic triangle: ourselves, customers, and competitors. Business is all about achieving strategic competitive advantages, which must fulfill three criteria: they must be important for the customers, be perceived by them, and be sustainable.

The weakness of many companies does not lie in technology or production, but rather the process of transforming the company's knowledge and skills into competitive advantages in the market. In 1957, Siemens had developed the Model 2002, the first fully transistorized computer in the world that was produced in series. IBM did not introduce such computers until 1959. Nevertheless, IBM achieved market leadership. Thomas J. Watson Jr, IBM's former chairman of IBM, commented "we consistently outsold people because we knew how to put the story before the customer, how to install the machines successfully, and how to hang on to customers once we had them."

In 1979, the European companies Olympia, Olivetti and Triumph-Adler had a three-year lead over their Japanese competitors in electronic typewriter technology. The companies, however, failed to use this advantage to conquer the world market. A similar situation arose with video recorders. Experts rated the technology of the Video 2000 system, developed by Phillips/Grundig, as significantly superior to Matsushita's VHS system. Nonetheless, the European companies had to realize that "they lost the race for world market leadership, because they did not focus upfront on the potential of their products to penetrate the world market", according to Japanese strategy expert Kenichi Ohmae. In the 1990s, Microsoft won out against Wordstar, Harvard Graphics and Lotus 1-2-3 not because its software was better, but because its products became standards thanks to a superior market position and clever bundling.

These examples imply that important principles for gaining and asserting competitve advantages in the market are often underestimated.

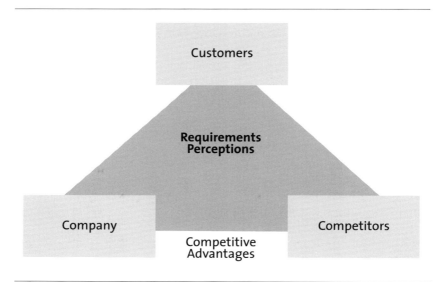

Figure 1: Strategic triangle "company, customers, and competitors"

Competition demands consistent thinking in terms of the strategic triangle: company, customers, and competitors (see figure 1).

In order to operate successfully within this triangle the company must know all three corners of the triangle, as well as the relationships between them. Traditional marketing focuses on the customers by trying to satisfy them as much as possible. However, today's customers in nearly all markets find many quality products to satisfy their needs. Therefore, it is no longer sufficient to deliver a good performance in absolute terms. Success depends on a concerted effort to be better than the competition, i.e. on gaining competitive advantages and defending them.

What is a strategic competitive advantage? It is a level of performance which is superior to competitors' and which must fulfill three criteria:

- It must concern a performance parameter which is important in the customer's eyes.

- The advantage must be perceived by the customer.

- It must be sustainable, i.e. the competitors cannot replicate it easily.

Meeting all of the three criteria – 'important', 'perceived', 'sustainable' – places heavy demands on the company. However, only those advantages that fulfill these three requirements deserve to be called "strategic". Improved packaging does not imply a strategic advantage if this parameter is of little importance in the eyes of the customer. If a company finds its own performance superior to that of a competitor, but the customer, for whatever reason, does not perceive this, then the advantage does not count either. Finally, we do not speak of a real competitive advantage if what renders a company superior to its competitors is only of short duration. This applies, for example, to price reductions which can easily be copied by the competitors. If the price cuts were a reflection of sustained lower costs, however, the competitors could not keep up without selling at a loss.

3.2 Prinzipien strategischer Wettbewerbs-vorteile – Teil I

Hermann Simon

Beim Management strategischer Wettbewerbsvorteile sind einige einfache Prinzipien zu beachten. Dem Überlebensprinzip zufolge kann ein Unternehmen im Wettbewerb nur bestehen, wenn es zumindest einen strategischen Wettbewerbsvorteil besitzt. Die Kenntnis des Gegners ist Voraussetzung, um die eigenen Ressourcen gezielt einsetzen und Stärkepositionen aufbauen zu können. Dabei kommt es entscheidend auf die Konzentration an. Selbst gute Unternehmen schaffen es nur bei wenigen Parametern, Spitzenleistung zu bieten. Jeder Versuch, überall der Beste zu sein, läuft Gefahr, in Mittelmäßigkeit zu enden.

Das grundlegende Prinzip des Wettbewerbs lautet: Um im Wettbewerb langfristig und profitabel zu überleben, muss eine Firma zumindest einen strategischen Wettbewerbsvorteil besitzen. Dieses so genannte „Überlebensprinzip" lässt sich durch eine Umkehrung der Fragestellung untermauern: Warum sollten Kunden bei dem Unternehmen kaufen bzw. diesem treu bleiben, wenn nicht bei zumindest einem wichtigen Merkmal eine überlegene Leistung geboten wird? Zum Überlebensprinzip liefert die Evolutionstheorie eine aufschlussreiche Analogie, das „Gesetz des gegenseitigen Ausschlusses" von Gause. Es besagt, dass eine Spezies nur überleben kann, wenn sie zumindest eine lebenswichtige Aktivität besser beherrscht als ihre Feinde. Sie muss entweder schneller laufen, höher klettern, sich tiefer eingraben können, zumindest also eine solche Fähigkeit besser meistern. Wettbewerb ist nichts anderes als Überlebenskampf, in den Worten Darwins „survival of the fittest". Hier wie dort gelten die gleichen Prinzipien. Konsequentes Denken im strategischen Dreieck ist deshalb ein Muss. Welche Voraussetzungen sind nun zu erfüllen, um strategische Wettbewerbsvorteile schaffen und dauerhaft verteidigen zu können?

Das „Kenne-Deinen-Gegner-Prinzip"

Als Erstes muss man seine Gegner kennen. Nur wer genau über die Stärken und Schwächen seiner Konkurrenten Bescheid weiß, kann die Chancen und Gefährdungen von Wettbewerbsvorteilen realistisch abschätzen. Im Rahmen des strategischen Dreiecks bedeutet dies, dass Konkurrenzaufklärung einen ähnlichen Stellenwert gewinnt wie die klassische Marktforschung, die sich überwiegend mit der „Kundenaufklärung" befasst. Natürlich besitzen die meisten Unternehmen vielerlei Erkenntnisse über ihre Wettbewerber, aber nur selten ist diese Informationsfunktion wirklich professionell organisiert und sind die Daten auf Abruf und vollständig verfügbar. „Kenne Deinen Gegner" sollte deshalb zu einer unverzichtbaren Maxime im Wettbewerb werden.

Das Konzentrationsprinzip

Sowohl die interne als auch die externe Durchsetzung strategischer Wettbewerbsvorteile erfordert die Konzentration auf wenige Parameter. In unseren hunderten von Studien haben wir nie Unternehmen gefunden, die mehr als drei strategische Wettbewerbsvorteile besaßen. Jeder Versuch, bei vielen Wettbewerbsparametern überlegene Leistung zu bieten, ist von vornherein zum Scheitern verurteilt. Das Ergebnis wird eine überall mittelmäßige Leistung sein.

Das Konzentrationsprinzip bietet sich als Nagelprobe an. Fragen Sie sich, was der strategische Wettbewerbsvorteil Ihres Unternehmens ist! Wenn Sie länger als eine Sekunde nachdenken müssen, dann liegt die Vermutung nahe, dass Ihre Firma keinen strategischen Wettbewerbsvorteil besitzt. Umgekehrt kommen selbst einem externen Betrachter bei Spitzenunternehmen die strategischen Wettbewerbsvorteile sofort in den Sinn:

- Mercedes-Benz: Qualität, Prestige;
- BMW: Sportlichkeit, Freude am Fahren;
- Audi: Technologie;
- Aldi: Preis bei akzeptabler, konsistenter Qualität;
- Sony: Innovativität, Miniaturisierung;
- Caterpillar: Service, Ersatzteilverfügbarkeit;
- Microsoft: Standard, weite Verbreitung.

Wettbewerbsvorteile dieser Art lassen sich nur durch sorgfältige Selektion und Konzentration schaffen. Nur wer seine volle Kraft auf wenige

Parameter konzentriert, wird dort wahrnehmbare und dauerhafte Spitzenpositionen erreichen.

Das ist auch eine der wichtigsten Lehren der „Hidden Champions". Diese wenig bekannten Weltmarktführer beachten das Konzentrationsprinzip in vorbildlicher Weise. Sie fokussieren sich konsequent auf enge Märkte und bauen dort wenige Wettbewerbsvorteile auf. In den meisten Fällen stehen dabei Produktqualität und Service fast gleichgewichtig an vorderster Stelle.

3.2 Principles of Strategic Competitive Advantages – Part I

Hermann Simon

In the management of strategic competitive advantages, a few simple principles should be observed. According to the survival principle, a company can survive in a competitive environment only if it possesses at least one strategic competitive advantage. Knowing your opponent is a requirement for effectively deploying your resources and developing positions of strength. Concentration is decisive for achieving superiority. Even good companies realize top performance in only a few areas. Any attempt to achieve superior performance in all important parameters is likely to result in mediocrity.

The fundamental principle of competition states that a company has to possess at least one strategic competitive advantage if it is to achieve long-term, profitable survival. This "survival principle" can be emphasized by rephrasing it in the form of a question: Why should customers buy from our company, or why should they remain loyal if we do not offer superior performance in at least one important attribute? An evolutionary theory provides an enlightening analogy to the survival principle: the principle of mutual exclusion from Gause. It states that a species can survive only if it masters at least one vital activity better than its enemies. It has to either run faster, climb higher, dig deeper. Competition is nothing but a struggle to survive – "the survival of the fittest" in the words of Darwin. The same principles apply in business as in nature. Rigorous thinking within the strategic triangle is therefore essential. What requirements must a company meet in order to create and defend lasting competitive advantages?

The "Know Your Opponent"-Principle

The first requirement is to know your opponent. Only those companies that are familiar with the strengths and weaknesses of their competitors can realistically estimate the opportunities and dangers of competitive advantages. In the context of the strategic triangle, this means attributing similar importance to knowing the competition as to classic market research, which primarily deals with investigating the customer. Of course, most companies know a lot about their competitors, but only seldom is this information professionally gathered and are the data complete and available upon request.

The Concentration Principle

Strategic competitive advantages can be realized only if a company focuses on a few areas. In the hundreds of studies we have conducted, we have never come across a company that possessed more than three strategic competitive advantages. Attempts to be superior in many competitive parameters are destined to fail and will result in overall mediocre performance.

The concentration principle can be used as an acid test. Ask yourself what your company's strategic competitive advantage is! If you have to think longer than a second, you probably don't possess any. In contrast, even external observers are able to immediately recite the strategic competitive advantages of leading firms:

- Mercedes-Benz: quality, prestige;
- BMW: sportiness, "ultimate driving machine";
- Audi: technology;
- Aldi: acceptable, consistent quality at low prices;
- Sony: innovation, miniaturization;
- Caterpillar: service, spare parts availability;
- Microsoft: standard, widely used.

These kinds of competitive advantages can be created only through careful selection and focus. Companies that concentrate all their energies on a small number of attributes will achieve discernable and lasting leadership in these attributes.

That is also one of the most important lessons of the "Hidden Champions". These little-known global market leaders strictly adhere to the concentration principle. They focus on narrow markets and develop a small number of competitive advantages in them. In most cases, superior product quality and service are at the forefront of the competitive position.

3.3 Prinzipien strategischer Wettbewerbsvorteile – Teil II

Hermann Simon

> Wie und wo kann man strategische Wettbewerbsvorteile schaffen? Die Zahl möglicher Wettbewerbsvorteile ist hoch, denn jeder Leistungsparameter bietet die Chance, besser zu sein als die Konkurrenz. Entscheidend ist, dass eine Konsistenz zwischen Wichtigkeit und Leistung hergestellt wird. Es kommt darauf an, bei wichtigen Parametern überlegen zu sein. Bessere Leistung bei für den Kunden unwichtigen Merkmalen stellt hingegen eine Ressourcenverschwendung dar.

Das Chancenprinzip

Es gibt so viele Chancen, strategische Wettbewerbsvorteile zu schaffen, wie es wichtige Wettbewerbsparameter gibt. Jeder Wettbewerbsparameter – oder auch bestimmte Kombinationen – bietet also die Gelegenheit zur Schaffung eines Wettbewerbsvorteils, zum Beispiel

- Kosten/Preis,
- Produktqualität,
- Innovation,
- Service,
- Image/Marke.

Die Liste möglicher Vorteile lässt sich nur markt- und produktspezifisch festlegen und kann insbesondere bei komplexen Produkten und Dienstleistungen zahlreiche Positionen umfassen. Man sollte sich bei der Identifikation von Vorteilschancen ausdrücklich nicht auf das Kernprodukt beschränken, sondern einen möglichst umfassenden „Software-Kranz" einbeziehen.

Die Kunden sind zumeist nicht nur am Kernprodukt, sondern an der gesamten Problemlösung, die oft sehr stark von den Komponenten des Software-Kranzes mitbestimmt wird, interessiert. Unter dem Kriterium der Dauerhaftigkeit, das unbedingt von einem Wettbewerbsvorteil zu fordern ist, gewinnt der Software-Kranz an Bedeutung. Das Kernprodukt oder die Hardware können oft sehr viel einfacher und schneller von der Konkurrenz imitiert werden als die weicheren Faktoren, deren Grundlagen in den Mitarbeitern oder dem System residieren. So ist es oft einfacher und weniger zeitaufwändig, eine Maschine nachzubauen, als eine kundenorientierte Unternehmenskultur zu schaffen oder ein qualifiziertes Servicenetz einzurichten.

Chancen für Wettbewerbsvorteile: Der Software-Kranz

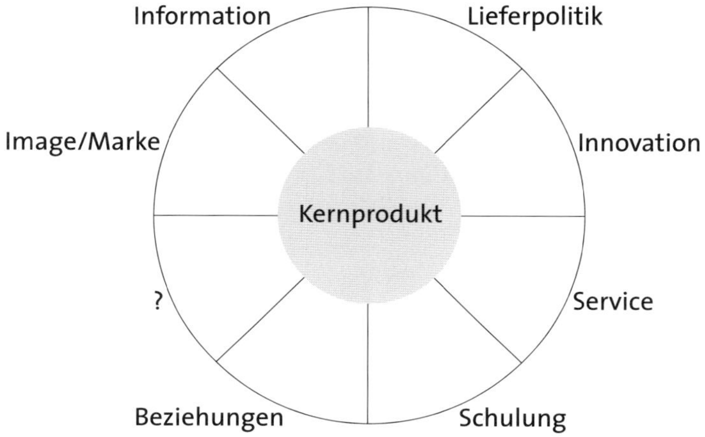

Abb. 1: Der Software-Kranz

Die Identifikation bisher ungenutzter Vorteilschancen, d.h. die Einführung neuer Wettbewerbsparameter und -spielregeln, ist eine ständige Herausforderung an die unternehmerische Kreativität. So hat beispielsweise die Deutsche Telekom den Parameter Marke erstmalig im Börsenmarketing eingesetzt, indem sie die T-Aktie kreierte. Neue Technologien wie etwa das Internet eröffnen stets auch Chancen, bisher unbekannte Wettbewerbsvorteile zu schaffen.

Das Konsistenzprinzip

Angesichts der vielen Chancen für Wettbewerbsvorteile kommt es auf die Auswahl der richtigen Parameter an. Wichtigkeit eines Parameters und relative Leistung des Unternehmens bei diesem Parameter sollten aufeinander abgestimmt werden. Konkreter ausgedrückt heißt dies, dass Wettbewerbsvorteile vorzugsweise bei den für den Kunden besonders wichtigen Parametern geschaffen werden sollen und weniger gute Leistungen bei unwichtigen Merkmalen in Kauf genommen werden können. Das Konsistenzsprinzip steht in engem Zusammenhang mit dem Konzentrationsprinzip, betrifft allerdings spezifischer die Selektion derjenigen Merkmale, auf die man sich konzentrieren sollte.

Ein in der Praxis erprobtes Analyseinstrument, das auf dem Konsistenzprinzip basiert, ist die so genannte Wettbewerbsvorteilsmatrix. In dieser Matrix werden auf der vertikalen Achse die Wichtigkeit aus Kundensicht und auf der horizontalen Achse die relative Leistung abgetragen. Das Konsistenzprinzip besagt dann, dass das Leistungsprofil auf einer Diagonalen liegen sollte: Nicht überall gleichmäßige Leistung, sondern klare Differenzierung nach Wichtigkeit lautet die Devise.

3.3 Principles of Strategic Competitive Advantages – Part II

Hermann Simon

Where can a company create competitive advantages? And how? The number of possible competitive advantages is high, because every performance parameter represents an opportunity to outclass the competition. The decisive factor is that there is consistency between "importance" and "performance". The key is to outperform the competition in the attributes that consumers perceive as important. In contrast, superior performance in attributes that are deemed less important is a waste of resources.

The Opportunity Principle

There are just as many opportunities for creating strategic competitive advantages as there are important competitive parameters. Each competitive parameter – or combinations of parameters – represents a chance to forge a competitive advantage in such areas as

- cost/price,
- product quality,
- innovation,
- service,
- image/brand.

The list of possible advantages is specific for each market and product and can include a large number of positions, particularly for complex products and services. When looking for advantage opportunities, companies should be careful not to limit their focus to the core product. Rather, they should take a comprehensive set of soft factors into consideration. Figure 1 illustrates this idea.

Most of the time, customers are not solely interested in the core product, but in the entire solution. The soft factors often strongly contribute to this solution. The importance of the soft factors becomes even more evident when considering the criterion "durability", an essential component of a competitive advantage. Competitors often can imitate the core product or hard factors much easier and faster than the soft factors, because the roots of the soft factors are safely "hidden" in the employees or in the system. Therefore, it is often simpler and less time consuming for competitors to copy a machine than it is for them to build a customer-oriented corporate culture or to set up a qualified service network.

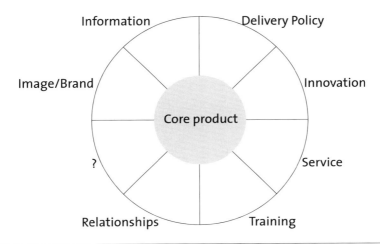

Opportunities for Competitive Advantages: Soft Factors

Figure 1: Opportunities for competitive advantages

Identifying untapped advantage opportunities, i.e. introducing new competitive parameters and rules, poses a continuous challenge to the creativity of a company. Deutsche Telekom was the first to employ the "brand" parameter in investor marketing when it introduced its so-called "T-Aktie". Modern technologies, such as the Internet, are opening new opportunities to secure previously unknown competitive advantages.

The Consistency Principle

In view of the sheer number of possible competitive advantages, the key is in selecting the right attributes. The importance of an attribute and the company's relative performance in that attribute should be aligned.

More specifically, this means securing a competitive edge in attributes that are particularly important to the customer. It also means that less than top performance is acceptable in unimportant attributes. The consistency principle is closely related to the concentration principle, but the former is more oriented towards the selection of the attributes that need to be focused on.

A proven analytical instrument that is based on the consistency principle is the so-called "matrix of competitive advantages". In this matrix, the attribute importance from the customer's perspective is measured on the vertical axis, the relative performance on the horizontal axis. According to the consistency principle, the performance profile should lie on a diagonal: The goal is not uniform performance throughout, but clear differentiation according to perceived importance.

3.4 Konkurrenzaufklärung – Teil I

Hermann Simon

Erfolg im Wettbewerb setzt eine möglichst profunde Kenntnis der Gegner voraus. Neben die klassische Marktforschung muss deshalb die Sammlung und Verdichtung von Informationen über die Konkurrenten treten. Diese Aufgabe nennen wir Konkurrenzaufklärung. Zwischen Wichtigkeit und Stand diesbezüglicher Informationen klafft heute eine große Lücke. Nur eine Minderheit von Unternehmen hat die Konkurrenzaufklärung professionell organisiert.

Um strategische Wettbewerbsvorteile gezielt schaffen und verteidigen zu können, muss man seine Konkurrenten möglichst gut kennen. Nur wenn die Stärken und Schwächen der Gegner ausgelotet sind, lassen sich die Chancen und Gefährdungen von Wettbewerbsvorteilen realistisch abschätzen. Im Rahmen des strategischen Dreiecks „Wir – Kunde – Konkurrenz" bedeutet dies, dass Konkurrenzaufklärung einen ähnlichen Stellenwert gewinnt wie die klassische Marktforschung, die sich im Wesentlichen mit „Kundenerforschung" befasst.

Der chinesische Stratege Sun Tzu beschrieb diese Aufgabe im vierten Jahrhundert v. Chr. wie folgt: „Kenne Deinen Gegner und kenne Dich selbst, dann wirst Du in hundert Schlachten nicht in Gefahr sein. Wenn Du den Gegner nicht, Dich selbst jedoch kennst, sind Deine Chancen zu gewinnen oder zu verlieren gleich. Kennst Du weder Deinen Gegner noch Dich selbst, so wirst Du in jedem Kampf in Gefahr schweben."

In einer Umfrage bei 156 Unternehmen stellten wir fest, dass 46 Prozent der Unternehmen Konkurrenzaufklärung permanent und systematisch betreiben. Ein etwa gleicher Anteil von 45 Prozent tut dies allerdings nur ad hoc bei spezifischem Bedarf, 9 Prozent haben keinerlei Aktivitäten dieser Art. Hierbei zeigen sich allerdings große Abweichungen. Bei Konsumgütern, Autos und Pharmazeutika ist die Konkurrenzinformation hoch entwickelt, hier stellen die Institute umfassende Daten vielerlei Art über die eigenen und die Wettbewerbsaktivitäten bereit (zum Beispiel über Marktanteile, Distribution, Werbung, Präferenzen). Sehr viel schlechter sieht es beispielsweise im Maschinenbau aus, wo solche Daten meist gesondert erhoben werden müssen.

Doch die Konkurrenzaufklärung sollte sich nicht auf die am Markt sichtbaren Faktoren beschränken. Im Hinblick auf die Zukunft sind solche Fakten von besonderer Relevanz, die sich im Unternehmen abspielen, also etwa Forschung & Entwicklung, Kostenposition, Strategie. Eine detaillierte Untersuchung der Wichtigkeit und des Informationsstandes ergab das in Abbildung 1 dargestellte Bild. Die Abfrageskala reichte jeweils von 1 (= weniger wichtig bzw. sehr schlecht informiert) bis zu 5 (= extrem wichtig bzw. sehr gut informiert).

Konkurrenzaufklärung: Wichtigkeit und Stand von Informationen bezüglich einzelner Konkurrenzmerkmale

Gesamtstrategie
Produktqualität
Preise und Konditionen
Vertrieb, Außendienst
Segmentierung/Positionierung/Image
F&E-Strategie
Kostensituation
Produkttechnologie
Personen im Management
Prozesstechnologie
Finanzkraft

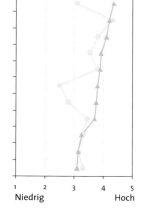

| 1 | 2 | 3 | 4 | 5 |
| Niedrig | | | | Hoch |

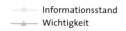 Informationsstand
Wichtigkeit

Abb. 1: Konkurrenzaufklärung

Die Bereiche sind nach Wichtigkeiten geordnet. Mit einer Bewertung von höher als 4 stehen Gesamtstrategie (strategische Ziele, Prioritäten, Geschäftsfelder), Produktqualität und Preise/Konditionen an der Spitze. Demgegenüber besitzen – aus der Sicht der befragten Manager – Informationen über Finanzkraft, Prozesstechnologie und Personen im Management eine deutlich geringere Wichtigkeit (Bewertung kleiner als 3,5).

Wünschenswert wäre, wenn die Profile für „Wichtigkeit" und „Informationsstand" etwa gleich verliefen, man also bei den wichtigeren Merkmalen relativ besser informiert wäre. Doch dem ist nicht so. Ausgeprägte Informationslücken treten bei den Merkmalen Gesamtstrategie, F&E-Strategie sowie Kostensituation auf. Dieser Befund überrascht nicht, da es besonders schwierig ist, zu diesen Bereichen fundierte und zuverlässige Erkenntnisse zu gewinnen. Benchmarking ist zwar als Konzept sehr populär, die konkrete Ausfüllung erweist sich in der Praxis allerdings oft als schwierig oder gar unmöglich.

Jedoch ist dies keineswegs immer so. Unseren Erfahrungen nach besteht das Hauptproblem der Konkurrenzaufklärung weniger in der grundsätzlichen Nichtverfügbarkeit oder Unzugänglichkeit relevanter Information, sondern viel häufiger im Fehlen einer systematischen Sammlung und Verdichtung. Die Informationen und Daten sind über viele Stellen verstreut, werden nicht gezielt gesammelt oder weitergereicht bzw. aufbereitet. Nur eine Minderheit von Unternehmen hat organisatorische Vorkehrungen getroffen, das vorhandene Wissen in diesem Sinne optimal auszuschöpfen und zugänglich zu machen. Mit den entsprechenden Informationsquellen und organisatorischen Maßnahmen beschäftigen wir uns im nächsten Beitrag.

3.4 Competitive Intelligence – Part I

Hermann Simon

In order to be successful in competition, a company must have the deepest possible understanding of its competitors. In addition to classical market research, this requires the collection and condensation of competitive information. We call this 'competitive intelligence'. Today, there is a large gap between the 'importance' and the 'availability' of competitive information. Only a small number of companies conduct professionally organized competitive intelligence activities.

In order to effectively create and defend competitive advantages, it is necessary to have the deepest possible understanding of your competitors. Only when the opponents' strengths and weaknesses have been identified can the opportunities and dangers of competitive advantages be realistically assessed. In the context of the strategic triangle – "we – customer – competitor" – this means attributing the same level of importance to competitive intelligence as to classic market research, which primarily deals with investigating the customer.

The Chinese strategist Sun Tzu described this task in the 4th century BC as follows: "Know the enemy and know yourself: in a hundred battles you will never be in peril. When you are ignorant of the enemy but know yourself, your chances of winning or losing are equal. If ignorant of both your enemy and of yourself, you are certain in every battle to be in peril."

In a survey we conducted of 156 companies, 46 percent revealed that they regularly and systematically practice competitive intelligence. Roughly the same percentage (45 percent) does so only on an ad hoc basis, and nine percent take part in no such activities whatsoever. There are large discrepancies in the level of competitive intelligence among these companies. In the consumer goods, automobile and pharmaceutical industries, competitive information is highly developed. For these industries, specialized market research institutes provide comprehensive data (e.g. market share, distribution, advertising, preferences) on a company's and its competitors' activities. Other industries, such as engineering, fare worse. They generally have to put much more effort into obtaining such information.

However, competitive intelligence should not limit itself to factors that are visible in the market. Internal facts – i.e. information concerning R&D, strategy, the cost situation, etc. – are especially relevant with regard to the future. As part of a detailed investigation into the importance and availability of information, we questioned managers on a scale from 1 (= less important/very poorly informed) to 5 (= extremely important/very well informed). The result can be seen in figure 1.

Competitive Intelligence: importance and availability of information regarding individual competitive features

Overall Strategy
Product Quality
Prices and Conditions
Sales, Sales Force
Segmentation/Positioning/Image
R&D Strategy
Cost Situation
Product Technology
Members of Management
Process Technology
Financial Strength

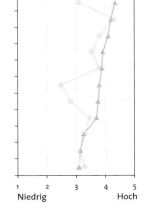

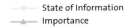 State of Information
Importance

Figure 1: Competitive intelligence

The areas are ordered according to importance. The managers surveyed gave overall strategy (strategic goals, priorities, business segments), product quality and prices/conditions a rating of greater than 4. In contrast, they considered information on financial strength, process technology and managers to be substantially less important (rating < 3.5).

Ideally, the profile for "importance" and "availability" of information should be relatively equal, i.e. the more important the factor, the more complete the information should be. But that is not the case. Substantial information gaps exist for "overall strategy", "R&D strategy" and "cost situation". This is not surprising, since it is especially difficult to gain sound, reliable insights into these areas. Benchmarking is a popular concept, but in practice, it proves to be difficult, if not impossible.

This is not always the case, however. Our experience shows that the main problem of competitive intelligence doesn't lie in the fundamental unavailability or inaccessiblity of relevant information, but in failing to systematically collect and condense it. The information and data are scattered throughout the company and aren't effectively gathered, communicated or analyzed. Only a small number of companies have taken organizational measures to optimally exploit the available knowledge for this purpose and make it accessible. What information sources and organizational measures are necessary to achieve this? That will be the focus of the next article.

3.5 Konkurrenzaufklärung – Teil II

Hermann Simon

> Die Konkurrenzaufklärung muss systematisch organisiert werden. Als
> Optionen kommen eine spezielle Stabsstelle, eine Spiegelorganisation
> oder ein „Schatten" in Frage. Hierbei muss man zwischen Gesamtsicht
> und Spezialisierung abwägen. Die Quellen zur Konkurrenzaufklärung
> erweisen sich als vielfältig. Die Mitarbeiter stehen dabei an vorderer
> Stelle. Das Internet schafft Zugang zu generellen und spezialisierten
> Informationsdiensten. Kunden, Lieferanten und Produkte erweisen
> sich als reichhaltige Quellen. Die Abgrenzung zur „Industriespionage"
> beinhaltet eine Gratwanderung.

Nachdem wir im letzten Beitrag die grundsätzliche Bedeutung der Konkurrenzaufklärung diskutiert und erhebliche Informationslücken diag-
nostiziert haben, beschäftigen wir uns nachfolgend mit Fragen der
Informationsbeschaffung und der Organisation der Konkurrenzaufklärung. Inhaltlich geht es hierbei nicht nur um den Vergleich der eigenen Leistungsfähigkeit (Benchmarking), sondern auch um ein aktives
Lernen von der Konkurrenz.

Wem soll die Aufgabe der Konkurrenzaufklärung organisatorisch zugeordnet werden? Es gibt mehrere Möglichkeiten:

- *Stabsstelle Konkurrenzaufklärung:* Diese Stelle sammelt aktiv alle kon-
  kurrenzrelevanten Informationen und bereitet sie für das Management auf. Der Vorteil besteht darin, dass ein gesamthaftes Bild der
  Konkurrenten zu Stande kommt, man sich mit konkurrenzbezo-
  genen Fragen an jeweils eine Person/Stelle wenden kann, die Verantwortung klar und eindeutig zugeordnet ist. Es bietet sich an,
  eine solche Stelle nahe an oder unter der Marktforschung anzusie-
  deln. Mögliche Nachteile erwachsen aus einer mangelnden Spezialisierung und Tiefe. Ist zum Beispiel ein solcher „Generalist" der
  Konkurrenzaufklärung wirklich in der Lage, die Kompetenz der
  Wettbewerber auf so unterschiedlichen Gebieten wie F&E, Produktion, Kosten oder Vertrieb fundiert zu beurteilen. Das können funk-
  tionale Spezialisten sicherlich besser.

- Deshalb kommt als Alternative eine so genannte „Spiegelorganisation" in Frage. Hier gibt es in jeder Funktion (F&E, Finanz, Marketing etc.) einen oder mehrere Spezialisten, die – in der Regel neben ihrer Haupttätigkeit – für Konkurrenzinformationen zuständig sind und als Ansprechpartner zur Verfügung stehen. Solche Spezialisten werden ein tiefes Verständnis der jeweiligen Konkurrenzfähigkeiten entwickeln, allerdings nicht den Gesamtüberblick besitzen.

- Eine dritte Organisationsvariante ist der so genannte „Schatten". Für jeden relevanten Konkurrenten gibt es einen Verantwortlichen, der diesen Wettbewerber systematisch beobachtet, Informationen sammelt und als Ansprechpartner zur Verfügung steht. Im Laufe der Zeit lernt ein solcher „Schatten" das Konkurrenzunternehmen sehr gut kennen.

- Als sehr hilfreich haben wir auch eine prozessorganisatorische Maßnahme empfunden, bei der von Zeit zu Zeit die Strategien von Wettbewerbern gedanklich nachvollzogen und antizipiert werden. Dies kann regelmäßig (etwa einmal pro Jahr) oder bei besonderen Anlässen (etwa im Kontext einer gravierenden Maßnahme) geschehen. Eine Arbeitsgruppe erhält dabei den Auftrag, eine Strategie des jeweiligen Wettbewerbers zu erarbeiten bzw. diese fortzuschreiben. Das mentale Sich-Hineinversetzen in die Situation des Gegners ist der Entwicklung eines Verhaltensmusters, bei dem zukünftige Aktionen des Konkurrenten antizipiert werden, äußerst förderlich. In zahlreichen Fällen haben wir festgestellt, dass die späteren Strategien richtig vorhergesehen wurden. Und im Rahmen der Strategie ist nichts wichtiger als zukunftsbezogenes Wissen, das eine entsprechend frühe Pro-Aktion (im Gegensatz zur Re-Aktion) ermöglicht.

Die Quellen und Methoden der Informationsbeschaffung über die Konkurrenz sind vielfältig. Als Erstes stellen wir meist fest, dass intern sehr viel Information vorhanden ist. In einem Fall forderte der Vertriebsvorstand eines Autoherstellers sämtliche Vertriebsgesellschaften in Europa auf, ihm alle Informationen über den jeweiligen Hauptwettbewerber zur Verfügung zu stellen. Nach wenigen Wochen lagen ihm 25 Ordner vor, doch nichts war systematisiert oder verdichtet. Es musste erhebliche, Zeit raubende Arbeit geleistet werden, um die wirklich wichtigen Erkenntnisse aus dieser Datenflut herauszudestillieren.

Das Internet erleichtert die Informationsbeschaffung enorm. Man sollte sich allerdings nicht auf allgemein zugängliche Seiten beschränken; die detailliertesten und wertvollsten Informationen finden sich bei eher teuren Spezialanbietern. Das Internet verleitet leicht zu mehr Quantität, die zu Lasten der Qualität geht. Als äußerst wertvolle Quellen erweisen sich Lieferanten und Kunden. Zwangsläufig muss ein Unternehmen diesen gegenüber Dinge offen legen, die für Konkurrenten sehr interessant sind. Beispiele sind mögliche gemeinsame Entwicklungen, die strategische Beschaffung für Innovationen oder die der Entwicklung vorgelagerte Kundennutzenstudien. Verbände und Presse sind offensichtliche „Goldminen" in diesem Prozess. Als besonders ergiebig erweist sich die lokale Presse an den wichtigen Standorten der Konkurrenz, dort wird oft sehr früh von Maßnahmen wie Betriebserweiterung/ -schließung, Aufstockung oder Abbau von Personal, speziellen Genehmigungsverfahren etc. berichtet, aus denen sich Rückschlüsse auf die Strategie des Wettbewerbers ziehen lassen. Natürlich gehören Tests und Gebrauch von Konkurrenzprodukten genauso zum Repertoire der Konkurrenzaufklärung wie Reverse Engineering, das Abwerben von Managern und Fachpersonal oder Kooperationen/Strategische Allianzen.

Bei allen Maßnahmen der Konkurrenzaufklärung sollte man sich im Klaren sein, dass die Medaille zwei Seiten hat; die Konkurrenz kann alle Instrumente in gleicher Weise gegen einen selbst einsetzen. Je besser man das versteht, desto besser kann man sich dagegen schützen. Verständlicherweise ist auch die Gratwanderung zwischen legitimer Konkurrenzaufklärung und illegitimer „Industriespionage" gering. Anständige Strategen spielen in dieser Hinsicht fair gegen ihre Konkurrenten.

3.5 Competitive Intelligence – Part II

Hermann Simon

Competitive intelligence has to be systematically organized. Options include a special task force, a mirror organization or a "shadow". In choosing an option, you have to decide whether you prefer a general or a specialized view of the competitive situation. There are various sources of competitive information, the most important being your own employees. The Internet provides companies access to general and specialized information services. Customers, suppliers and products are prolific sources of data. There is a fine line between "industrial espionage" and competitive intelligence.

In the previous article, we discussed the basic meaning of competitive intelligence and identified substantial information gaps. This article will deal with obtaining information and organizing competitive intelligence activities. This includes not only comparing your own performance with your competitors' (benchmarking), but also actively learning from the competition.

Who should be responsible for organizing competitive intelligence activities? There are several options:

- *Task force for competitive intelligence:* The task force is responsible for actively collecting all the relevant information on the competition and analyzing it on behalf of management. The task force has several advantages: a general view of the competition can be formed, one person/group is responsible for answering all competition-related questions, and it is unequivocally clear who is in charge of competitive intelligence activities. It is a good idea to place the task force close to or under market research in the organizational structure.

The possible disadvantages of a task force have to do with insufficient specialization and depth. For example, is a competitive intelligence "generalist" really in the position to reliably evaluate competitor competency in such dissimilar areas as R&D, production, costs or distribution? Functional specialists could certainly do it better.

- With that in mind, a so-called "mirror organization" is a sensible alternative. For every function (R&D, finance, marketing) there are one or more specialists who – generally as a secondary responsibility – are in charge of competitive information and serve as the contact persons for competition-related questions. Although specialists develop a deep understanding the competitors' competencies, they lack a general overview.

- A third alternative is the so-called "shadow". For every important competitor, there is a person (shadow) in charge of systematically observing this competitor as well as collecting and providing information on it. Over time, a shadow becomes well acquainted with the competition.

- We have also found it helpful to analyze the competitors' strategies from time to time in order to promptly anticipate their actions. This can be done either on a regular basis (e.g. annually) or on special occassions (e.g. as part of an important project). A workgroup is given the task of examining, or rather extrapolating, the strategy of a particular competitor. Mentally putting yourself in the opponent's situation is extremely helpful in identifying a behavior pattern, which can then be used anticipate the competitor's future actions. We have determined that opponents' future strategies were accurately predicted in several instances. And in the context of strategy, nothing is more important than future-oriented knowledge that enables you to be proactive (in contrast to reactive) and promptly anticipate the competitions' actions.

There are various sources and methods available for gathering competitive information. The first thing we usually realize is that a great deal of information exists within the company itself. In one case, the sales director of an automobile manufacturer requested that every sales division in Europe present him with all the information they had on each key competitor. A few weeks later, the sales director had 25 folders full of competitive information, but none of it had been systematically organized or condensed. Substantial, time-consuming work was necessary to extract the really important insights from this flood of data.

The Internet enormously simplifies the process of gathering information. However, you should not limit yourself to sites that are available to the public at large. Special providers offer the most detailed and valuable information, but they are generally quite expensive. The Internet tends to entice the information-seeker to gather quantity rather than quality. Suppliers and customers are also extremely valuable information sources. A company has to reveal certain information to its customers and suppliers that proves to be very interesting to its competitors.

Examples include mutual developments, strategic purchasing for innovation or the development of preliminary value-to-customer studies. Special organizations and the media are "gold mines" for competitive information. The press that covers the competitors' important locations proves to be particularly valuable. They often report very early on about activities such as corporate expansions/shutdowns, increases or cutbacks in personnel, special licensing procedures, etc. Assumptions about the competitor's strategy can be made based on this information. Of course, conducting tests and using the competitors' products is just as important as reverse engineering, poaching managers and specialists or cooperative deals /strategic alliances.

Regardless of which competitive intelligence measures you choose, you should be aware that there are two sides to the coin. The same instruments you employ to gain information on your competitors can be used against you. The better you understand this, the better you can protect yourself. Obviously, there is a fine line between legitimate competitive intelligence and illegitimate "industrial espionage". Honorable strategists play fair in this regard.

3.6 Angriffsstrategie

Hermann Simon

Angriff und Verteidigung treten als idealtypische Situationen im Rahmen der Wettbewerbsstrategie auf. Ein Angreifer sollte nie mit einer reinen Imitationsstrategie antreten, er muss einen klaren Leistungs- oder Preisvorteil besitzen. Zudem sind die Wettbewerbsvorteile etablierter Anbieter wenigstens teilweise zu neutralisieren. Idealerweise erfolgt der Angriff an einer Stelle, an der die etablierten Anbieter auf Grund struktureller Gegebenheiten schlecht zurückschlagen können.

Nie ist ein Wettbewerbsvorteil wichtiger als beim Angriff. Angriff ist schwieriger als Verteidigung, da der oder die etablierten Anbieter zumindest den Vorteil haben, schon im Markt bekannt zu sein. Oft besitzen sie bei den Kunden ein erhebliches Vertrauenspotenzial, sodass der Angreifer mit einem deutlichen Nachteil startet. Um solche Markteintrittsbarrieren zu überwinden, sind wesentlich bessere Leistungen bzw. bessere Preis-Leistungs-Verhältnisse erforderlich.

Deshalb besagt ein erstes Prinzip, dass der Newcomer nie mit einer reinen Imitationsstrategie, sondern nur mit einem klaren Leistungsvorteil oder, falls ein solcher fehlt, mit einem Preisvorteil angreifen sollte. Ohne Vorteil besteht für die Kunden kein Anlass, zum neuen Anbieter zu wechseln. Das Trägheitsmoment wirkt sich zu Gunsten des Verteidigers aus. In zahlreichen Studien wurde nachgewiesen, dass nur Neuheiten, die entweder einen deutlichen Leistungs- oder Preisvorteil oder idealerweise beides bieten, eine hohe Erfolgswahrscheinlichkeit besitzen.

Die in den letzten Jahren deregulierten Märkte für Telekommunikation und Energie belegen diese Aussagen. Trotz erheblicher Preisvorteile gelang es den neuen Anbietern nicht, genügend Kunden zu gewinnen. Die meisten Kunden waren einfach zu bequem, die Mühen des Wechsels auf sich zu nehmen, Gewohnheiten aufzugeben, Umwege wie längere Telefonnummern in Kauf zu nehmen. Zudem besaßen die Newcomer keinen Kostenvorteil, mit dem sie den günstigeren Preis hätten dauerhaft stützen können.

Ein zweites Prinzip: Der Angreifer muss versuchen, die Wettbewerbsvorteile der etablierten Konkurrenten wenigstens teilweise zu neutralisieren. Die marktführenden etablierten Anbieter haben meist ausgeprägte Wettbewerbsvorteile (sonst wären sie nicht führend). Es ist für den Angreifer nicht ratsam, bei den gleichen Parametern Wettbewerbsvorteile anzustreben. Hier sind seine Erfolgschancen gering. Andererseits darf er sich bei diesen Parametern aber auch keine zu großen Nachteile erlauben, d.h., er muss versuchen, die Vorteile der Etablierten so weit es geht zu neutralisieren. Bleibt sein Rückstand bei diesen Parametern zu groß, wird er scheitern.

Die Erfolge von Aldi oder der Generika im Pharma-Markt belegen diese These. Aldi ist nicht erfolgreich, weil die Produkte billig sind, sondern weil eine als zufriedenstellend und gesichert wahrgenommene Qualität zu einem sehr günstigen Preis angeboten wird. Die weit reichende Neutralisierung des Qualitätsvorsprungs der klassischen Markenartikel ist für den Erfolg von Aldi nicht weniger wichtig als der Preis. Generika-Firmen wie Ratiopharm, Stada oder Hexal ist es in ähnlicher Weise gelungen, ein Image zuverlässiger Qualität und ausreichende Vertriebsstärke aufzubauen. Ohne diese Neutralisation der traditionellen Vorteile der forschenden Pharmafirmen wären sie nicht erfolgreich. Der günstige Preis allein würde nicht ausreichen, wenn es Qualitätsbedenken bei den Kunden gäbe.

Ein drittes Prinzip besagt, dass ein Angriff dort ideal ist, wo der etablierte Wettbewerber nicht zurückschlagen kann. Zumeist haben etablierte Anbieter Schwachpunkte, die strukturell oder durch das System bedingt sind und ihre Reaktion behindern. So tut sich beispielsweise eine Firma, die vor allem über Fachgeschäfte vertreibt, sehr schwer, einen Angriff, der über aggressive Distributionskanäle (Discounter, Supermärkte etc.) geführt wird, abzuwehren. Steigt der Etablierte nämlich mit den dort üblichen Preisen in die Billigkanäle ein, so gefährdet er seine Position im Fachhandel. Fuji hat genau diese Strategie gegen Kodak und Agfa eingeschlagen. Die Etablierten waren in ihrer Abwehr stark behindert. Preisaggressive Airlines wie Ryanair oder Southwest Airlines greifen regelmäßig dort an, wo sich die großen Fluggesellschaften schlecht wehren können. Sie benutzen Nebenflughäfen und Nebenstrecken, die sich für die großen nicht lohnen. Sie können ihre Prozesse radikal vereinfachen, da sie nicht in komplexe Systeme eingebunden sind, und auf diese Weise Kosten einsparen. Sie setzen ihr Personal multifunktional an, da sie nicht durch Tarifverträge behindert werden. Die Kostenvorteile geben sie in Form niedriger Preise an die Kunden weiter. Mit dieser Strategie hat Ryanair in den letzten fünf Jahren ein durchschnittliches Wachstum von 25 Prozent und eine Umsatzrendite von 20 Prozent erzielt. Beide Werte liegen weit über dem Schnitt der europäischen Airlines.

3.6 Offensive Strategy

Hermann Simon

> Attack and defense are typical situations in competitive strategy. Companies on the attack should never apply a simple imitation strategy. They must possess a clear performance or price advantage and at least partially neutralize the competitive advantages of the incumbent firms. Ideally, the attacker should strike the incumbent where its response is impeded by structural factors .

Never is a competitive advantage so crucial as in the attack situation. The established suppliers typically have the upper hand because, unlike the attacker, they are already well-known in the market. Customers often have a deep-rooted trust in them, putting the challenger at a disadvantage right from the start. In order to overcome such market entry barriers, the attacker must offer superior performance or price-performance ratios.

This brings us to the first principle of attack: The newcomer should never rely solely on an imitation strategy, but should attack only if he has a clear performance or price advantage. Without an advantage, there is no incentive for the customer to switch suppliers. The inertia of the customer works to the defender's advantage. Numerous studies have shown that only those new products that offer either a clear performance advantage, price advantage, or (ideally) both are likely to succeed.

The recently deregulated telecommunications and energy markets support these statements. Despite considerable price advantages, the new entrants failed to attract enough customers. Most customers were simply too lazy to switch providers/suppliers, change their habits or accept inconveniences such as longer telephone numbers. On top of that, the new companies lacked a cost advantage that could sustain their lower prices for the long term.

Principle No. 2: The challenger must try to neutralize the established competitors' advantages, at least partially. The leading incumbents typically have clear competitive advantages – otherwise they wouldn't be market leaders. The challenger should not try to mirror the competitive advantages of the market leaders, because the chance to surpass them in these parameters is low. On the other hand, he can't allow himself to perform too poorly in these parameters, but should try to neutralize the advantages of the established companies as much as possible. If his performance in these parameters is too weak, he is destined to fail.

The success of Aldi or generic products in the pharmaceutical market support this thesis. The secret of Aldi's success is not that it sells low-priced products, but that the products it sells are perceived as satisfactory – though not premium – and having consistent quality at a reasonable price. The ability of Aldi to broadly neutralize the quality advantage of classic brands is no less important for Aldi's success than price. Generic pharmaceutical companies such as Ratiopharm, Stada or Hexal have had similar success in building an image of reliable quality and sufficient distribution strength. If these companies had not neutralized the traditional advantages of the research-oriented pharmaceutical firms, they would not have been successful. A reasonable price alone won't cut it if customers have doubts about the quality.

Principle No. 3: The best place to attack an incumbent is where his ability to fight back is weak. Established suppliers usually have weak points resulting from their structure or system. Attacking these vulnerable areas makes it difficult for them to retaliate. For example, a company that distributes its products primarily through specialized retailers will have a hard time defending itself from an attack that is carried out through aggressive distribution channels (discounters, supermarkets, etc.). If the established company chooses to introduce its products to cheaper channels at prices that are common for those channels, it endangers its position in specialized retail. This was exactly the strategy that Fuji adopted years ago in its assault on Kodak and Agfa, strongly disabling the incumbents' defense capabilities. Price-aggressive airlines such as Ryanair or Southwest Airlines regularly strike where the big airlines can not adequately defend themselves. They seek out secondary airports and routes that aren't profitable for their bigger rivals. They are able to radically simplify their processes because they are not part of complex systems, allowing them to save on costs. And since they are not hindered by labor agreements, they are able to deploy their employees in multiple functions. They then pass the savings on to the customer in the form of low prices. With this strategy, Ryanair has realized an average growth rate of 25 percent and a return on sales of 20 percent in the last five years. Both figures are highly above the average of the European airlines.

3.7   Verteidigungsstrategie

Hermann Simon

Wettbewerbsvorteile sind in dynamischen Märkten vergänglich. Es gibt nur zwei Arten der Verteidigung: Entweder hält man bei heutigem Vorteil durch ständige Innovation den Abstand zur Konkurrenz, oder es gilt, neue Wettbewerbsparameter ins Spiel zu bringen und dort überlegene Leistung zu bieten. Die erste Verteidigungsvariante stößt irgendwann an Grenzen. Die Gefahr, nicht rechzeitig auf einen neuen Wettbewerbsparameter umzuschalten, ist bei sehr erfolgreichen Firmen besonders ausgeprägt.

Der etablierte Anbieter, der seine Marktposition gegen Angreifer verteidigen muss, sollte sich bewusst sein, dass Wettbewerbsvorteile vergänglich und permanent gefährdet sind. Sowohl die Konkurrenten als auch die Kunden lernen ständig hinzu. Wie wenig dauerhaft Marktpositionen und Wettbewerbsvorteile sein können, wird am Beispiel der Halbleiterindustrie drastisch deutlich. Für ausgewählte Jahre seit 1950 sind die jeweils fünf größten Firmen in diesem Markt in Abbildung 1 aufgelistet.

	1955	1965	1975	1975	1982	1995
	Vakuumröhren	Transistoren	Halbleiter	integrierte Schaltkreise	VLSI-Technik	Submikron
1	RCA	Hughes	TI	TI	Motorola	Intel
2	Sylvania	Transitron	Fairchild	Fairchild	TI	NEC
3	General Electric	Philco	Motorola	National	NEC	Toshiba
4	Raytheon	Sylvania	GI	Intel	Hitachi	Hitachi
5	Westinghouse	TI	GE	Motorola	National	Motorola
6	Amperex	GE	RCA	Rockwell	Toshiba	Samsung
7	National-Video	RCA	Sprague	GI	Intel	TI

Abb. 1: Führende Anbieter in der Halbleiterindustrie

Keiner der führenden Anbieter der fünfziger Jahre befand sich vier Jahrzehnte später noch unter den fünf größten Firmen, einige sind ganz vom Markt verschwunden.

In dynamischen Märkten gibt es nur zwei Arten der Verteidigungsstrategie:

- Entweder muss man schneller „lernen" (im weitesten Sinne) als die Konkurrenten,

- oder man muss den Parameter ändern, bei dem man einen Wettbewerbsvorteil besitzen will.

Die erste Option konzentriert sich auf die gegebenen Vorteilsparameter, indem man den Abstand zur Konkurrenz konstant hält oder gar vergrößert. Dies erfordert ständige Leistungsverbesserungen, Innovation, Perfektionierung. Allerdings sollte man bei dieser Art der Verteidigung beachten, dass es fast immer eine S-Kurve gibt. Mit zunehmender Reife eines Marktes oder einer Technologie wird es oft schwieriger bzw. teurer, einen Vorsprung zu halten. Irgendwo wird ein Sättigungsniveau erreicht, ab dem der Parameter nur noch marginal verbessert werden kann. So bewegt sich die Produktqualität heute in vielen Märkten auf einem Niveau, bei dem eine wahrnehmbare Differenzierung kaum noch erreichbar ist. Besonders häufig begegnen uns solche Fälle in der chemischen Industrie sowie bei industriellen Zulieferern.

Je näher man der Sättigungsgrenze kommt, desto wichtiger wird es, den Vorteilsparameter zu wechseln. Dem richtigen Timing des Wechsels kommt ausschlaggebende Bedeutung zu. Erfahrungsgemäß klammert man sich umso stärker an die traditionelle Vorteilsposition oder -technologie, je ausgeprägter diese war bzw. je länger man mit dieser erfolgreich am Markt operiert hat. Die Erfolgserfahrung aus der Vergangenheit wird extrapoliert. Die Tatsache, dass die Wettbewerber aufgeholt haben, wird manchmal so lange verdrängt, bis die Realität keinen Ausweg mehr lässt. Ein klassisches Beispiel für ein derartiges Klammern an vergangene Wettbewerbsvorteile war die Ablösung des VW-Käfers durch den Golf im Jahre 1974. Sie erfolgte mindestens um fünf Jahre zu spät. Auch Mercedes-Benz und BMW mussten in den USA Anfang der neunziger Jahre massive Marktanteilseinbußen gegen japanische Luxusmarken wie Lexus, Acura und Infiniti hinnehmen, bevor sie mithilfe neuer Parameter wie ABS, Elektronik, modernem Design, verjüngtem Image, Navigationssystem etc. die alte Vorteilsposition zurückeroberten.

Walter Wriston, der ehemalige Chairman der Citicorporation, hat treffend ausgedrückt, um was es bei der Verteidigungsstrategie geht: „The philosophy of the divine right of kings died hundred of years ago, but not, it seems, the divine right of inherited markets. Some people still believe there's a divine dispensation that their markets are theirs – and no one else's – now and forever. It is an old dream that dies hard, yet no businessman in a free society can control a market when the customers decide to go somewhere else. All the king's horses and all the king's men are helpless in the face of a better product. Our commercial history is filled with examples of companies that failed to change with a changing world, and became tombstones in the corporate graveyard."

Es geht ganz einfach ums Überleben.

3.7 Defensive Strategy

Hermann Simon

In dynamic markets, competitive advantages are transient. There are only two possible ways to defend your position: You can either stay ahead of the competition by constantly innovating your current competitive advantage, or you can introduce new competitive parameters in which you offer superior performance. The first variant will ultimately reach its limits. The danger of not switching to a new competitive parameter on time is especially evident among very successful companies.

Established suppliers defending their market positions from attack should be aware that competitive advantages are transient and are constantly being threatened. Both competitors and customers are continuously acquiring new knowledge. The semiconductor industry serves to illustrate just how transitory market positions and competitive advantages are. Figure 1 lists the five largest companies in the semiconductor market for selected years beginning with 1950.

	1955	1965	1975	1975	1982	1995
	Vacuum tubes	Transistors	Semiconductor	Integrated circuits	VLSI Technology	Submicron
1	RCA	Hughes	TI	TI	Motorola	Intel
2	Sylvania	Transitron	Fairchild	Fairchild	TI	NEC
3	General Electric	Philco	Motorola	National	NEC	Toshiba
4	Raytheon	Sylvania	GI	Intel	Hitachi	Hitachi
5	Westinghouse	TI	GE	Motorola	National	Motorola
6	Amperex	GE	RCA	Rockwell	Toshiba	Samsung
7	National-Video	RCA	Sprague	GI	Intel	TI

Figure 1: Leading suppliers in the semiconductor market

Four decades later, not one of the leading suppliers of the 1950s was among the top five. Some of them had even disappeared from the market all together.

In dynamic markets, there are only two kinds of defensive strategies:

- You have to either "learn" (in the broadest sense) faster than the competition,
- or you have to focus your attention on developing a competitive advantage in a new parameter.

The first option focuses on the current advantages. You either maintain a steady distance between you and your rivals or widen the performance gap. It requires continuous improvement in performance, innovation, fine-tuning. However, companies should be aware that an "s-curve" is almost always certain with this variety of defense. The more mature a market or technology is, the more difficult or costly it generally becomes to maintain leadership. Ultimately, a point will be reached at which the potential for improving the parameter is exhausted and only marginal improvements can be made. That is why noticeable differentiation in product quality is difficult to achieve in many mature markets today. This applies particularly to products in the chemical industry as well as to industrial suppliers.

The closer you get to exhausting improvement potential, the more important it becomes to focus on a new, different parameter. It is crucial to switch to the new parameter at the right time. Experience shows that the longer a company is successful with an advantage position or technology in the market and the more distinct the lead is, the more strongly the company clings to it. It tends to extrapolate success from the past. Companies often suppress the fact that the competition has caught up with them until they are left with no choice but to take action. Volkswagen is a classic example of a company that clung too long to past competitive advantages. In 1974, it replaced the VW Beetle with the VW Golf, but the change came at least five years too late. In the early nineties, Mercedes-Benz and BMW were forced to accept large market share losses in the US to Japanese luxury brands such as Lexus, Acura and Infiniti before they took action to win back their old advantage position with the help of new parameters such as ABS, electronics, modern design, sportier image, navigation systems, etc.

Walter Wriston, the former chairman of Citicorporation, fittingly pointed out just what's at stake with a defense strategy: "The philosophy of the divine right of kings died hundred of years ago, but not, it seems, the divine right of inherited markets. Some people still believe there's a divine dispensation that their markets are theirs – and no one else's – now and forever. It is an old dream that dies hard, yet no businessman in a free society can control a market when the customers decide to go somewhere else. All the king's horses and all the king's men are helpless in the face of a better product. Our commercial history is filled with examples of companies that failed to change with a changing world, and became tombstones in the corporate graveyard."

Simply speaking, it's a matter of survival.

IV

Strategie und Marktdynamik

Strategy and Market Dynamics

4.1 Die Zukunft erfinden: Strategisches Innovationsmanagement

Claus Weyrich

Innovationen gehören zu den wichtigsten Hebeln der Unternehmensführung, denn sie sichern Wettbewerbsvorteile, beschleunigen das Wachstum und erhöhen die Ertragskraft. Doch welcher Weg in die Zukunft ist der richtige? Auf welche Technologien, welche neuen Geschäftsideen sollen Firmen setzen, um die Bedürfnisse ihrer Kunden auch morgen noch erfüllen zu können? Solche Fragen entscheiden über die Wettbewerbsfähigkeit von Unternehmen. Das strategische „Erfinden der Zukunft" als Teil des Innovationsmanagements ist notwendiger denn je.

Innovationen strategisch zu planen bedeutet heute, die Forschung und Entwicklung eines Unternehmens möglichst zielsicher und erfolgsorientiert, d.h. effektiv zu steuern und die finanziellen Mittel effizient einzusetzen. All dies setzt eine klare Vorstellung von den Technologien, Kundenbedürfnissen und Märkten der Zukunft voraus. Diese Erkenntnis ist nicht neu, ebenso wenig wie die Tatsache, dass die unterschiedlichen Methoden zur Zukunftsprognose, wie zum Beispiel die Delphi-Methode, mit spezifischen Vor- und Nachteilen behaftet sind. Mit seinem Zitat „Prediction is hard, especially if it's about the future" hat der Physiker und Nobelpreisträger Niels Bohr das Dilemma am prägnantesten beschrieben.

Für ein Unternehmen heißt das: Trends richtig vorhersagen und selbst zum Trendsetter für Innovationen werden in Geschäften, die technologiegetrieben sind. Denn nur wer langfristig technologischer Vorreiter ist, kann eine führende Position auf seinen Märkten erobern, behaupten und hohe Renditen erzielen. Führend in technologiegetriebenen Geschäftsfeldern zu sein bedeutet, grundsätzlich schneller zu wachsen und mehr Wert zu schaffen als der Wettbewerber.

Bei Siemens hat daher die Zentralabteilung Corporate Technology zusammen mit den geschäftsführenden Bereichen in den letzten Jahren ein Bündel leistungsfähiger Instrumente entwickelt, um die Innovationsstrategien systematisch und nachhaltig zu optimieren. Das Ergebnis lässt sich anhand der so genannten „Pictures of the Future" veranschaulichen. Man geht dabei von zwei gegenläufigen Sichtweisen aus, die einander ergänzen: zum einen der Extrapolation aus der „Welt von heute" und zum anderen der „Retropolation" aus der „Welt von morgen bzw. übermorgen".

Beim Blick nach vorne, der Extrapolation, werden die derzeit bekannten Technologien und Produktfamilien marktgetrieben in die Zukunft fortgeschrieben und als Generationenfolge in so genannten Roadmaps dargestellt. Man versucht, möglichst präzise abzuschätzen, zu welchem Zeitpunkt etwas verfügbar ist und gebraucht werden wird. Der Vorteil dieses Verfahrens – die sichere und gut bekannte Ausgangsbasis – ist zugleich sein größter Nachteil: Diskontinuitäten und Entwicklungssprünge lassen sich damit nicht vorhersagen. Bildlich gesprochen „fährt" man bei der Extrapolation auf einer gut ausgebauten Straße, sieht allerdings sehr wenig von dem, was anderswo stattfindet – vor allem aber weiß man nie, ob die Straße nicht plötzlich endet und man nicht längst einen anderen Weg hätte einschlagen sollen.

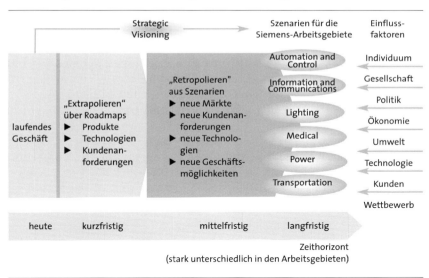

Abb. 1: Kombination von Extrapolation und Retropolation

Das aber lässt sich mit einem komplementären Verfahren, der Retropolation, besser beurteilen. Man versetzt sich dazu bewusst weit in die Zukunft, wobei der Zeithorizont je nach betrachtetem Gebiet sehr unterschiedlich sein kann. Für den gewählten Zeithorizont wird dann ein „Bild der Zukunft" entworfen, das in einem ganzheitlichen Ansatz möglichst viele Einflussfaktoren berücksichtigt: die Entwicklung gesellschaftlicher, politischer und industrieller Strukturen, die Nachhaltig-keit ebenso wie die Technologietrends und neue Kundenbedürfnisse. Im Szenario können attraktive Zukunftsmärkte priorisiert werden und durch „Retropolation" die Aufgaben und Problemstellungen identifiziert werden, die heute als erste robuste Schritte angegangen werden müssen, um in der Welt von morgen zu bestehen.

Durch Kombination und Zusammenführen der Ergebnisse von Extrapolation und Retropolation entstehen so konsistente Bilder der Zukunft, die „Pictures of the Future". Sie stellen eine aus vielen Quellen – extern wie intern – gespeiste und kontinuierlich erweiterte bzw. überarbeitete Wissensbasis dar. Diese Bilder helfen, die zukünftigen Märkte zu quantifizieren, Diskontinuitäten aufzuspüren, künftige Kundenanforderungen zu antizipieren und Technologien mit hohem Wachstumspotenzial und großer Breitenwirkung sowie neue Geschäftsmöglichkeiten zu identifizieren.

Für die Innovationsinitiative von Siemens sind die „Pictures of the Future" zu einem wesentlichen Instrument geworden: Sie entwerfen nicht nur ein visionäres und konsistentes Bild der Zukunft, sondern zeigen auch den Weg, den man einschlagen muss, um dorthin zu kommen. Darin unterscheidet sich das „Erfinden der Zukunft" vom reinen „Vorhersagen der Zukunft".

4.1 Inventing the Future: Strategic Innovation Management

Claus Weyrich

Innovations are one of the most important management levers since they safeguard competitive advantages, accelerate growth and increase profitability. But what is the best path into the future? What technologies and new business ideas should a company pursue in order to continue meeting customer demands in the future? Questions like these are crucial for the competitiveness of a company. Now more than ever, the strategy of "inventing the future" is necessary for innovation management.

Nowadays, the strategic planning of innovations means organizing R&D activities in as focused a manner as possible – while making optimum use of available funds. All of this requires a clear vision regarding new technologies, customer requirements and the markets that will emerge in the future. This is not a new realization, however – nor is the fact that the different methods of predicting the future, such as the Delphi method, present both advantages and disadvantages. Physicist and Nobel prize winner Niels Bohr described the dilemma more succinctly than anyone before him: "Prediction is hard, especially if it's about the future".

For companies, that means correctly predicting future trends and becoming an innovation trendsetter in technology-driven businesses. Only those that are long-term technology leaders can stake and maintain a leading position in their markets and generate high returns. Being a leader in technology-driven business sectors means growing faster and generating more value than the competition.

In recent years, Siemens' Corporate Technology Department has therefore worked closely with the business divisions in order to develop a package of powerful instruments to optimize the company's innovation strategies in a systematic and sustained manner. The results can be seen in the so-called "Pictures of the Future". These pictures are the product of two opposing perspectives, each of which reinforces the other. On the one hand, the extrapolation of the "world of today", and on the other hand, the retropolation of the "world of tomorrow".

Extrapolation, the first perspective, may also be seen as "road-mapping" – in other words, projecting current technologies and products into the future. The aim is to anticipate, as precisely as possible, the point in time at which certain things will become available or when a need for them will arise. The advantage of this approach – a secure and well-known starting position – is also its greatest weakness, since the method fails to predict discontinuities and great leaps forward in the development process. Figuratively speaking, while "road-mapping" will take you on a journey along a well-built road, you won't see much of what's going on beyond the roadside. And you can never be sure that the road isn't about to end suddenly, in which case it would have been better to turn off many miles before.

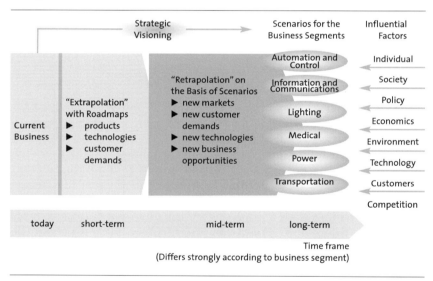

Figure 1: Combination of extrapolation and retropolation

However, with the use of a complementary approach, retropolation, the future can be judged with more certainty. In this approach, you imaginatively place yourself in the future, The time horizon depends on the area of activity under investigation. Once an appropriate time horizon has been selected, a comprehensive scenario can be devised, incorporating all relevant factors, including the future development of social and political structures, environmental considerations, globalization, technological trends and new customer requirements. In this scenario, attractive future markets can be prioritized. Retropolation helps identify the tasks and problems that have to be tackled first in order to survive in tomorrow's world.

126

By combining extrapolation and retropolation, consistent "Pictures of the Future" can be created. These images represent a knowledge basis that is fed and updated by a number of internal and external sources. They help quantify future markets, detect discontinuities, anticipate future customer requirements, identify new technologies with large growth potential and mass appeal, and identify new business opportunities.

"Pictures of the Future" have become an integral part of Siemens' innovation initiative: Such insights into tomorrow's world not only sketch a coherent picture of the future but also show how to get there. That's the crucial difference between inventing the future and merely trying to predict it.

4.2 Die Kraft des Neuen: Erfolgsfaktor Innovation

Claus Weyrich

Die Weltwirtschaft – und der Weltelektromarkt im Besonderen – sind geprägt durch die „Globalisierung" und „Digitalisierung" aller Produkte, Systeme und Geschäftsprozesse (E-Business), die immer kürzer werdenden Innovationszyklen, einen enormen Kostendruck sowie die steigende Bedeutung von Wissen neben den herkömmlichen Produktionsfaktoren Arbeit, Kapital und Rohstoffe. In dieser Zeit des Wandels gilt Darwins Gesetz vom „Survival of the Fittest" stärker denn je: Erfolgreiche Unternehmen stellen sich nicht nur den Veränderungen von Markt und Wettbewerb, sondern gestalten ihn als Trendsetter mit. Sie setzen Innovation als strategischen Haupthebel für Kundennutzen, Produktivitätssteigerung und Wachstum in das Zentrum ihrer unternehmerischen Aktivitäten.

Wer Innovationen fördern will, muss allerdings weit mehr tun, als geniale Erfinder um sich zu versammeln. „Innovationen sind zu 5 Prozent Inspiration und zu 95 Prozent Transpiration", wusste schon Thomas A. Edison. Eine Erfolg versprechende Idee zu haben, ist nur der erste Schritt. Genauso wichtig sind ihre Umsetzung im Unternehmen und die Durchsetzung des neuen Produktes oder der neuen Dienstleistung am Markt. Erst dann wird die „Invention" zur wertsteigernden „Innovation". Innovationen sind im weiteren Verständnis keineswegs nur auf technische Neuerungen, also Produktinnovationen, begrenzt. Der Begriff ist auf alle Wertschöpfungsprozesse eines Unternehmens anwendbar. So sind in der Fertigung Prozessinnovationen gleichermaßen notwendig wie im Marketing und in der Finanzierung, im Management oder in der Personalführung.

Innovationen können evolutionären oder revolutionären Charakter haben: Erstere zielen mehr auf die inkrementelle Weiterentwicklung von Produkten und Prozessen, letztere sind die Aufsehen erregenden Durchbruchsinnovationen, die Diskontinuität bei Technologien oder Anwendungen in bestehenden Geschäften bewirken. Beide Arten von Innovationen sind für den technischen Fortschritt unabdingbar. Zwei Beispiele: Die moderne Informations- und Kommunikationstechnik entwickelte sich aus der Erfindung des Transistors und des integrierten Schaltkreises. Dessen Siegeszug aber wurde selbst erst möglich durch zahllose vergleichsweise inkrementelle Innovationen, die die Verkleinerung der Strukturen von Mikrochips ermöglichten. Ein anderes Beispiel ist die evolutionäre Steigerung von Wirkungsgrad und Umweltfreundlichkeit von Kraftwerken. Auch hier beruht der Gesamterfolg auf einer Vielzahl von Einzelinnovationen, von neuen bzw. verbesserten Werkstoffen bis hin zur Optimierung von Turbinenschaufeln durch 3-D-Simulation. Letztlich basiert jede Evolution auf „Revolutionen im Kleinen".

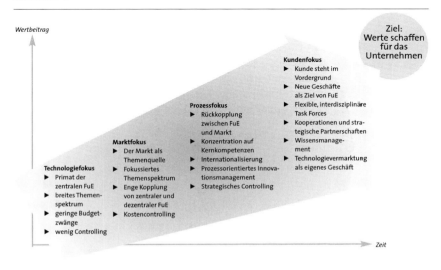

Abb. 1: Industrieforschung im Wandel: Wertsteigerung durch Fokuserweiterung

Für die großen technischen Revolutionen gilt eine bemerkenswerte Wechselwirkung: Durchbruchsinnovationen wie etwa die Mikroelektronik, das Internet oder der Mobilfunk verändern auf der einen Seite die Welt. Auf der anderen Seite sind gerade diese Veränderungen oft eine wichtige Quelle für bis dahin nicht denkbare Folgeinnovationen – sie resultieren aus Veränderungen von Sichtweisen, von Strukturen, von Prozessen bis hin zu Unternehmenskulturen. Es nicht nur „besser", sondern auch „anders" zu machen und dabei sogar eigene Geschäfte bewusst zu „kannibalisieren", sind erwiesene Treiber für Innovationen.

Diese Erkenntnisse über das Wesen von Innovationen führten in den letzten Jahrzehnten zu einem entscheidenden Paradigmenwechsel in der Industrieforschung: Sie erweitert ihren Fokus – von einer reinen Technologiefixierung hin zur Orientierung an Märkten, an Prozessen und am Kundennutzen. Standen in der Vergangenheit Budgetzwänge und Controlling für Forscher und Entwickler in den Unternehmen hinter dem Ziel der Erarbeitung der besten technischen Lösungen eher zurück, so wurden nach und nach

- der Markt als Themenquelle für Innovationen entdeckt,

- zentrale Forschungs- und Entwicklungsabteilungen enger mit den Bedürfnissen der geschäftsführenden Einheiten verzahnt,

- die Konzentration auf Kernkompetenzen verstärkt und

- prozessorientiertes Innovationsmanagement sowie ein strategisches Controlling eingeführt.

Heute sind rund 75 Prozent aller erfolgreichen Innovationen marktgetrieben. Im Fokus der Forschungszentren großer Unternehmen steht nun auch die Entwicklung neuer Geschäftsmöglichkeiten. Kundennutzen erzeugen und Werte schaffen für das Unternehmen sind die beiden wichtigsten Zielsetzungen. Die Arbeitsweise von Industrieforschern veränderte sich gleichzeitig. Forschung und Entwicklung erfolgen heute verstärkt

- in enger Zusammenarbeit mit den – zukünftigen – Kunden zu einem sehr frühen Zeitpunkt der Produktentstehung;

- in flexiblen, oftmals interdisziplinär zusammengesetzten Projektteams mit unternehmerischen Freiheiten, aber klaren Zielvorgaben;

- unter Nutzung der gesamten Wissensbasis des Unternehmens, eingebunden in ein „Netzwerk der Kompetenzen";

- in Kooperationen und strategischen Partnerschaften mit anderen Firmen, Universitäten und Forschungsinstituten der internationalen Scientific Community;

- unter Absicherung des erarbeiteten intellektuellen Kapitals über Patente und Schutzrechte bis hin zur strategischen „Invention-on-demand".

Unverändert geblieben ist jedoch die entscheidende Rolle und das Profil des Innovators: unternehmerisch und kreativ, kämpferisch und motivierend, Einzelkämpfer und Teamplayer, erfolgsorientiert und risikofreudig. Allerdings zeichnet ihn auch ein weiteres Merkmal aus: Er ist Mangelware.

4.2 The Power of Innovation

Claus Weyrich

The global economy, particularly the global electronics market, exhibits several typical characteristics: product and system cycles and their increasingly shorter time constants, the digitalization of all business processes (e-business), immense cost pressure, the increasing importance of knowledge, and the traditional production factors labor, capital and raw materials. In these times of change, Darwin's "Survival of the Fittest" is more valid than ever: Not only are successful companies facing changes in the market and in competition – they are also creating them. They place innovation in the center of their entrepreneurial activities, using it as a strategic lever for value-to-customer, productivity and growth increases.

Anyone wanting to encourage innovation must do more than just surround himself with brilliant inventors. Thomas A. Edison was aware that "innovation is 5 percent inspiration and 95 percent perspiration". Having a promising idea is only the first step. Equally important are its realization and implementation within the company as well as its acceptance in the market. Only then will the invention become a profitable innovation. Innovations, however, are not restricted solely to technical advancements, i.e. product innovations. The term can be applied to all of a company's value-added processes. Process innovations are just as necessary in production as they are in marketing, financing, management, or human resource management.

Innovations can be either evolutionary or revolutionary. Those of an evolutionary nature aim more at the incremental development of products and processes. Revolutionary innovations are true breakthroughs. They trigger discontinuity among technologies or applications in existing businesses. Both types of innovations are crucial for technical progress, as the following examples show. Modern information and communication technology developed from the transistor and the integrated circuit. However, it wasn't until countless minor innovations enabled the miniaturization of microchip structures that modern information and communication celebrated its success. Another example is the evolutionary increase in the efficiency and ecological friendliness of power plants. Again, the overall success stems from a number of smaller innovations, be it new or improved materials, the optimization of turbine blades, or 3-D simulation. Ultimately, every evolution stems from a series of "small revolutions".

For important technological revolutions, there is a remarkable interaction. On the one hand, breakthrough innovations such as microelectronics, the Internet or mobile communications change the world. On the other hand, these very changes – changes in perspectives, structures, processes, and corporate cultures – are often an important source for formerly unimaginable follow-up innovations. Not only the desire to do things "better" drives innovation, but also the desire to do things "differently", even if it means cannibalizing your own business in the process.

Over the past few decades, these realizations about innovation have led to a decisive paradigm shift in industry research, which has now broadened its focus on innovation to include markets, processes, and value-to-customer rather than just technology. While researchers and developers once considered the development of the best technical solution more important than budgetary constraints and controlling, they increasingly took the market into consideration as a source of innovations:

- Central research and development departments are more closely aligned with the needs of management units,

- Concentration on key competencies has intensified,

- Process-orientated innovation management and strategic controlling have been introduced.

Today, around 75 percent of all successful innovations are market-driven. Now, large companies' research centers are also focusing on the development of new business opportunities. The most important objectives are the creation of value-to-customer and shareholder value. At the same time, the methods applied by industrial researchers have changed. Research and development activities are conducted

- in closer cooperation with (future) customers at an early stage of product development;

- in flexible, often interdisciplinary project teams that have a great degree of freedom, but also clear objectives;

- using the entire knowledge basis of the company, integrated into a "network of competencies";

- in strategic partnerships with companies, universities and research institutes belonging to the international scientific community;

- under the protection of the acquired intellectual capital, from patents and trademark rights to strategic "invention on demand".

The role and the profile of the inventor himself, however, remain unchanged: entrepreneurial and creative; spirited and motivating; individual and team player; success-orientated and willing to take risks. And the last distinctive characteristic: there aren't enough of them to go around.

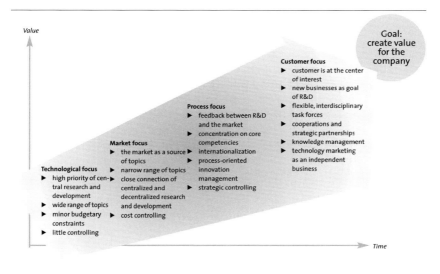

Figure 1: Industry research in transition: increased value by broadening the focus

4.3 Strategie und Lebenszyklus

Stefan Herr

Produkte und Dienstleistungen durchlaufen Lebenszyklen. Um das langfristige und profitable Überleben eines Unternehmens zu sichern, muss die Strategie des Unternehmens diesen Lebenszyklen Rechnung tragen. Je kürzer die Produktlebenszyklen innerhalb einer Branche sind, desto größer ist die Branchendynamik. Hieraus ergeben sich Chancen für Unternehmen aus der dritten und vierten Reihe, um zu den Pionieren und Marktführern aufzuschließen. Gleichzeitig befinden sich die Marktführer in dynamischen Märkten in einer permanenten Verteidigungsposition.

Moderne Märkte zeichnen sich durch eine hohe Dynamik aus. Diese Dynamik kann sowohl kunden- als auch technologiegetrieben sein. Die folgenden Beispiele aus dem Hightech-Bereich illustrieren solche Entwicklungen beispielhaft. Um seinen Fortbestand zu sichern, benötigt jedes Unternehmen für Produkte, die sich in der Abschwungphase befinden, neue Folgeprodukte, die in die Wachstumsphase eintreten. Im Unterhaltungsbereich wurde 1997/98 klar, dass die DVD traditionelle Videokassetten und CDs ablösen wird. Auf diesen Trend haben die Spezialmaschinenbauer Singulus und Steag HamaTech gesetzt und in den Jahren 1998 bis 2000 immense Wachstumsraten realisiert. Inzwischen stagnieren diese Märkte jedoch, und beide Unternehmen mussten Gewinnwarnungen abgeben. Mit abflachenden Wachstumszahlen müssen nun neue Maschinen auf den Markt gebracht werden, die in ihrem Lebenszyklus am Anfang stehen. Singulus hat dazu Ende 2000 eine Maschine für wiederbeschreibbare DVDs erstmalig in Taiwan verkauft.

Microsoft stellt ein bekanntes Beispiel für eine erfolgreiche strategische Neuausrichtung dar. In der Computergeschichte gab es bisher drei Ären: Mainframe-, PC- und Internet-Ära. Beim Übergang von der Mainframe- zur PC-Ära verloren IBM und Digital Equipment ihre Marktführerschaft an Microsoft und Intel. 1995 sah es so aus, als ob Netscape mit seinem Netscape-Browser die zentrale Software für das neue Internetzeitalter bereitstellen würde. Bill Gates erkannte die Gefahr. In einer dramatischen Rede kündigte er am 7. Dezember 1995, dem Jahrestag des japanischen Angriffs auf Pearl Harbor, die radikale Umorientierung von Microsoft an. Alle Produktentwicklungen wurden auf das Internet fokussiert. Inzwischen hat Microsoft seine Konkurrenten an allen Fronten zurückgeschlagen.

Als letztes Beispiel soll der Markt für die Leiterplattenbestückung dienen. Bis zum Auftreten der Surface Mount Technology (SMT) wurden Axial- und Radialmaschinen zur Bestückung eingesetzt. Das US-Unternehmen Universal war in diesem Bereich enorm stark, hat aber die technologische Entwicklung zur SMT-Bestückung erst sehr spät erkannt. Inzwischen dominieren Fuji, Panasonic und Siemens den Markt für SMT-Bestückungsmaschinen. Das primäre Ziel der SMT-Maschinen-Nutzer (zum Beispiel Handy-, PC-Industrie) ist nicht die Bestückung, sondern die erfolgreiche Vermarktung und kostengünstige Herstellung ihrer Produkte. Fuji und Siemens haben sehr frühzeitig ihre Strategie auf den Markttrend des Outsourcing ausgerichtet und enge Bindungen zu den damals noch relativ kleinen Lohnbestückern etabliert. Mit der rasanten Zunahme des Outsourcing der SMT-Bestückung sind riesige Unternehmen wie Solectron und Flextronics entstanden. Durch ihre frühzeitige Positionierung konnten Fuji und Siemens mit diesen Unternehmen mitwachsen.

Aus diesen Beispielen ergeben sich klare strategische Schlussfolgerungen:

1. Markttrends (zum Beispiel Outsourcing im SMT-Bereich) müssen regelmäßig analysiert und bewertet werden, um gegebenenfalls die Strategie anzupassen.

2. Markttrends können von Kunden, aber auch von Wettbewerbern ausgehen. Daher muss neben die regelmäßige Wettbewerbsbeobachtung ein intensiver Kundenkontakt treten (zum Beispiel FuE-Partnerschaften).

3. Der Lebenszyklus eines Unternehmens setzt sich aus den Lebenszyklen aller im Laufe des „Unternehmenslebens" hergestellten Produkte zusammen. Innovationen sind somit unerlässlich, um ein langfristiges und profitables Überleben zu sichern. Im jetzigen Konjunkturabschwung überwiegen Kostenreduzierungen. Eine Strategieüberarbeitung gepaart mit einer Innovationsoffensive wird nur von wenigen Technologieunternehmen betrieben. Diese werden zu den Gewinnern im Aufschwung zählen.

4. Ein Festhalten an alten Technologien kann Marktführer sehr schnell ins Abseits führen. Je größer ein Unternehmen ist, desto schwieriger lässt sich die Strategie auf neue Technologietrends ausrichten. Die absolute Entschlossenheit des Top-Managements stellt die Grundvoraussetzung für eine radikale Strategieanpassung dar (zum Beispiel Microsoft).

5. Die regionale Expansion kann den Lebenszyklus eines Produktes verlängern, sollte jedoch nur eine Übergangslösung sein, um noch Erträge aus einer alten Technologie zu erzielen.

6. Die Ausdehnung einer Technologie auf neue Anwendungsbereiche führt ebenfalls zur Verlängerung des Produktlebenszyklus (zum Beispiel HDI-Leiterplatten, die insbesondere in der Telekommunikation zur Anwendung kommen). Durch das Abflachen des Handybooms können neuen Anwendungen (u.a. Automobil- und Industrieelektronik) die wegbrechenden Umsätze kompensieren.

4.3   Strategy and Life Cycle

Stefan Herr

Products and services go through life cycles. In order for a company to secure long-term, profitable survival, it must take the life cycle of its products into account. The shorter the product life cycles are in an industry, the greater the industry dynamics. This gives third and fourth-place companies the chance to catch up with the pioneers and market leaders. At the same time, market leaders in dynamic markets have to constantly defend their positions.

Modern markets are highly dynamic, a phenomenon which can be customer and technology-driven. The following examples from the high-tech sector serve to illustrate this development. For every product in decline, a company needs to introduce a follow-up product in the growth stage in order to stay afloat. In the home entertainment industry, it became clear in 1997/1998 that the DVD would replace traditional video cassettes and CDs. Specialty machinery producers Singulus and Steag HamaTech took advantage of this trend and realized enormous growth rates between 1998–2000. Meanwhile, the markets are stagnating, and both companies have been forced to announce profit warnings. With growth figures leveling off, new machines that are in the early stages of their life cycle now have to be launched. In late 2000, Singulus sold its first device for re-recordable DVDs in Taiwan.

A well-known example of successful strategic reorientation is Microsoft. So far, there have been three eras of computer history: the mainframe era; the PC era; and the Internet era. During the transition from the mainframe era to the PC era, IBM and Digital Equipment lost their market leadership to Microsoft and Intel. In 1995, it looked as though Netscape, with its Netscape Browser, would become the leading software supplier for the new Internet era. Bill Gates was well aware of this threat. In a dramatic speech on December 7, 1995, the anniversary of the Japanese attack on Pearl Harbor, he announced that Microsoft was to undergo a radical reorientation. All new product developments were to focus on the Internet. Since that time, Microsoft has successfully fought off its competitors on all fronts.

The market for circuit board mounting will serve as a further illustration. Until the appearance of surface mount technology (SMT), axial and radial machines were used to mount components. The US firm Universal was remarkably strong in this area, but it did not become aware of the technological move to SMT mounting until late in the game. This gave Fuji, Panasonic and Siemens time to take control of the market for SMT mounting machines. The primary goal of companies that use SMT machines (e.g. mobile phone manufacturers and PC industries) is not mounting as such, but the successful marketing and low-cost production of their products. Fuji and Siemens adapted their strategies to the outsourcing trend very early on and established strong ties with contractors that were still relatively small at the time. The rapid increase in outsourcing of SMT mounting has given birth to giant enterprises such as Solectron and Flextronics. Fuji and Siemens have been able to keep up with these companies because they positioned themselves early on in a very intelligent way.

Several clear strategic implications can be derived from these examples:

1. Market trends (e.g. outsourcing in the SMT sector) should be regularly analyzed and evaluated in order to adjust the strategy if necessary.

2. Market trends can originate from competitors, but also from customers. Therefore, companies should not only keep a close eye on competitors, but also focus on developing strong customer contacts (e.g. R&D partnerships).

3. The life cycle of a company is the sum of the life cycles of all the products produced in the course of the company's "life". Therefore, innovations are essential for securing long-term, profitable survival. In the current economic slump, companies are focused on reducing costs. Very few technology firms are simultaneously revamping their strategies and carrying out an innovation offensive. Those that do will come out on top when the economy picks up.

4. Market leaders that cling to old technologies can quickly find themselves on the outside looking in. The bigger a company is, the more difficulties it has adjusting its strategy to new technological trends. The absolute determination of management is a fundamental prerequisite for making radical strategic changes (e.g. Microsoft).

5. Regional expansion can increase a product's life cycle. However, it should only be seen as a temporary solution aimed at generating revenue with the old technology.

6. The product life cycle can be further extended by expanding the technology to cover new areas of application (e.g. HDI circuit boards, which are used primarily in telecommunications). In light of the

increasing saturation of the cellular phone market, new uses (e.g. automobile and industry electronics) are an effective way to compensate for lost revenues.

4.4 Leapfrogging-Strategie

Alexander Pohl

Leapfrogging bezeichnet die Entscheidung eines Kunden, den Kauf eines Produktes in die Zukunft zu verschieben und damit das gegenwärtig verfügbare Produkt zu „überspringen". Auslöser sind Erwartungen der Kunden hinsichtlich verbesserter Produkte oder Services in der Zukunft. Leapfrogging führt zu teilweise massiven zeitlichen Verlagerungen von Umsatzströmen. Die hohe Bedeutung für die Unternehmensstrategie ist unverkennbar. Das Phänomen tritt hauptsächlich im Konsumgüter- und teilweise im Business-to-Business-Geschäft auf. Typische Beispiele sind die Branchen IT, Telekommunikation, Automobil und Unterhaltungselektronik.

Wer einen Computer oder eine Videokamera gekauft hat, kennt das Gefühl. Nur kurze Zeit nach dem Kauf kommt ein Computer mit einem leistungsstärkeren Prozessor oder eine Kamera mit einer höheren Bildqualität auf den Markt. Gleichzeitig wird das eigene Modell bereits zu deutlich geringeren Preisen angeboten. Da dies so ist, gibt es auch keinen optimalen Kaufzeitpunkt, denn die Produkte werden immer leistungsfähiger und die Preise sinken permanent. Bei vielen Kunden entsteht Unsicherheit über den geeigneten Kaufzeitpunkt. Nicht selten mündet diese Unsicherheit in die Entscheidung, den Kauf zu verschieben und auf das verbesserte Produkt zu warten. Dies wird als Leapfrogging bezeichnet. Wörtlich übersetzt heißt es Bockspringen und steht im Marketing für das Überspringen der aktuellen Produktgeneration.

Auf den ersten Blick führt Leapfrogging für Anbieter betroffener Produkte zu Nachteilen. Das Marktpotenzial des gegenwärtigen Produktes wird nicht voll ausgeschöpft, und entsprechende Umsätze können erst mit dem zukünftigen Produkt realisiert werden. Trotzdem gelingt es, den Leapfrogging-Effekt positiv zu nutzen. Die Leapfrogging-Strategie setzt sich aus verschiedenen Schritten zusammen.

Bestimmung der Relevanz für das eigene Geschäft

Für den Leapfrogging-Effekt müssen zwei Voraussetzungen gegeben sein: produktbezogene Erwartungen der Kunden und ausreichende Wartebereitschaft. Produktbezogene Erwartungen liegen vor, wenn Kunden davon ausgehen, dass in der Zukunft substanziell verbesserte Produkte des gleichen Typs erscheinen. Bedeutsam ist die vermutete Leistungsverbesserung. So warteten potenzielle PKW-Käufer auf die Einführung der neuen Mercedes-Benz-E-Klasse im Jahr 2002, da sie mit dem neuen Modell zum Beispiel ein verbessertes Design oder neue technische Merkmale verbanden. Zweitens darf die Dringlichkeit des Kaufs nicht so hoch sein, dass eine Verschiebung der Kaufentscheidung nicht möglich wäre. Märkte mit kurzen Produktlebenszyklen begünstigen Leapfrogging. Ein gutes Beispiel ist der PC-Markt, auf dem die aktuellen Produktlebenszyklen je nach Komponente unter einem Jahr liegen. Preissensible Kunden verfolgen die Strategie, auf die Einführung eines neuen Produktes zu warten, um dann das Vorgängerprodukt zu günstigeren Preisen zu kaufen.

Quantifizierung des Leapfrogging-Effekts

In der Leapfrogging-Strategie werden die Größe des Leapfrogging-Segments bestimmt, dessen Veränderungen im Zeitablauf identifiziert und die konkreten Gründe für Leapfrogging ermittelt. Mit Näherrücken des Zukunftsproduktes wächst das Leapfrogging-Segment. Kunden sind im Zeitverlauf in zunehmendem Maße geneigt, auf das Zukunftsprodukt zu warten, da dieses immer stärker als relevante Alternative angesehen wird. Die Größe des Leapfrogging-Segments variiert von Branche zu Branche und hängt maßgeblich von der Art des Produktes ab. Im Business-to-Business-Geschäft ist Leapfrogging bei Investitionsentscheidungen bezüglich technologieintensiver Produkte zu beobachten. Im Konsumgüterbereich tritt Leapfrogging besonders bei langlebigen Gebrauchsgütern, also bei für Kunden wichtigen Produkten, auf.

Maßnahmen

Verfügt ein Anbieter über gegenwärtig erfolgreiche Produkte, dann ist Leapfrogging ein unerwünschter Effekt. Zur Abwehr bieten sich die Instrumente der Preis-, Distributions- und Kommunikationspolitik an. So können Kunden durch Sonderpreisaktionen bei Auslaufmodellen doch noch zu deren Kauf bewegt werden. Ebenso ist es möglich, bei gleichem Preis ein aufgewertetes Produkt anzubieten. Flankierend dazu unterstützt eine Intensivierung des Vertriebs und gezielte Werbung den Verkauf aktueller Produkte. Verfügt ein Anbieter hingegen nicht über ein konkurrenzfähiges Produkt, plant jedoch dessen Einführung, so stellt Leapfrogging ein erwünschtes Verhalten dar. Hier gilt es, bei Kunden positive Erwartungen durch Prämarketing zu generieren. Wirkungsvolle Instrumente sind Produktvorankündigungen, die frühzeitige Präsentation von Prototypen, Messeauftritte, Händlerwerbung sowie gezielte Informationslancierung an Medien. Diese Strategie verfolgt zum Beispiel Microsoft im Bereich der Spielekonsolen. Auf Grund von Vorankündigungen warteten Kunden auf die im Jahr 2002 erschienene Xbox und entschieden sich gegen den Kauf aktueller Produkte wie etwa der Sony Playstation 2.

4.4 Leapfrogging Strategy

Alexander Pohl

The term "leapfrogging" describes the customer's decision to postpone the purchase of a product, thus "leaping over" the product currently available on the market. This behavior is triggered by customers' expectations regarding improvements to the future product or service generation. Leapfrogging can lead to a substantial delay in the revenue stream. The impact this behavior has on corporate strategy can be tremendous. Leapfrogging occurs both in the consumer goods and business to business sectors and is typical in the IT, telecommunications, automobile, and electronics industries.

Anyone who has ever purchased a computer or a video camera knows the feeling: Shortly after the purchase, a computer with a higher performance or a camera with better picture quality enters the market. At the same time, the recently purchased item is already offered at a much lower price. As a result, there is no optimal time to purchase a product: The performance of the new products improves while the prices of the older products continually decline. Many customers are uncertain about the ideal time to purchase. This uncertainty frequently leads customers to postpone the purchase in anticipation of the new, improved product. Such behavior is termed "leapfrogging".

At first glance, leapfrogging creates disadvantages for the supplier of the "bypassed" product. The market potential of the current product can not be fully exhausted, and the anticipated revenues can not be realized until the next product generation hits the market. Nevertheless, it is possible for companies to profit from the leapfrogging effect. The leapfrogging strategy consists of the following steps.

Determination of relevance for own business

Two requirements are necessary for the leapfrogging effect: product-related expectations and sufficient willingness to postpone the purchase of the product. Product-related expectations exist when the customer assumes that a substantially improved next-generation product will soon be available. An important factor here is the anticipated improvement in performance. Many potential luxury car buyers, for example, will put off purchasing an automobile until the new Mercedes-Benz E-Class is introduced in 2002, as they expect the new model to offer an improved design or innovative technical features.

The second requirement for the leapfrogging effect is the customer's willingness to delay the purchase of the product. More specifically, the purchase must not be so urgent that a postponement of the purchasing decision is not possible. Markets with short product life cycles encourage leapfrogging. A good example is the market for personal computers, in which the current product life cycle, depending on the components, can be less than one year. Price-sensitive customers wait for the new product to be launched and then buy the outgoing model at a reduced price.

Quantification of the leapfrogging effect

The first step of the leapfrogging strategy is to determine the size of the leapfrogging segment. Any changes that occur in the segment over time are then identified and the concrete reasons for the leapfrogging behavior are established. The closer the launch of the new product gets, the larger the leapfrogging segment becomes. As the product launch nears, customers begin to see the new product as a relevant alternative. Thus, they are more likely to bypass the current product in favor of the new one. The size of the leapfrogging segment varies from industry to industry and heavily depends on the product type. In the business-to-business sector, customers tend to exhibit leapfrogging behavior when it comes to investment decisions for technology-intensive products. In the consumer goods sector, leapfrogging is common for consumer goods with a long life, i.e. for products that are particularly important to the customer.

Actions

For suppliers that offer already successful products, leapfrogging is an undesirable effect. These suppliers can defend themselves by implementing strategic price, distribution and communication policies. By offering outgoing models at special prices, companies can sway undecided customers to purchase the old product. Another tactic is to offer an upgraded product at the same price as the base model. Suppliers can step up sales of current products through targeted advertising and intensified marketing efforts. Those that do not yet have a competitive product but plan to launch one welcome leapfrogging behavior. They should use pre-marketing to generate positive expectations among customers. Effective instruments include advance notice of the product's impending arrival, the early presentation of prototypes, appearances at conventions, and dealer advertising. Bombarding the media with information is also an effective tactic. Microsoft pursues this strategy with its game consoles. Due to advance announcements, customers were waiting for the Xbox, which was set to be launched in 2002, and were choosing to forgo purchasing current products such as the Sony Playstation 2.

V

Strategie und Umbau
Strategy and Restructuring

5.1 Strategie und Größe: Ist groß schön?

Michael Mirow

> Wirtschaftliche Notwendigkeit oder Verlockung der Macht – ist groß schön? Neue Rekorde bei Fusionen und Übernahmen, Ausgründungen und Zerschlagungen von Unternehmen, das Gründungsfieber der New-Economy-Welle, unternehmensübergreifende Wissens- und Wertschöpfungsnetze im Zeitalter des E-Business. Gegensätzliche Entwicklungen oder komplementäre Waffen im Kampf um Wettbewerbsvorteile? Die Besinnung auf einige Grundsätze der strategischen Unternehmensführung hilft, modische Schlagworte von unternehmerischer Notwendigkeit zu trennen. Größe an sich ist kein Ziel, es geht um Wettbewerbsstärke, nur diese schafft Wert.

Mit einem Umsatz von ca. 80 Milliarden Euro und über 440.000 Mitarbeitern zählt Siemens weltweit zu den größten Unternehmen seiner Branche. „Ist groß schön?" Dieser Frage musste sich auch unser Unternehmen wieder und wieder stellen.

Größe an sich ist für ein Wirtschaftsunternehmen kein Ziel. Wirtschaftlicher Erfolg und damit Wertschaffung sind der Imperativ unternehmerischen Handelns. Dieses wird vor allem durch Wettbewerbsstärke gesichert. Wichtigster Treiber für Wettbewerbsstärke ist die Innovation. An zweiter Stelle steht Größe, abgeleitet aus der Erfahrungskurve. Insofern kommt Größe wieder ins Spiel, allerdings nur bezogen auf ein spezifisches Geschäftsfeld, eine klar definierte Arena für den Kampf um Wettbewerbsvorteile beim Kunden. Unternehmensgröße insgesamt zählt also nur dann, wenn sie zusätzlichen Wert schafft.

Aber: Investoren mögen – oder genauer: mochten – keine Konglomerate. „Das Ganze ist weniger wert als die Summe seiner Teile!", wurde uns als Ergebnis einfacher arithmetischer Übungen präsentiert. Diese einfachen Rezepte werden allerdings der komplexen Wirklichkeit eines Unternehmens nicht gerecht, das seit über 150 Jahren seine Branche prägt. Sie bleiben den Beweis schuldig, dass die einzelnen Teile eines gewachsenen Organismus für sich lebensfähig sind und mehr Wert schaffen als ein sich gegenseitig befruchtendes und auf gemeinsamen technischen und vertrieblichen Wurzeln aufbauendes, weltumspannendes Netz mit einer starken Marke.

Das beginnt mit der gemeinsamen technischen Basis: Unsere Branche wird zunehmend geprägt von der digitalen Elektronik. Ein Gang durch die Entwicklungsabteilungen und Fertigungen illustriert dies anschaulicher als jede theoretische Erörterung. Gearbeitet wird in der Entwicklung fast nur noch an Bildschirmen. Die Fertigungen, ob in der Kommunikationstechnik, in der Industrieelektronik, in der Automobiltechnik oder auch der Sicherungs- und Leittechnik für Bahnsysteme oder Kraftwerke, lassen sich kaum noch unterscheiden. Flachbaugruppenfertigungen, Schaltschränke und Prüffelder prägen das Bild. Für die Vertriebe sind Kenntnisse des Aufbaus und der Funktionsweise komplexer Elektroniksysteme sowie das dazugehörige Anwendungs-Know-how unerlässlich. Sie werden über ein weltweites Wissensnetzwerk allen Mitarbeitern ständig vermittelt: Siemens, the Global Network of Innovation – das schafft Wert!

Ein zweiter Faktor ist die Präsenz in nahezu allen Ländern der Welt. In den meisten Ländern ist Siemens nicht nur vertrieblich, sondern auch mit beachtlichen Wertschöpfungsaktivitäten vertreten. So sind in den USA bereits 85.000 Mitarbeiter für Siemens beschäftigt, in China 25.000. Dadurch ist Siemens ein wichtiger Wirtschaftsfaktor und angesehener Arbeitgeber im jeweiligen Land. Dieser Aspekt in Kombination mit unserem Know-how in der Realisierung von Großprojekten der Infrastruktur, sei es in der Kommunikationstechnik, der Kraftwerkstechnik, der Industrieautomatisierung, im Verkehr oder in der Medizintechnik, sichert unser Geschäft und schafft zusätzlichen Wert.

Hinzu kommt noch der zu Zeiten des Börsenbooms oftmals in Vergessenheit geratene Risikoausgleich eines breiten Portfolios. In Zeiten, in denen viele Unternehmen der „New Economy" erhebliche Wachstums- und Ergebniseinbrüche haben, erweisen sich die eher traditionellen Geschäfte der „Old Economy" als ein wichtiger Stabilitätsfaktor. Dies wird auch von den Investoren inzwischen erkannt. Ein Blick auf die Entwicklung der Siemens-Aktie und wichtiger Börsenindices in den letzten drei Jahren zeigt das deutlich: Während sich der Wert der Siemens-Aktie in den Zeiten des New-Economy-Booms mit den relevanten Indices (Nasdaq, Nemax) rasant nach oben bewegte, ist der Siemens anschließend im Vergleich zu diesen Indices bemerkenswert stabil geblieben. Die Märkte honorieren, dass Siemens nicht alles auf eine Karte setzt.

Die Geschichte langfristig erfolgreicher Unternehmen zeigt, dass diese in der Verfolgung ihrer strategischen Ziele eine bemerkenswerte Konstanz aufweisen und sich nicht von jeweilig kurzfristigen Strömungen der Finanzmärkte beeinflussen lassen. Eine konsistente Strategie kann dann, wie in unserem Fall, zu einer beachtlichen Größe führen. Diese ist jedoch für sich kein Ziel, sondern das Resultat einer bewussten Strategie.

5.1   Strategy and Size: Is Big Beautiful?

Michael Mirow

Economic necessity or the thrill of power – is big beautiful? Record mergers and takeovers, spin-offs and asset stripping, the fever of New Economy startups, company-wide knowledge and value-chain networks in the age of e-business. Are these opposing trends or complementary weapons in the battle for competitive advantages? Reflecting upon basic strategic principles of corporate governance lets one distinguish between flashy buzzwords and entrepreneurial necessities. Sheer size is certainly not a goal in itself: competitive strength alone creates value.

With sales of roughly 80 billion euros and over 440,000 employees worldwide, Siemens is one of the biggest companies in its industry. Yet we are frequently faced with the question: "Is big beautiful?"

Sheer size alone certainly should not be a strategic goal for a company. Profitability and the creation of value are the critical imperatives in business, and both are primarily secured through competitive strength. The most important driver of competitive strength is innovation, followed by scale. Scale is important only for specific business fields – clearly defined arenas in the battle to gain competitive advantages. Overall size of a company is only important if it generates additional value.

But investors don't – or rather, didn't – like conglomerates. People sometimes tell us "the whole is worth less than the sum of its parts!" Yet this simplistic formula doesn't apply to the complex reality of a company that has been shaping its industry for over 150 years. It fails to prove that the individual parts of a mature organism are viable and that they can, in fact, generate more value on their own than in a mutually fruitful, global network based on common technical and commercial roots and a strong brand identity.

First of all, our industry has a common technical basis. It is increasingly being shaped by electronics. A visit to our R&D departments and production facilities illustrates this fact more effectively than could any theoretical statement. Development work is done almost exclusively on computers. Manufacturing processes – whether in communications systems, industrial electronics, automotive systems, or rail and power plant instrumentation and controls – are virtually identical. Printed circuit boards, switchgear cabinets and test bays dominate everywhere. Knowing how complex electronic systems and their respective applications are built and how they function is essential for sales and marketing. This information is continually conveyed to all employees through a knowledge network: In line with our slogan – Siemens, the Global Network of Innovation – we harness our knowledge to create value.

A second vital factor is our presence in virtually every country on earth. In most countries, Siemens is not only represented by a sales organization, but by substantial value chain activities as well. We currently have 85,000 employees in the U.S. and some 25,000 in China, just to cite two examples. Our strong local commitments make us an important economic factor and a respected employer in every country we serve. This factor, together with our expertise in major infrastructure projects in fields such as communications, power generation, transportation and medical engineering secures our business and creates additional value.

In addition, there is the advantage – often overlooked during the stock market boom in recent years – distributing risks using a broad portfolio. At a time when many so-called New Economy companies are seeing a collapse of growth and earnings, traditional Old Economy businesses are proving to be a major stabilizing factor. This advantage is now also being acknowledged by investors. A look at the trend in Siemens shares and major stock market indices over the past three years makes this clear: while Siemens stock soared during the New Economy boom on markets such as the Nasdaq and Nemax, our stock's value has remained comparably stable in recent months. Financial markets are honoring the fact that Siemens doesn't have all its eggs in one basket.

The history of companies which have succeeded over many decades indicates that they were remarkably consistent in pursuing their strategic goals and would not let themselves be swayed by short-term financial market trends. A consistent, conscious strategy, as in our case, can lead to substantial size. However, size alone should not be a goal in itself.

5.2 M&A: Die zweite Welle

Christian P. Dyvig/Jan P. Weidner

Die Suche nach „Added Value" ist zur Grundlage des Equity-Research rund um die Welt geworden. Die Folge: Eigenkapital wird zwar nicht knapper, aber die Ansprüche der Investoren an die Konzepte der Unternehmen werden höher. Die Unternehmen haben reagiert: Aus alten Konglomeraten sind im Laufe der neunziger Jahre klarer fokussierte Geschäftsmodelle geworden. Diese Phase der großen Aufräumarbeiten insbesondere bei börsennotierten Firmen neigt sich ihrem Ende entgegen. Nachdem der große Umbau erledigt ist, folgt jetzt das Fine-Tuning. Die fokussierten Wertschöpfungsprozesse der Unternehmen werden durch Zu- und Verkäufe optimiert. Nach der ersten „horizontalen" M&A-Welle rollt damit die zweite, die „vertikale" M&A-Welle heran.

Was bedeutet Shareholder-Value-Denken für die Unternehmensstrategie in der Praxis? Jedes Unternehmen wird als Investmentportfolio betrachtet und in seine Einzelgeschäftsideen zerlegt. Jede Einzelidee wird fortlaufend kritisch auf ihre wertschöpfende Kraft hin geprüft. Jedes Investment, das nicht wertschöpfend wirkt, wird aus dem Portfolio entfernt. Andere Investments, die die Portfoliorendite im obigen Sinne positiv beeinflussen, werden neu hinzugefügt.

Eines der markantesten und im Ergebnis wohl auch überzeugendsten Beispiele der Restrukturierung eines Konglomerates im Sinne des Shareholder Value ist der ehemalige Hoechst-Konzern. Erst wurde das Feld Pharma/Life Sciences durch internationale Zukäufe gestärkt. Es folgte der Ausstieg aus der Spezialchemie. Eine Fusion mit der passend strukturierten französischen Rhône-Poulenc zum Aventis-Konzern bei gleichzeitiger Ausgliederung der Basischemie hat zusätzliche Economies of Scale und einen neuen Unternehmensfokus gebracht. Vorläufiger Abschluss der „Aufräumarbeiten" ist das Abstoßen der Agrochemiesparte.

Die heute bei Aventis noch zu verändernden Bestandteile der Geschäftsidee werden kleiner, die damit verbundenen Umbaumaßnahmen anspruchsvoller. Wir sehen kleinere Spin-offs, wir sehen Joint Ventures mit Biotechnologieunternehmen. Aus dem M&A-Geschäft mit der Brechstange wird ein sehr komplexes Piecemeal Engineering.

Was nun folgt, ist die zweite Welle M&A. Sie basiert auf der Untersuchung dieser sehr klaren, fokussierten Wertschöpfungsketten in all ihren Bestandteilen. Im Zentrum steht die Frage: Muss ich diese Komponente meiner Wertschöpfungskette wirklich selbst erledigen? Nachdem in der ersten Welle der Restrukturierung die horizontale Ebene bereinigt und die dortigen Aufräumarbeiten erledigt wurden, geht es nun um die Optimierung der vertikalen Ebene.

Einige Beispiele machen deutlich, was gemeint ist: Muss ein Telekomdienstleister auch Gebäude bauen und besitzen, in denen er selbst arbeitet? Muss eine Investmentbank Leute anstellen, die ihre Büros reinigen? Muss ein Automobilkonzern Softwareentwicklung, Rechnungswesen, Unternehmensberatung im eigenen Haus betreiben? Muss ein Basischemiekonzern selbst eine Raffinerie betreiben? Natürlich lautet die Antwort auf all diese Fragen regelmäßig nein. Diese Arbeiten muss derjenige machen, der sie am effizientesten beherrscht. Die Unternehmen kaufen jedoch deshalb heute nicht mehr verstärkt externe Dienstleistungen ein. Stattdessen eliminieren sie den als unwirtschaftlich im Sinne des Shareholder Value definierten Teil aus ihrer Wertschöpfungskette und bieten ihn zum Verkauf an. Denn letzten Endes handelt es sich ja auch bei der Raumpflege oder beim gewerblichen Immobiliengeschäft um Value-Stories.

In den USA entstehen aus dieser Art Umbauarbeiten schon heute neue Industrien, die ihrerseits wieder interessante Investitionsmöglichkeiten darstellen. Man kann sagen, dass der Kapitalmarkt diese vertikalen Industrien kraft seiner Kriterien selbst hervorgebracht hat. Der grundsätzliche Denkansatz besteht darin, die Wertschöpfungsketten bezüglich ihres Kapitaleinsatzes zu optimieren. Man hat hierzu zwei Stellschrauben: Sowohl ein höherer Ertrag, aber auch ein sparsamer Umgang mit Kapital bewirken eine Verbesserung der Kapitaleffizienz.

Der Weg zur überzeugenden Value-Story hat kein fest umrissenes, abschließend erreichbares Ziel. Der intelligente Weg der Fokussierung auf eine klare, nachvollziehbare Wertentwicklungsformel ist das Ziel. Der Kapitalmarkt verlangt das Bekenntnis zum lernenden Kapitaleinsatzmanagement. Dieses Bekenntnis ist die Grundlage der „zweiten Welle".

5.2 M&A: The Second Wave

Christian P. Dyvig/Jan P. Weidner

The search for "added value" has become the basis of equity research around the world. The result: Equity is not becoming rarer, but investors' requirements on companies' strategies are becoming more demanding. Companies have reacted: During the 1990s, old conglomerates evolved into focused business models. This phase of "clean-up operations" is now nearing an end, especially for public companies. But after the restructuring comes the fine-tuning. Companies are optimizing their value-added processes through acquisitions and sales. With the first "horizontal" wave of mergers and acquisitions behind us, the second – the "vertical" wave – is beginning to build.

What does shareholder value thinking mean for corporate strategy in practice? Each company is viewed as an investment portfolio and is broken down into its individual businesses. Each business is continually monitored for its value-adding strength. Every investment that does not contribute to company value is removed from the portfolio, while those which have a positive impact on portfolio return are added.

The former Hoechst Group serves as one of the most prominent and compelling examples of conglomerate restructuring for the purpose of increasing shareholder value. First, Hoechst strengthened its life sciences division through a series of international acquisitions. It then bailed out of the specialty chemicals market. Hoechst searched for a merger partner with a compatible structure and found it in Rhône-Poulenc. The subsequent merger with the French chemical giant to form Aventis as well as the spin-off of the commodity chemicals division generated additional economies of scale and created a new corporate focus. The clean-up operations will tentatively end with Hoechst selling off its agro-chemical division.

Today, the elements of Aventis' business concept that still require change are becoming smaller, the corresponding restructurization measures more demanding. We are seeing smaller spin-offs and joint ventures with biotechnology companies. The "forced merger approach" is being replaced by a complex, piecemeal process.

What has followed is the second wave of mergers and acquisitions. This wave looks at the components of the now focused value chain. The following question is at the center: Do I really have to perform each component of my value-added chain myself? After the horizontal level has been streamlined and clean-up operations have been completed, the vertical level is ready to be optimized.

The following examples make clear what is meant. Does a telecommunications provider have to build and own the buildings it works in? Does an investment bank have to employ its own cleaning team? Is it necessary for an automobile manufacturer to employ its own software developers, accountants, business consultants? Does a chemical company have to operate its own refinery? The answers to all of these questions are generally "no". These jobs should be performed by whomever can do them most efficiently. Today, however, an increasing number of companies choose not to outsource in the classical sense. Instead, they sell off the elements of their value added chain that are considered inefficient from the shareholder value perspective. Ultimately, it all comes down to the value story, regardless of whether its commercial real estate or office maintenance.

In the USA, this kind of restructurization has already led to the emergence of new industries that represent interesting investment opportunities. One could say that the capital market inherently created these vertical industries. The basic rationale is simple: Value-added chains must be optimized with regard to capital employed. Both higher returns and an economical use of capital result in an improvement in capital efficiency.

The road to a convincing value story does not have a clearly defined, conclusive goal. Finding an intelligent way to focus on a clear, understandable formula for generating value is the goal. Success in the capital market requires continuous learning with regard to the deployment of capital. This commitment forms the foundation of the "second wave" of M&As.

5.3 In der Vielfalt liegt die Kraft: Diversifikation bei General Electric

Bernhard C. Fink

Das Spektrum von General Electric reicht von Glühbirnen über High-tech-Medizingeräte, Gasturbinen und Flugzeugtriebwerke bis hin zu Finanzdienstleistungen und – kaum bekannt – dem Fernsehsender NBC/CNBC. Die größten GE-Geschäftsbereiche zählen als Einzelunternehmen betrachtet zu den Fortune 500. So liegt der Schluss nahe, das verbindende Element liege in einer Finanzholding, die besonders erfolgreich Unternehmen sammle und wieder abstoße. Genau das aber ist GE nicht! GE ist ein homogenes, auf eine gemeinsame Kultur und Strategie festgelegtes Unternehmen mit einem einheitlichen Managementsystem. Kraft schöpfen aus Vielfalt gehört zu den Erfolgsrezepten von GE, mit denen man sich hier zu Lande erst in jüngster Zeit, dafür aber umso intensiver beschäftigt. Die Strategie der Diversifikation von GE wird auch an der Börse in Form eines hohen Börsenwertes positiv aufgenommen.

Von seinem Gründer Edison hat GE die Vielfalt in die Wiege gelegt bekommen. Die traditionellen Sparten ergaben sich allesamt aus der Elektrifizierung, was nicht immer auf Anhieb erkennbar ist: So hat die leitungsgestützte Stromverteilung die Entwicklung geeigneter Kunststoffe nach sich gezogen – heute ist „GE Plastics" einer der fünf größten Geschäftsbereiche.

Diversifikation wird jedoch nicht als Selbstzweck betrieben: Jede Erweiterung dient dem Ziel, GE schlagkräftiger zu machen, vor allem durch planmäßiges „Business Development", also Arrondierung durch Zukauf, Kooperation und gelegentlich Joint Ventures. Die seit Jahren verfolgte „Service"-Initiative hat sich als Triebfeder für die enorme Ausdehnung aller industriellen Geschäftsbereiche erwiesen. Mittels neuer Dienstleistungen werden zusätzlicher Umsatz generiert, der Ertrag signifikant erhöht und nicht zuletzt die Kundenbindung wesentlich intensiviert. Wartungskonzepte werden auf Fremdfabrikate ausgedehnt und neue Ideen und Methoden auf andere Industriezweige übertragen. So hat GE mit der bei Flugzeugtriebwerken bewährten Ferndiagnose die

Wartung von Gasturbinen und Medizintechnik revolutioniert. Im Gegenzug hat GE Medical Systems die Computertomographie als Diagnoseinstrument bei GE Aircraft Engines eingeführt. Grenzenlosigkeit, eines der zentralen Elemente der Unternehmensstrategie, hat dazu entscheidend beigetragen: Scheuklappen sind verpöhnt. Was zählt, ist die Förderung des Ganzen, und Beiträge für andere Geschäftsbereiche werden in besonderem Maße anerkannt!

Durch Zukauf kleiner flexibler Dienstleister wird vor allem Zeitgewinn angestrebt, was sich in jährlich über 100 Akquisitionen niederschlägt und das starke Wachstum fördert. Dabei handelt es sich vor allem um kleinere und mittlere Akquisitionen. Mega-Akquisitionen wie die jüngst an den Brüsseler Auflagen gescheiterte Übernahme von Honeywell sind die Ausnahme. General Electric gelingt es, akquirierte Unternehmen schnell und effizient zu integrieren. Die gewonnenen Erfahrungen werden ständig in einem lernenden System festgehalten, um bei neuen Akquisitionen frühere Fehler zu vermeiden.

Zugekaufte Unternehmen stoßen ebenso wie neu zu GE wechselnde Führungskräfte auf eine homogene und für Neues bemerkenswert offene Unternehmenskultur. Vom ersten Tage an fühlt man sich als Teil von GE, verkrustete Strukturen und undurchdringliche, von Insidern kontrollierte Netzwerke sind nicht vorhanden. Dazu bewegt sich einfach zu viel und zu schnell. Eine Führungskraft verbleibt selten mehr als fünf Jahre in derselben Position. Andererseits erkennt man sofort, dass es über alle Hierarchien und Geschäftsbereiche hinweg einen überschaubaren Katalog von absolut verbindlichen „Werten" und Prioritäten gibt – pragmatische Orientierungsmarken, die Aussagen zum Zusammenwirken der Teile des Unternehmens ebenso enthalten wie Leitbilder für das Management. Das Bekenntnis zum „lernenden Unternehmen" legitimiert „Neue", ihre speziellen Erfahrungen einzubringen und damit GE mitzugestalten und zu verändern. Die Vorstellung, Jahre zu benötigen, um die Gesellschaft zu verstehen und etwas bewegen zu können, kommt so gar nicht erst auf. Einem Unternehmen, das sich ständig an den Besten misst und somit auf neue Ideen von außen nicht verzichten kann, fällt diese Offenheit leichter als Wettbewerbern, die vom „Not invented here"-Virus befallen sind.

Unter dem Stichwort „Vielfalt" fördert GE seine Talente – unabhängig von Geschlecht, Herkunft, Rasse, Religion und Lebensform. Die Bedeutung dieses „Wertes" kann kaum überschätzt werden: Globale Vielfalt prägt heute die Nachwuchsteams – beste Voraussetzungen dafür, dass der Ausbau in vielen Ländern in Zukunft noch erfolgreicher betrieben werden kann.

Die Erfahrung von GE lehrt: Diversifikation ist dann als Strategie erfolgreich, wenn es gelingt, ein Unternehmen ständig neu zu erfinden.

Dazu bedarf es einer klaren Strategie und einer starken Unternehmenskultur, die Veränderung und Offenheit gegenüber Neuem zur Maxime erheben. In der gerade beendeten Ära Welch wurde der gesamte Konzern nachhaltig auf eine solche Wertekultur eingeschworen. Jack Welch hat GE von Hierarchien befreit und Diversifikation als Strategie einer grenzenlosen Synergie des Wissens realisiert. Sein Nachfolger als CEO, Jeffrey R. Immelt, hat unmissverständlich deutlich gemacht, dass GE auch in schwierigen Zeiten die Strategie der Diversifikation fortsetzen und damit Erfolg haben wird.

5.3 Variety Is the Spice of Life: Diversification at General Electric

Bernhard C. Fink

General Electric offers a variety of products ranging from light bulbs, high-tech medical devices, and gas turbines to aircraft engines, financial services and – a little known fact – the NBC television network. The largest GE business segments, viewed as individual companies, would be listed on the Fortune 500. It might appear that GE is nothing more than a financial holding corporation that successfully acquires companies and resells them. But that couldn't be further from the truth! GE is a homogenous company with a uniform management system, established on a common culture and strategy. One of the reasons for its great success is that it draws energy from diversity. GE's 'business model' is still virtually unknown in Europe, thus meeting with increasing interest. The stock market's strong acceptance of the diversification strategy is reflected in GE's high market capitalization.

GE inherited diversity from its founder, Thomas Edison. The traditional businesses all have their roots in electricity, although this is not always immediately recognizable: The need for a suitable plastic for electric cables gave birth to GE Plastics; today, it is one of GE's five largest business segments.

Diversification is, however, not an end in itself: The goal behind every expansion is to make GE stronger, particularly through systematic "business development", i.e. through mergers & acquisitions, co-operations and occasionally joint ventures. GE's "service initiative", which the company launched years ago, is the driving force behind the enormous expansion of all industrial segments. New services generate additional turnover, significantly increase profitability, and – last but not least – strengthen customer loyalty considerably. Maintenance concepts are extended to competitors' products, and new ideas and methods are transferred to other business lines. Thus GE revolutionized the maintenance of gas turbines and medical devices by applying remote diagnostics, traditionally used for aircraft engines. Similarly, GE Medical Systems introduced GE Aircraft Engines to computer tomography as a diagnostic instrument. Boundarylessness, one of the key elements of General Electric's corporate strategy, played a crucial role in this exchange: Narrow-minded thinking is frowned upon. What counts are holistic approaches, and contributions to other divisions receive special recognition.

By purchasing small, flexible service providers, GE primarily aims to save time. This results in more than 100 acquisitions per year and promotes strong growth. Most of these acquisitions are small to mid-sized. Mega-acquisitions, such as the recent attempt to acquire Honeywell, a move that was blocked by the European Commission, are an exception. General Electric quickly and efficiently integrates the companies it acquires. The experiences gained are kept in a learning system in order to ensure that earlier mistakes are not repeated.

The companies GE acquires and the managers who come on board encounter a homogenous culture that is remarkably open to new ideas. From the beginning, new employees experience a feeling of belonging. Petrified structures and unpenetrable networks controlled by insiders do not exist – the company is simply too dynamic. Managers seldom remain in the same position for more than five years. On the other side, one notices immediately that there is a set of absolute, binding values and priorities that applies to all hierarchies and business segments – helpful orientation marks containing information on how the different parts of the company should cooperate, as well as models for management. GE's strong commitment to a learning enterprise allows new employees to use their own special experiences to help shape and transform the company. The notion of needing years to understand the company and make a difference is in complete contrast with this culture. GE constantly benchmarks itself with the best companies and embraces ideas from the outside. Thus GE has an easier time with this openness than competitors that are afflicted with the NIH ("not invented here") attitude.

"Diversity" is also one of GE's key values and stands for supporting talents – regardless of sex, origin, race, religion, and lifestyle. The importance of this value cannot be overestimated: Today, global diversity is shaping the new generation of GE employees – the best prerequisite for successful international expansion in the future.

The lesson learned from GE's experience: Diversification can be a successful strategy only when a company continuously reinvents itself. This requires a clear strategy and a strong corporate culture that extols change and openness to new ideas. In the Welch Era, which has just come to an end, the entire company was "trained" to align itself with these values. Jack Welch freed GE from hierarchies and helped make diversification a strategy that thrives on a "boundaryless" synergy of knowledge. Jeffrey Immelt, the current CEO and successor of Welch, made unmistakably clear that GE will continue with its diversification strategy and achieve success, even in difficult times.

5.4 Strategiewechsel am Beispiel der TUI AG

Uwe Harms

Es ist menschlich, an Bewährtem festzuhalten und es nur schrittweise zu verbessern. In einer global vernetzten Wirtschaft mit ständig zunehmendem Wettbewerb ist es aber auch hoch gefährlich. Gerade seine Stammgeschäfte muss ein Unternehmen ständig auf den Rendite-Prüfstand stellen. Bestehen sie den Test nicht, sollten sie abgegeben und neue Geschäftsfelder erschlossen werden, die höhere Ertragspotenziale versprechen. Hierzu bedarf es unternehmerischen Mutes und flexibler Management-Ressourcen. Kernkompetenzen in kritischen Schlüsselfunktionen sind notwendig, um ein Unternehmen vollständig neu auszurichten.

Viele Unternehmen stellen bei nüchterner Analyse ihrer Zahlen und realistischer Einschätzung von Marktwachstum und Wettbewerbsposition irgendwann fest, dass sie mit ihren Stammgeschäften – über den Zyklus hinweg betrachtet – keine Renditen mehr erwirtschaften können, die über den Kapitalkosten liegen. Sie steigern den Unternehmenswert nicht mehr. Dies ist meist ein schmerzhafter Erkenntnisprozeß, der aber zu Ende geführt werden und in eine Neuausrichtung einmünden muss, ohne die ein Unternehmen auf Dauer nicht überleben wird.

Der Preussag-Konzern befand sich 1996/97 in einer solchen Situation. Die Märkte für Stahl, Kohle, NE-Metalle und den Industrieanlagenbau stagnierten oder schrumpften in Europa. Sie sind auch heute noch durch Überkapazitäten und eine auf Grund der Globalisierung erhöhte Wettbewerbsintensität gekennzeichnet. In solchen Märkten, die darüber hinaus abhängig sind vom Weltmarktpreis, hat das Management außer Kostenanpassung und Volumenzukauf zur Nutzung von Skaleneffekten keine strategischen Optionen. Beides erfordert Aufwand, dem ein hohes Risiko gegenübersteht, die nachhaltige Anhebung des Renditeniveaus nicht zu erreichen. Der Vorstand der Preussag hielt diese „risk/reward ratio" für nicht akzeptabel und suchte nach alternativen Geschäftsfeldern, die vor allem folgende Kriterien erfüllen:

• wachsende Märkte mit ausreichendem Volumen;

- führende Marktpositionen erreichbar;
- Geschäfte mit eigener Kompetenz beherrschbar.

Märkte, die diesen Kriterien entsprechen, bieten am ehesten die Voraussetzungen, attraktive Renditen zu erwirtschaften. Mit der Möglichkeit, die traditionsreiche Hapag-Lloyd AG zu übernehmen, öffneten sich

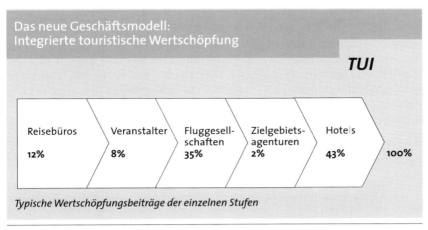

Abb. 1: Integrierte touristische Wertschöpfung am Beispiel TUI

Preussag gleich zwei solcher Märkte, die Touristik und die Containerschifffahrt.

Vor allem die Touristik – Hapag-Lloyd besaß Reisebüros, eine Ferienfluglinie, eine Kreuzfahrtreederei und eine Beteiligung am Veranstalter TUI – erwies sich nach sorgfältiger Analyse der Märkte und Wettbewerbsstrukturen als lohnendes neues Kerngeschäftsfeld. Der Markt für Urlaubsreisen wächst in den großen Industrieregionen Europa, Nordamerika und Japan langfristig schneller als das Sozialprodukt. An dieser Einschätzung ändern auch kurzfristige Einbrüche (wie infolge des 11. September 2001) nichts. Die Reisebranche war bis dahin stark fragmentiert, mittelständisch geprägt und nicht nach industrieller Logik organisiert. Bei ausreichender Finanzkraft erschien es möglich, durch Akquisitionen führende Marktpositionen aufzubauen, die einzelnen Stufen der touristischen Wertschöpfungskette unter einem Dach zu integrieren und die Ertragskraft durch Nutzung von Skalen- und Verbundeffekten zu steigern.

Dieses Geschäftsmodell, das zuvor in ersten Ansätzen von britischen Anbietern entworfen worden war, wurde von Preussag seit 1998 konsequent – vor allem durch die vollständige Übernahme der Anteile an der TUI, an der Reisebürokette FIRST und der börsennotierten Thomson Travel Group sowie durch umfangreiche Hotelinvestitionen – weiterentwickelt. Der Konzern ist inzwischen der mit Abstand umsatzstärkste Touristik-Anbieter der Welt mit führenden Marktpositionen in allen relevanten westeuropäischen Quellmärkten. Der Touristik-Anteil am Konzernumatz erreichte bereits 1999/2000 56,9 Prozent und wird langfristig bei 75 Prozent erwartet. Ziel ist es, die gesamte Wertschöpfungskette der Touristik abzudecken (siehe Abbildung 1). Die Verlagerung der Schwerpunkte im Portfolio – weg von den traditionellen Industrieaktivitäten, hin zu touristischen und logistischen Dienstleistungen – hat zu einem signifikanten Anstieg der über einen Fünfjahres-Zyklus gerechneten Eigenkapitalrendite auf rund 22 Prozent geführt. Bei langfristigen Eigenkapitalkosten von 10 bis 12 Prozent ist damit eine für Kapitalgeber attraktive Unternehmenswertsteigerung wahrscheinlich geworden.

Voraussetzungen für einen derart dramatischen Strategiewechsel sind natürlich Kernkompetenzen in kritischen Schlüsselfunktionen. Hierzu zählen

- das Denken in Netzwerken und Wertschöpfungsketten in Strategie und Controlling,
- die konsequente Ausrichtung auf den individuellen Kundennutzen in Marketing und Vertrieb,
- eine hohe Flexibilität und Internationalität in Personalentwicklung und -allokation sowie
- die Beherrschung komplexer IT-Systeme quer durch alle Bereiche.

Dass das in diesen Disziplinen vorhandene und langjährig geschulte Know-how der Preussag auf das Vorteilhafteste ergänzt und geschärft wird durch die Wissensbasis der Touristik-Zukäufe, ist ein Grund für die bisher erfolgreiche Integration und von großer Bedeutung für das Entstehen einer neuen Unternehmenskultur. Die Umbenennung von Preussag zu TUI im Jahre 2002 machte den Wandel auch im Namen sichtbar.

5.4 TUI AG: A Case of Strategic Reorientation

Uwe Harms

It is human to cling to things that are well established and improve them gradually. In a global network economy where the competitive situation is becoming more and more intense, this tactic is, however, highly dangerous. Companies should continuously monitor their core businesses for profitability. If they do not pass the test, they should focus on new business areas. But exchanging the old core businesses for something new requires corporate courage and flexible management resources. In order to totally reorient a company, it is necessary to have core competencies in the critical key functions.

After conducting a sober analysis of their financial figures and realistically estimating their market growth and competitive position, many companies come to the discouraging realization that their core businesses – when considered right through the business cycle – no longer generate returns that are higher than their capital costs. These businesses no longer add to company value. This realization is usually painful, but it must be accepted nonetheless. These companies must concede to this fact and seek a new strategic direction, an essential step towards their long-term survival.

In 1996/97, the Preussag Group found itself in such a situation. In Europe, engineering and the markets for steel, coal, and non-ferrous metals were either stagnating or shrinking. Even today, these markets, which are exposed to global market prices, are still suffering from overcapacities and increased competition brought on by globalization. Managers do not have any strategic options other than to adjust costs or purchasing volume in order to exploit scale effects. Both options require effort and threaten a lasting increase in the yield level. Preussag's management board considered this "risk-reward ratio" unacceptable and looked for alternative business fields that met, above all, the following criteria:

- growing markets with sufficient volumes,
- leading market positions realistic,
- own competencies sufficient for managing businesses.

Markets that fulfil these criteria are more likely to generate attractive returns. With the opportunity to take over Hapag-Lloyd, a company rich in tradition, two such markets opened up for Preussag: tourism and logistics.

After careful analysis of the markets and the competitive structure, tourism in particular proved to be a profitable new core business (Hapag-Lloyd owned travel agencies, a holiday airline, a cruise line, and shares in the tour operator TUI). In the large industrial regions of Europe, North America, and Japan, the travel market is growing more rapidly on the long-term than the gross national product. Even short-term crises (such as the one following September 11th) do not change much. Before the takeover of Hapag-Lloyd, the tourism industry was strongly fragmented, shaped by mid-sized companies, not organized according to industrial logic. With sufficient financial clout, it seemed possible to build leading market positions through acquisitions, integrate the individual steps in the tourism value-added chain under one roof, and increase earnings by exploiting scale and network effects.

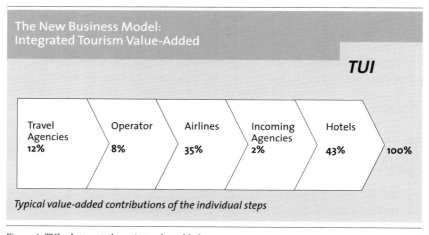

Figure 1: TUI – Integrated tourism value-added

British suppliers created the first steps of this business model and were the first to use it. Since 1998, Preussag has been committed to developing the model, particularly through substantial investments in hotels as well as the complete takeover of all shares of TUI, the travel agent chain FIRST, and the Thomson Travel Group, which is listed on the stock exchange. Today, Preussag has, by far, the highest revenue of any tourism operator in the world, with leading market positions in all important western European source markets. The percentage of revenue attributable to tourism reached 56.9 percent by 1999/2000 and is expected to increase to 75 percent in the future. The goal is to cover the entire tourism value-added chain (see figure 1). The shift in emphasis from traditional industry activities to tourism and logistics services has led to a sizeable increase in the return on equity (calculated over a five-year cycle) to around 22 percent. With long-term cost of equity of 10 to 12 percent, an increase in company value – an attractive feature for investors – is likely.

Of course, core competencies in critical key functions are necessary for such a drastic strategic reorientation. These competencies include:

- thinking in networks and value chains in strategy and controlling,
- strong orientation towards value-to-customer in marketing and sales,
- high degree of flexibility and internationality in personnel development and allocation,
- thorough understanding of complex IT systems throughout all divisions.

A reason for the successful integration – and important for the emergence of a new corporate culture – is that the long-standing know-how Preussag has in these disciplines is strengthened and sharpened by the acquired companies' pool of knowledge. Furthermore, the renaming of Preussag AG to TUI in 2002 envisaged the change in name.

5.5 Strategie nach dem Spin-off: Das Beispiel Infineon

Ulrich Schumacher

1997 wurde die Infineon Technologies AG gegründet. Innerhalb kürzester Zeit hat sich der einstige Hauslieferant der Siemens AG für Mikroelektronik zu einem Top-Ten-Halbleiterunternehmen weltweit entwickelt. Mehrere Herausforderungen galt es seit dem Börsengang zu meistern: die Fokussierung auf Infineons Wachstumsmärkte, der Ausbau einer globalen Kundenbasis, die Stärkung der Technologie- und Kostenführerschaft in einem extrem harten Wettbewerbsumfeld und nicht zuletzt ein erfolgreiches Krisenmanagement im schlimmsten Markteinbruch in der Geschichte der Halbleiterindustrie.

Neue Wachstumschancen durch Unabhängigkeit

Die Ausgliederung aus Siemens und der Börsengang von Infineon im März 2000 waren entscheidende Schritte, um als unabhängiges Unternehmen eine führende Position auf dem globalen Halbleitermarkt weiter auszubauen. Dazu hat sich Infineon konsequent auf die Stärkung seiner Marktführerschaft in den Zielmärkten Kommunikation, Automobilelektronik und Speicherprodukte konzentriert. Vorrangiges Ziel war es, neue Kunden in diesen Märkten zu gewinnen wie z.B. Alcatel und Cisco im Bereich Telekom-Infrastruktur oder Ericsson und Nokia im Bereich mobile Kommunikation. Dafür war die Unabhängigkeit Voraussetzung, denn diese Unternehmen stehen in hartem Wettbewerb mit Siemens.

Um die Wachstumschancen optimal zu nutzen, wurde das Produktportfolio durch zielgerichtete Akquisitionen weiter optimiert. Bereits im ersten Jahr nach dem Börsengang hat Infineon dadurch seine Marktposition bei Breitband-Kommunikation und Optischen Netzwerken deutlich verbessert. Diese Akquisitionen konnten erstmals mit Infineon-Aktien bezahlt werden. In der kapitalintensiven Halbleiterbranche sind Zukäufe durch Aktien als Zahlungsmittel absolut entscheidend, um schnell in seinen Zielmärkten zu expandieren und dabei seine Finanzreserven nicht massiv zu belasten. Als Bereich eines Großunternehmens hätten wir nicht so schnell und zielgerichtet handeln können.

Die Chance der Krise: Flexibler, schneller und effizienter werden

Nach dem Rekordjahr 2000 mit einem Weltmarktvolumen von über 200 Milliarden US$ folgte 2001 der schlimmste Markteinbruch von rund 32 Prozent in der Geschichte der Halbleiterindustrie. Diese Marktkrise erforderte auch bei Infineon ein umfassendes Restrukturierungsprogramm namens IMPACT zur massiven Kostensenkung und noch stärkeren Konzentration auf die Kernkompetenzen. In Rekordzeit ist es dabei gelungen, Cash-wirksame Einsparungen von über 2 Milliarden Euro zu realisieren und damit Liquidität und Wettbewerbsfähigkeit zu sichern, ohne strategisch wichtige Investitionen in Zukunftstechnologien zu gefährden.

Diese schnelle Anpassung an ein völlig verändertes Marktumfeld war für Infineon überlebenswichtig. Heute verzeichnet das Unternehmen wieder Umsatzzuwächse und deutliche Marktanteilsgewinne. Aber das Marktumfeld ist nach wie vor schwierig, verbunden mit erheblichem Kostendruck. Infineons Antwort darauf heißt: noch effizienter, flexibler und schneller werden. Alle Geschäftsprozesse von Infineon stehen deshalb auf dem Prüfstand. Durch systematische Benchmarks mit unseren Wettbewerbern optimieren wir die Prozesse weiter, stärken Effizienz und Wettbewerbsfähigkeit. Die künftige Herausforderung bleibt, ständigen Wandel und flexible Anpassung erfolgreich zu meistern.

Rasante Innovationsdynamik

Der Halbleitermarkt ist langfristig ein starker Wachstumsmarkt mit einer durchschnittlichen Wachstumsrate von rund 14 Prozent in den letzten 40 Jahren. Aber die Wachstumsdynamik und der globale Wettbewerb nehmen zu. Dies bedeutet kürzere Innovations- und Investitionszyklen, stärkeren Preisdruck und fortschreitende Konsolidierung. 1988 konnte man auf einem 1-Megabit-Speicherchip 64 Schreibmaschinenseiten speichern, heute sind es auf einem 256-Megabit-Speicherchip 16.000 Seiten. Alles spricht dafür, dass diese rasante Entwicklung – immer kleinere, leistungsfähigere, sparsamere und billigere Chips –

weiter anhält. Und Infineon hat bei dieser Innovationsdynamik beste Chancen, als Technologieführer das Tempo mitzubestimmen.

Systemlösungen gehört die Zukunft

Mikrochips sind nicht nur maßgeblicher Treiber der Informations- und Kommunikationstechnologien, sondern dringen in immer mehr Alltagsbereiche vor. Ob Auto, Telefon, Kühlschrank oder Waschmaschine – hoch komplexe Chips werden für immer mehr Gebrauchsgüter unverzichtbar und erobern neue Anwendungsbereiche wie zum Beispiel bei intelligenter Kleidung. Angesichts der wachsenden Zahl und Komplexität von Anwendungsmöglichkeiten erwarten unsere Kunden immer mehr maßgeschneiderte Systemlösungen. Beispiel Mobiltelefon: Schon heute bietet Infineon Komplettlösungen für die nächste Generation der wesentlich leistungsfähigeren GSM/GPRS-Handys an. Beispiel Telematik im Auto: Auch hier sind Komplettlösungen für Navigation, Kommunikation, Sicherheit und Fahrzeugsteuerung gefragt. Infineon wird deshalb seine führende Position als Anbieter von Systemlösungen konsequent ausbauen.

Technologie- und Kostenführer Infineon

Genauso wichtig ist aber auch Kostenführerschaft durch permanente Steigerung der Produktivität, d.h. die Massenfertigung von immer kleineren Chips auf immer größeren Siliziumscheiben (so genannten Wafern). Infineon ist heute unangefochten die Nummer eins weltweit bei der erfolgreichen Volumenproduktion auf Wafern mit einem Durchmesser von 300 mm – das entspricht der Größe einer ordentlichen Pizza. Die 300-mm-Technologie ermöglicht ein Produktivitätszuwachs von über 250 Prozent pro Wafer und eine Kostenreduzierung von 30 Prozent pro Chip im Vergleich zur heute gängigen 200-mm-Technologie. Das ist selbst in unserer innovativen Branche ein echter Durchbruch und für den Ausbau unserer Marktanteile, insbesondere bei Speicherprodukten, entscheidende Voraussetzung.

Strategische Allianzen: Mit Partnern gemeinsam zum Erfolg

Die Führerschaft bei Technologie, Systemlösungen und Kosten sichern wir auf Dauer aber nicht im Alleingang. Dafür ist unsere Branche zu kapitalintensiv – denn 35 Prozent unseres Umsatzes investieren wir bereits heute im Schnitt in Anlagen, Forschung und Entwicklung. Risikoteilung und die gemeinsame Nutzung von Wachstumschancen bei Forschung und Entwicklung durch strategische Partnerschaften mit Marktführern wie Cisco, Ericsson, IBM, Nokia, Sony oder Toshiba wird für uns immer wichtiger. Gleiches gilt für die Chipherstellung. Ein neues Halbleiterwerk kostet heute mindestens 2 Milliarden Euro – mit steigender Tendenz. Diese hohen Investitionen kann sich kein Hersteller auf Dauer alleine leisten. Deshalb haben wir bei der Chipherstellung schon heute strategische Fertigungsallianzen mit taiwanesischen Herstellern wie ProMOS, Winbond und Nanya gegründet. Durch konsequente Nutzung seiner Unabhängigkeit hat sich Infineon vom Siemens-Halbleiterbereich zu einem weltweit führenden Chiphersteller entwickelt und ist im ersten Halbjahr 2002 auf Platz 6 der weltgrößten Halbleiterunternehmen vorgestoßen. Heute sind wir optimal für den nächsten Aufschwung in der Halbleiterindustrie vorbereitet und werden die führende Position in unseren Zielmärkten konsequent ausbauen.

5.5 Strategy after the Spin-off: The Infineon Case

Ulrich Schumacher

Four years ago, Infineon Technologies AG was founded. Within a short time, this former internal supplier of microelectronics for Siemens AG has transformed itself into one of the world's top ten semiconductor companies. Since its IPO, numerous challenges had to be coped with: focusing on Infineon's growth market, building a global customer base, strengthening technology and cost leadership in an extremely competitive environment, and finally, successful crisis management in the worst market slump in the history of the semiconductor industry.

New Chances for Growth through Independence

The spin-off from Siemens AG and the IPO of Infineon Technologies AG in March 2000 were decisive steps towards bolstering its leading position as an independent company in the global semiconductor market. During this time period, Infineon concentrated consistently on strengthening its market leadership in the target markets of communications, automotive technology and memory products. The major objective was to attract new customers in these markets, e.g. in telecom infrastructure Alcatel and Cisco or in mobile telecommunications Ericsson and Nokia. To gain these new customers, it was crucial that Infineon be independent – these companies are some of Siemens' toughest competitors.

To fully take advantage of the growth potential, the product portfolio was further optimized through strategic acquisitions. The result: Infineon was able to substantially improve its market position in broadband communication and optic networks during the first year after the IPO. These acquisitions were first paid for with Infineon stocks. Using stock as a means of payment is decisive in the capital-intensive semiconductor industry when attempting to quickly expand into a target market without greatly exhausting financial reserves. As a part of a major corporation, we could never have acted so quickly and in such a goal-oriented manner.

Crisis as Opportunity: Faster, More Flexible, More Efficient

After the record year 2000, with world market volumes of over 200 billion US$, the following year 2001 experienced a harsh market slump of 32 percent – the worst in the history of the semiconductor industry. To survive the market crisis, Infineon implemented a comprehensive restructuring program: IMPACT. This program sharply lowered costs and strengthened the focus on core competencies. In record time, the company successfully achieved cost-effective savings of over 2 billion euros. Such savings ensured liquidity and competitiveness without endangering strategically-relevant investments in future technologies.

This quick adaptation to a completely changed market environment was vital for Infineon's survival. Today the company registers revenue growth and clear market share gains. But the market is still difficult and fraught with considerable cost pressure. Infineon's reply to this: become more efficient, more flexible and faster. As a result, all business processes of Infineon are audited. Through systematic benchmarks with our competitors, we further optimize our processes, which in turn strengthens efficiency and competitiveness. The future challenge remains: to successfully master continuous change and flexible adaptation.

Rapid Innovation Dynamics

On the long-term, the semiconductor market is a strong growth market with an average growth rate of about 14 percent in the last 40 years. Yet the growth dynamics and the global competition are intensifying – meaning shorter innovation and investment cycles, stronger price pressure and continuing consolidation. In 1988, 64 typewriter pages could be saved on a 1 megabite memory chip. Today, 16,000 pages can be saved on a 256 megabite memory chip. These facts all indicate that the rapid development of smaller, more efficient, more economical and cheaper chips will continue. And Infineon has the best chances as a technology leader to take part in determining the tempo of the innovation dynamics.

System Solutions Are the Future

Microchips are not only important drivers of information and communications technologies, they are also penetrating more and more areas of everyday life. Whether in cars, telephones, refrigerators or washing machines, high-tech chips are becoming indispensable for an increasing number of consumer goods. Furthermore, they are conquering new application areas such as Smart Wear. Given the growing number and complexity of application possibilities, our customers expect more custom-made system solutions. One example of this is the mobile telephone: Infineon already offers complete solutions for the next generation of basic high-capacity GSM/GPRS mobile telephones. A further example from the auto telematics field: complete solutions are demanded for navigation, communication, safety and car control settings. As a result, Infineon will expand its leading position as a provider of system solutions.

Infineon as Technology and Cost Leader

Cost leadership through permanently increasing productivity, i.e. the mass production of smaller chips on bigger silicon wafers, is of highest importance. Infineon is the current undisputed worldwide leader in successful volume production of ever smaller chips on wafers with 300 mm diameters. The 300 mm technology enables a productivity growth of over 250 percent per wafer and a cost reduction of 30 percent per chip in comparison to today's 200 mm technology. This is in itself a truly innovative breakthrough and a decisive prerequisite for the expansion of our market shares, especially of memory products.

Strategic Alliances: Success through Partnerships

In the long run, leadership in technology, system solutions and costs cannot be achieved alone. Our industry is simply too capital-intensive – 35 percent of our revenue is invested today into plants, research and development. Risk sharing and common exploitation of growth opportunities in research and development with market leaders like Cisco, Ericsson, IBM, Nokia, Sony or Toshiba is becoming even more crucial. The same can be said for chip production. A new semiconductor factory costs nowadays at least 2 billion euros – with increasing tendency. No single manufacturer can afford such investments alone and for long. Consequently, we have entered into strategic production alliances with Taiwanese manufacturers like ProMOS, Winbond and Nanya. By consistently taking advantage of its independence, Infineon has transformed itself from the Siemens semiconductor division into one of the worldwide leaders in chip manufacturing. In the first half-year of 2002, Infineon became the sixth largest semiconductor company in the world. We are now optimally prepared for the next boom in the semiconductor industry and will consistently build on our leading position in our target markets.

VI

Strategie und Krise

Strategy and Crisis

6.1 Krisentypen und Strategie

Jürgen Hauschildt

Unternehmen in akuter Krise sind nach allgemeiner Vorstellung durch sinkende oder fehlende Gewinne sowie durch zunehmende Verschuldung gekennzeichnet. Diese Daten beschreiben aber nur den Endzustand eines kranken Unternehmens. Dann aber ist es für eine Rettung in der Regel zu spät. Eine Krisendiagnose muss die Krisenursachen früher bestimmen, ganzheitlich erfassen und strategisch gewichten. Dabei hat sie von unterschiedlichen Krisentypen auszugehen, die jeweils ein spezifisches strategisches Krisenmanagement verlangen.

Das Jahr 2001 verzeichnete in Deutschland einen traurigen Rekord: 32.278 Unternehmen wurden insolvent. Unternehmenskrisen erlangen im Einzelfall beachtliche Publizität. Die Abwendung der Insolvenz ist das drängendste operative Problem. Tatsächlich gelingt ein Turnaround oder eine Sanierung nur durch nachhaltige Neuausrichtung der Unternehmensstrategie. Dabei sind die eigentlichen Ursachen der Unternehmenskrisen zu berücksichtigen: Welche strategischen Fehler wurden gemacht?

Die Realität zeigt ein verwirrendes Bild – auf den ersten Blick jedenfalls. Denn die Zahl der Krisenursachen ist beeindruckend groß und damit auch die Zahl möglicher Kombinationen. Für den Wissenschaftler und den Praktiker stellt sich die gleiche Frage: Welche Krisenursachen als solche und welche explosiven Mischungen führen in die Insolvenz?

Nach unseren empirischen Untersuchungen lassen sich etwa drei Viertel der Krisenfälle in wenigen Krisentypen klassifizieren:

Typ 1: Bei Unternehmungen „auf brechenden Stützpfeilern" bricht der Absatz abrupt ein oder stagniert in unerwartetem Maße. Produktion und Beschaffung arbeiten aber planmäßig weiter. Sehr schnell tritt dann auch ein Mangel an Eigenkapital auf. Die Krise breitet sich wie ein Geschwür schnell über die wichtigsten Unternehmensfunktionen und über die wichtigsten Ressourcen aus. Der strategische Defekt ist sicherlich zunächst in einer nicht sachgerechten Produkt-Markt-Strategie zu suchen. Hinzu kommen gravierende innerbetriebliche Koordinationsprobleme.

Typ 2: In „technologisch gefährdeten" Unternehmen werden der Produktionssektor, die Investitionstätigkeit sowie die Forschung und Entwicklung kritisch beurteilt. Führungsfehler und Konstitutionsmängel kommen hinzu. Es handelt sich typischerweise um Unternehmen, die starr an einer bestimmten technologischen Verfahrens- oder Produktphilosophie festhalten. Der strategische Defekt liegt in diesem Typ eindeutig im technologischen Bereich. Es ist bemerkenswert, dass die konservative Haltung sich vielfach auch in der Personalauswahl und in dem Festhalten an überkommenen Führungsformen zeigt.

Typ 3: In Unternehmen, die „unvorbereitet expandieren", lässt sich überhastet begonnene, falsch eingeschätzte Expansion, namentlich durch den Zukauf von anderen Unternehmen, nicht meistern. Es fehlt an Kapital für das Wachstum. Die zugekauften Unternehmen lassen sich nicht in Organisation und Informationssystem eingliedern. Das vermeintliche „Schnäppchen" erweist sich nicht selten als ein Unternehmen in einer handfesten Krise. Der strategische Defekt liegt in mangelndem Portfolio-Management. Beim Wechsel in völlig neue Branchen trifft man unvorbereitet auf fachlich unbekannte Probleme. Andere konzentrieren sich auf die eigene Branche und verstricken sich damit immer tiefer in die branchenspezifischen Probleme.

Typ 4: „Konservative, starrsinnige und uninformierte Patriarchen an der Spitze" sind geblendet durch unbestreitbare Erfolge in der Vergangenheit und neigen zur Selbstüberschätzung, zu sehr persönlichen, intuitiven, sprunghaften – und eben falschen Entscheidungen. Der strategische Defekt ist in der Unfähigkeit dieser Persönlichkeiten begründet, Unternehmer und Unternehmen auseinanderhalten zu können. Gerade mittelständische Unternehmer sind oft nur sehr schwer zu einer rationalen Nachfolgepolitik imstande.

In mittleren und kleinen Unternehmen ist schließlich ein weiterer *Krisentyp* zu beobachten: „abhängige Unternehmen". Sie sind durch eine zu starke Bindung an einen Lieferanten oder Abnehmer gekennzeichnet. Sie geraten in eine schwere Krise, wenn diese Beziehung durch massive Einflussnahme des Partners gestört oder unerwartet abgebrochen wird. Der strategische Defekt lässt sich wiederum auf mangelhaftes Portfolio-Management zurückführen.

Krisenmangement besteht naturgemäß in erster Linie darin, die Insolvenz zu vermeiden, also in operativ-taktischen Handlungen. Aber diese Vermeidung des Krisenausbruchs ist kein Ersatz für die strategische Umbesinnung. Unsere Krisentypologie zeigt, wie vielfältig die Ansatzpunkte für das strategische Handeln sind.

6.1 Crisis Types and Strategy

Jürgen Hauschildt

Companies that have reached a state of acute crisis usually suffer from declining or absent profits and increasing debt. In this final state there is little hope for a successful recovery. A diagnosis of the crisis must be determined much earlier to completely understand its causes and to strategically assess the situation. Depending on the type of crisis, specific strategic steps must be taken by management.

The year 2001 saw a sad record: 32,278 German companies filed for bankruptcy. Companies experiencing a severe financial crisis can encounter a considerable amount of negative publicity. The most pressing operational problem is avoiding bankruptcy. This problem can be solved only through long-term adjustments which stimulate a significant turnaround or recapitalization. But before this adjustment is made, the source of the crisis must be carefully considered: exactly which strategic mistakes were made?

At first glance, the sources of the crisis can be difficult to distinguish. The number of factors leading to a crisis is amazingly large, and consequently so is the number of possible combinations. Researchers and practitioners face the same question: which of these factors and which of their combinations lead to bankruptcy?

Our empirical research shows that about three-fourths of all crisis incidents can be classified into the following types:

Type 1: In companies "with breaking foundations", sales drop abruptly or stagnate to an unexpected degree. Although production and procurement continue to function as planned, the company is soon confronted with a lack of capital. The crisis spreads quickly throughout the vital operational functions of the company and affects its most important resources. Without doubt, in this type of crisis an inappropriate product-market strategy is the most obvious strategic defect. The situation is typically aggravated by strategic mistakes in the internal coordination.

Type 2: In "technologically endangered" companies, production, investment and the areas of research and development are weak. Management mistakes and organizational deficiencies add to the problems in this type. Essentially, these companies reveal an inflexible philosophy regarding technology and products. The strategic defect in this type clearly resides in the technological sector. Interestingly enough, the conservative attitude is also reflected in personnel selection and in a fixation on traditional forms of leadership.

Type 3: Companies that "expand without preparation" are unable to cope with expansion that is hastily started and poorly assessed, as evident in company acquisitions. The capital needed for growth is missing. The acquired companies cannot be integrated into the organization and the information system. The supposed "bargain" acquisition often proves to be a company already in deep crisis, showing that the strategic mistake here lies in inadequate portfolio management. When a company enters completely new sectors, it is unexpectedly confronted with problems that are unfamiliar. Some try to cope with these new problems by concentrating on their own sector, thereby entangling themselves even more in the sector-specific problems.

Type 4: "Conservative, stubborn and uninformed patriarchs at the top" of companies are blinded by their indisputable past successes and are inclined to overestimate their capabilities. Consequently, they make decisions based on purely personal judgements and intuition, which tend to be erratic or even wrong. The strategic defect here lies in the inability of these "patriarchs" to separate themselves as leaders from the business. Medium-sized companies in particular seem incapable of developing a rational plan for appointing a company successor.

A final crisis type can be observed in small and medium-sized companies: "dependent companies", which are too strongly bound to a particular supplier or customer. These companies fall into severe crisis when this relationship becomes unstable or fails unexpectedly due to the partner's heavy influence. Once again, the strategic defect can be traced back to inadequate portfolio management.

On a basic level, crisis management primarily involves avoiding bankruptcy through operative tactical actions. The avoidance of a crisis outbreak, however, must not detract management from the importance of renewed strategic reasoning. In this respect, our crisis typology outlines how multifaceted the starting points can be for these strategic actions.

6.2 Strategie in Zeiten des Abschwungs – Teil I

Michael E. Porter

In Krisenzeiten verschlechtern sich die Rahmenbedingungen des Marktes. Die Unsicherheit über zukünftige Perspektiven steigt. Dabei liegen die größten Risiken nicht im Markt selbst, sondern in den Reaktionen des Unternehmens. Unternehmen neigen dazu, Fehler zu begehen und unbeabsichtigt ihre Wettbewerbsposition zu verschlechtern, wenn sie auf den Abschwung reagieren. In diesem und dem folgenden Beitrag diskutieren wir vier Aspekte, die Unternehmen berücksichtigen sollten, um häufig begangene Fehler zu vermeiden.

Schaffen Sie eine positive Agenda

Es genügt nicht, sich nur mit laufenden Problemen zu beschäftigen. Im Abschwung ist es einfach, die Probleme zu sehen, die Versuchung ist groß, den Hahn zuzudrehen, dem Wetter zu trotzen. Hingegen ist es schwieriger und weitaus bedeutsamer, neu eröffnete Chancen sowohl in der Branche wie auch im eigenen Unternehmen zu entdecken und die Krise zu nutzen, um Wettbewerbsstärke zu gewinnen. Der Abschwung und die Ungewissheit über die zukünftigen Perspektiven tauen Marktpositionen auf und schaffen Chancen zum preisgünstigen Erwerb von Firmen. Die Krise ermöglicht ebenso interne Änderungen, die in besseren Zeiten undenkbar sind.

Eine klare, positive Agenda erweist sich in Zeiten, in denen Wettbewerber sich fürchten oder zögern, als großer Vorteil. Sie ist gleichermaßen das beste Gegenmittel gegen Ängste und Verunsicherungen bei den Mitarbeitern. Klare Zielorientierung und Führung, formuliert und kommuniziert im ganzen Unternehmen, sind extrem wichtig, um eine gute Arbeitsmoral aufrechtzuerhalten bzw. wiederherzustellen, Vertrauen zu erlangen und das Unternehmen wieder in Schwung zu bringen.

Besinnen Sie sich auf Ihre Strategie

Zeiten eines robusten ökonomischen Wachstums, wie wir sie in den Neunzigern erfahren haben, tendieren dazu, Strategiekonzepte zu behindern. Unternehmen verlieren Ihren Fokus, jagen Trends nach (zum Beispiel dem Internet) und sind durch das gute Wachstum beschäftigt. Wachsende Märkte kaschieren schlechte Entscheidungen und verleiten zum Wunschdenken. Das Ergebnis ist sowohl imitativer Wettbewerb als auch die Einführung vieler Produkte und Dienstleistungen, die keinen wirklichen Wettbewerbsvorteil und auch keine Gewinne beinhalten.

Ein gutes Beispiel hierfür ist die Branche für Telekommunikationsausrüstungen. In diesem Sektor war die Nachfrage zwischen 1998 und 2000 so stark, dass Unternehmen wie Alcatel, Cisco, Lucent, Nortel und andere zahlreiche Segmente mit Nachahmerprodukten und ohne echten Wettbewerbsvorteil den Markt betraten. Die negativen Konsequenzen sind in der Krise von 2001/2002 sichtbar geworden.

Die Finanzmärkte haben ebenfalls vernünftige Strategiekonzepte behindert. Die Märkte waren auf Wachstum fixiert und ignorierten die Profitabilität, eine Anleitung für zügellose Expansion und Diversifikation. Die Analysten waren fasziniert von dem jeweiligen Trend und drängten Unternehmen, demjenigen Wettbewerber nachzueifern, der als der momentane Gewinner wahrgenommen wurde.

Eine Krise ist der richtige Zeitpunkt, die Bedeutung von Strategiekonzepten wiederzuentdecken, und eine günstige Gelegenheit, sich vom angesetzten Ballast der letzten Expansion zu befreien. Der Kern von Strategie besteht darin, für das Unternehmen zu definieren, wie es einzigartig sein und einen besonderen Wertemix liefern kann. Strategie heißt, jede Aktivität so auszurichten und ein Angebot zu schaffen, das nicht einfach von Wettbewerbern imitiert werden kann. Eine Krise ist der richtige Zeitpunkt für Unternehmen, dort ehrlich mit sich selbst zu sein, wo sie wirkliche Wettbewerbsvorteile besitzen oder besitzen könnten und ihre Ressourcen entsprechend neu einzusetzen.

Intel nutzt den Abschwung auf diese Weise, um sich von Randaktivitäten zu trennen und gleichzeitig riesige Anstrengungen im F&E-Bereich zu unternehmen sowie Investitionen in sein Kerngeschäft der Mikroprozessoren zu tätigen, obwohl Umsatz und Gewinn im Keller sind. Merrill Lynch überdenkt seine Strategie von Grund auf einschließlich des Investmentbanking und der internationalen Betätigungsfelder.

Ironischerweise machen es Zeiten des Abschwungs – wenn die finanziellen Ergebnisse und die Erwartungen geringer sind – einfacher, sich strategisch richtig auszurichten. Undifferenzierte Kürzungen über alle Bereiche sind verpasste Chancen und zugleich Zeichen eines schwachen Managements. Einschnitte sollten sorgfältig bedacht werden und darauf ausgerichtet sein, das Unternehmen in eine überlegene Position zu bringen. Zusammenschlüsse, häufig Zeichen der Verzweiflung oder des Wunsches auf kurzfristigen Erfolg, stellen in der Regel keine Lösung dar. „Größer werden" ist keine Strategie, und Zusammenschlüsse funktionieren nur, wenn durch ihre Kombination etwas hinzufügt wird und etwas Besonderes entsteht. Der bereits mit Ärger behaftete Zusammenschluss von Compaq und Hewlett-Packard dürfte eher den Fokus verwässern, als zu wirklichen Wettbewerbsvorteilen führen.

6.2   Strategy in a Downturn – Part I

Michael E. Porter

In a crisis market conditions deteriorate and uncertainty about future prospects rises. In such periods, however, the greatest risk is often not the marketplace itself, but how companies react to it. Companies are prone to make mistakes, and to unwittingly eroding their competitive positions in the process of addressing the slowdown. In the two parts of this article we discuss four things companies should do to avoid the most common mistakes.

Create a positive agenda

Don't just deal with current problems. In a downturn it's easy to see the problems and tempting to cut back and weather the storm. It's harder, and far more important, to see the opportunities created both in the industry and within the company, and to use such a period to gain competitive strength. Downturns and uncertainty unfreeze market positions and create opportunities to acquire cheap assets. They also allow internal changes that would be unthinkable during better times.

A clear, positive agenda will be a huge advantage at a time when rivals may be timid or hesitating. It is also the best antidote to fears and uncertainty among employees. A sense of purpose and direction, articulated and communicated widely throughout the organization, is extremely important to rebuilding morale, instilling confidence, and getting the organization moving again.

Refocus on strategy

Periods of robust economic growth, such as the one we experienced in the 1990s, tend to work against strategy. Companies lose focus and chase trends (for example, the Internet), and become preoccupied with top-line revenue growth. Growing markets mask poor choices and encourage wishful thinking. The result is me-too competition and the introduction of many products and services where companies have no real competitive advantage and which generate no profits.

A good example is the telecommunications equipment industry, where demand was so strong over the 1998–2000 period that companies such as Alcatel, Cisco, Lucent, Nortel and others could and did enter numerous segments with imitative products and no real competitive advantage. The dire consequences were being felt in the crisis of 2001.

Financial markets have also worked against sound strategy. Markets were fixated on growth and ignored profitability, a recipe for intemperate expansion and diversification. Analysts were captivated by the trends of the moment, and browbeat companies into emulating whatever rival was perceived as the current winner.

A crisis is the moment to rediscover strategy, and an opportunity to scrape off the barnacles acquired during the last expansion. The essence of strategy is defining how a company is unique and how it will deliver a distinctive mix of value. Strategy is about aligning every activity to create an offering that cannot easily be emulated by competitors. A crisis is the time for companies to be honest about where they have, or could have, real competitive advantages, and reallocate resources accordingly.

Intel is using the downturn this way, getting out of peripheral areas while making huge R&D and plant investments in its core microprocessor business, even while sales and profits are sharply down. Merrill Lynch is also showing unmistakable signs of rethinking its strategy from the ground up, including the scope of its investment banking and international operations.

Ironically, downturns – when financial results are down and expectations are low – make it easier to get it right strategically. Across-the-board cuts are a missed opportunity and a sign of poor management. Cuts should be highly selective, and designed to move a company toward a distinctive position. Mergers, often indicative of desperation or the desire for a quick fix, are not a solution either.

Getting bigger is not a strategy, and mergers only work if the combination adds up to something special. The already troubled merger of Compaq and Hewlett-Packard, for example, seems more likely to blur focus than lead to a distinctive competitive advantage.

6.3 Strategie in Zeiten des Abschwungs – Teil II

Michael E. Porter

Ein Abschwung ist Anlass genug, die Strategie zu überdenken. Im vorangegangenen Beitrag haben wir die Notwendigkeit einer positiven Agenda sowie der bewussten Überprüfung der Strategie diskutiert. In diesem zweiten Beitrag betonen wir, dass das Vermeiden einer Überreaktion auf die aktuelle Branchensituation, das Wiederherstellen der Konsistenz der Finanzziele und der Berichterstattung wesentliche Strategieelemente in einem Abschwung sind.

Vermeiden Sie eine Überreaktion auf die aktuelle Branchensituation

In Zeiten des Schrumpfens und ernsthafter finanzieller Nöte besteht die Tendenz, eine zyklische Entwicklung fälschlicherweise als strukturellen Wandel zu interpretieren. Bei Nachfrageeinbrüchen befürchten viele Unternehmen, dass sich die Grundlagen des Wettbewerbs ändern. Sie können fälschlicherweise die aktuellen Marktbedingungen als neue Spielregeln interpretieren. In den vergangenen Jahren wurde diese Tendenz in der populären Managementliteratur unter Begriffen wie „Transformation", „Revolution", „Wendepunkt" und „veraltete Technologien" stark strapaziert. Dieser Trend hat Manager in die Irre geführt und suggeriert, dass Zeiten eines wirklichen Strukturwandels alltäglich sind.

Während eines ökonomischen Abschwungs können Unternehmen unzutreffende Signale von den im Markt verbliebenen Kunden erhalten, da diese häufig zwar eine geringe Zahlungsbereitschaft, aber hohe Ansprüche haben. Die Herausforderung besteht darin, das Selbstvertrauen zu haben, auf den nächsten Aufschwung zu blicken und das Unternehmen entsprechend zu positionieren. John Deere hat das im letzten Abschwung getan. Es war das einzige Unternehmen seiner Branche, bei dem der Eigentümer nicht ausgewechselt bzw. keine Fabriken geschlossen wurden. Stattdessen wurde Geld in Produktivitätssteigerung und Neuproduktentwicklung gesteckt. Deere profitierte in hohem Maße vom Aufschwung Mitte der neunziger Jahre.

Während manche Branchen einen Strukturwandel durchmachen, gilt dies für die meisten anderen nicht. Oft handelt es sich um eine Periode schwächerer Nachfrage. Es ist ein Fehler, auf Grund eines zyklischen Abschwungs Entscheidungen zu treffen, die den langfristigen Erfolg des Unternehmens gefährden. Um das Gewinnniveau von Wachstumsperioden zu halten, sind radikale Kürzungen unklug und werden nicht belohnt. Es ist demnach ein Fehler, sich mit Dingen zu beschäftigen, die die Branchensituation verschlechtern, zum Beispiel starke Preissenkungen mit dem Ziel, möglichst viel Geschäft zu gewinnen. An dieser Front kann auch eine Firma wie Dell scheitern.

Während des Abschwungs hatte Dell sich bemüht, gemäß seiner Strategie den Umsatz hochzuhalten. Das Unternehmen mag so Präzedenzfälle geschaffen haben, die zu einem späteren Zeitpunkt nur schwer rückgängig zu machen sind.

Stellen Sie die Konsistenz der finanziellen Ziele und der Berichterstattung wieder her

Zeiten schwacher finanzieller Ergebnisse und niedriger Erwartungen schaffen eine letzte, lebenswichtige Priorität. Wir haben eine Zeitperiode durchgemacht, in der viele Unternehmen ihre Ziele am Aktienkurs gemessen sowie dubiose finanzielle Metriken angewendet haben, zum Beispiel die des Proforma-Betriebsergebnisses (das die Amortisation von Gooewill, nicht Cash-wirksame Abschreibungen und andere Aufwendungen außen vor lässt). Auch wurden Veränderungen (hierzu gehören Aufwendungen für Umstrukturierungen, Neubewertungen und fusionsbedingte Abschreibungen) in der Bilanz vorgenommen, mit der Folge, dass sich die berichteten Gewinne stark veränderten.

Diese Praktiken, die ursprünglich eingeführt wurden, um hohe Aktienkurse zu rechtfertigen, verwirren nun die Manager und gefährden Entscheidungen der Unternehmen. Überlegungen zu Finanzkennzahlen beeinflussen zunehmend die Strategie. Diese Kennzahlen verschleiern die wahre Profitabilität und die aktuelle Höhe des investierten Kapitals.

Nachdem die finanziellen Ergebnisse im Keller sind, ist es Zeit für Unternehmen (zusammen mit Analysten), die Konsistenz der Unternehmensziele und der Finanzberichterstattung wiederherzustellen. Der Shareholder Value ist, wenn er mittels des aktuellen Börsenkurses gemessen wird, eine gefährliche Orientierung für ein Unternehmen. Konsistente Ziele zeichnen sich dadurch aus, dass sie einen auf längere Sicht höheren Rückfluss aus dem tatsächlich investierten Kapital realisieren (einschließlich der Investitionen für Akquisitionen). Eine höhere Profitabilität wird langfristig zu einem ansteigenden Shareholder Value führen.

Proforma-Kennzahlen, die reale Kosten auslassen, sind Wunschdenken. Abschreibungen und Aufwendungen sollen das Management nicht von der Verantwortung für getätigte Investitionen und falsche Wettbewerbsentscheidungen entbinden. Eine der Konsequenzen aus dem Missmanagement und der Fehlberichterstattung von Finanzzahlen besteht darin, dass die realen Gewinne bei den meisten Unternehmen um einiges niedriger sind, als sie schienen.

Ein Wirtschaftsabschwung bietet die Chance, reinen Tisch zu machen und zur ökonomischen Realität zurückzufinden. In der Telekommunikationsausrüstung hoffen wir beispielsweise, dass wir von Cisco und anderen zum letzten Mal die weit verbreitete Praxis gesehen haben, Übernahmen allein mit Aktien zu bezahlen, die Assets abzuschreiben und dann eine gute Kapitalrendite auszuweisen, indem die Gewinne – ohne die nicht Cash-wirksamen Aufwendungen – zu einer reduzierten Kapitalbasis ins Verhältnis gesetzt wurden. Die Rückkehr zu einer wirklichkeitsgetreuen Berichterstattung wird der Strategie zu einer größeren Bedeutung verhelfen. Wenige Unternehmen haben bisher diese Gelegenheit genutzt. Diejenigen, die sich früh engagieren, werden belohnt werden.

Es besteht kein Zweifel daran, dass dies eine schwierige Zeit für jeden Manager ist, speziell für die Generation, die während der jüngsten Expansion ausgebildet wurde. Aber das Wachstum wird wiederkehren, und vernünftige Entscheidungen in diesen Zeiten der Bewährung werden die Unternehmen vorbereiten, im kommenden Aufschwung wieder besser abzuschneiden.

6.3 Strategy in a Downturn – Part II

Michael E. Porter

A downturn offers specific opportunities for reconsidering strategy. In Part I of this article we discussed the necessity to suggest a positive agenda and to refocus on strategy. In this second part we emphasize that not overreacting to current industry conditions and restoring the integrity of financial goals and reporting are essential strategy elements in a downturn.

Do not overreact to current industry conditions

In a period of contraction and severe financial pressures, there is a tendency to misinterpret a cyclical change as a structural change. With demand down, companies are fearful that the bases of competition are changing and can misinterpret current market conditions as reflecting new rules of the game. This tendency has been exacerbated in recent years by popular management literature filled with phrases such as "transformation", "revolution", "inflection points" and "disruptive technologies", which has misled managers into thinking that periods of true structural change are common.

In economic downturns, companies also can receive garbled signals from the customers still in the market, who are often bottom feeders that make heavy demands and beat up vendors on price. The challenge is to have the confidence to look to the next upturn and position the company accordingly. John Deere did this in the last downturn. It was the only company in its industry not to change ownership or close plants, pouring money instead into productivity enhancements and new product development. It profited hugely in the mid-1990s upturn.

While some industries today are undergoing structural change, most are not. This is mostly a period of softer demand. It is a mistake to make choices to deal with a cyclical downturn that will compromise the company's competitive approach in the longer run. Severe cuts to hold profit levels to those of growth periods are unwise, and will go unrewarded. It is also a mistake to engage in practices that will destroy industry structure, such as deep price discounting to attempt to win all the available business.

Here is where Dell may be faltering. While sticking to its strategy, Dell's effort to hold up sales during the downturn may set precedents that will be difficult to reverse later on.

Restore the integrity of financial goals and reporting

A period of poor financial results and low expectations creates a final, crucial priority. We have been through an era in which many companies have defined their goals in terms of stock price, adopted dubious financial metrics such as pro-forma operating income (which omits amortization of good will and other non-cash charges), and employed accounting adjustments such as restructuring charges, restatements, and merger-related writeoffs to substantially modify reported profitability.

These practices, initially adopted to justify high stock prices, have now begun to confuse managers and distort corporate decisions. Financial reporting considerations have come to drive strategy, while obscuring true profitability and the actual amount of capital invested in the business.

With financial results in the tank, it is time for companies (together with securities analysts) to restore the integrity of corporate goals and financial reporting. Shareholder value, if it is measured by current stock price, is a dangerous goal for a company. The proper goal is to earn a superior long-term return on the capital actually invested in the business (including that spent on acquisitions). Superior profitability will lead to increasing shareholder value over the longer run.

Pro-forma measures, which omit real costs, are wishful thinking. Writeoffs and charges do not, and should not, absolve management from responsibility for actual investments and poor competitive choices. One of the consequences of misleading financial reporting is that the true profits for many companies are a good deal lower than they have seemed.

This economic downturn is the opportunity to clean the slate and get back to economic reality. In telecom equipment, for example, let us hope that we have seen the last of the popular practice of Cisco and others of making acquisitions for stock, writing down the assets, and then reporting a good "return on capital" by comparing profits excluding non-cash charges to the reduced capital base. A return to fair reporting will make strategy even more important. Few companies have yet seized this opportunity, but those that move early will be rewarded.

There is no doubt that this is a difficult time for every manager, especially the generation schooled during the recent economic expansion. But growth will resume, and sound choices during these testing times will prepare companies to prosper in the coming upturn.

(Reprinted with permission from The Wall Street Journal © 2001 Dow Jones & Company, Inc. All rights reserved.)

6.4 Marktstrategie in der Krise – Teil I

Michael Laker

Krisenzeiten bieten augenscheinlich Anlass zum kurzfristigen Cost Cutting. Auf der Marktseite reagieren viele Unternehmen dagegen lethargisch: Marktgegebenheiten werden als unveränderbar hingenommen, Umsatzrückgänge werden quasi zum Gesetz der Krise. Dabei gibt es auf der Marktseite gerade in der Krise eine Fülle von Maßnahmen im eigenen Gestaltungsbereich zur Umsatzsteigerung und zur Realisierung von Marktanteilsausweitungen. Richtig eingesetzt führen diese Aktionen nicht nur dazu, die Krise zu überstehen, sondern aus ihr gestärkt hervorzugehen. Grundsätzlich erforderlich wird in der Krise die flexible Anpassung der eigenen Strategie an das geänderte Umfeld. In diesem Beitrag werden die Handlungsfelder entsprechend des strategischen Dreiecks für die drei Dimensionen „Eigenes Unternehmen" (Positionierung in der Krise), „Kunde" (Kundenbindung und -gewinnung in der Krise) sowie „Wettbewerb" (Verdrängen von Wettbewerbern in der Krise) erörtert. In den folgenden zwei Beiträgen erfolgt die Darstellung des angepassten Marketing-Mix-Instrumentariums.

Anpassung der eigenen Positionierung

In der Krise ändern sich das Wertgefüge und die Präferenzen auf der Kundenseite: Ausgaben für Luxus- und Nice-to-have-Produkte gehen zurück, Themen wie Sicherheit, persönliche Absicherung, geringere Risikofreude, Wirtschaftlichkeit und Kurzfristwirkungen nehmen rapide zu. Die eigene Positionierung muss diesen geänderten Kundenanforderungen Rechnung tragen. Dazu einige Beispiele: Bei Banken spielen eher sichere und kurzfristige Anlagemöglichkeiten die dominante Rolle, während in Boomzeiten riskantere und längerfristig Erfolg versprechendere Investments bevorzugt werden. Im Maschinen- und Anlagenbau zählen knallharte Wirtschaftlichkeits- und Payback-Faktoren, Retrofitting (Nach-/Aufrüstung bestehender Anlagen) wird wichtiger, und durch Verlängerung der Zahlungsziele können zusätzliche Projekte gewonnen werden. Im Tourismusbereich verlagert sich das Gewicht von Fernreisen in Richtung Nahziele.

Dies sind nur einige Beispiele. Jedes Unternehmen muss in der Krise selbst ermitteln, wie auf Grund der geänderten Kundenpräferenzen mit einer Anpassung der eigenen Positionierung zu antworten ist. Die Chancen und Möglichkeiten sind vielfältig.

Intensivierung der Kundenbindung

Ob eine Krise erfolgreich gemeistert werden kann, wird entscheidend dadurch bestimmt, inwieweit es gelingt, die eigenen Kunden zu halten. Kundenbindung hat in der Krise einen extrem hohen Stellenwert. Doch nicht alle Kunden sind es wert, gehalten zu werden. Spätestens bei einem wirtschaftlichen Abschwung sollte analysiert werden, welchen Beitrag einzelne Kunden bzw. Kundengruppen zum Umsatz und Ergebnis leisten. Von bestimmten Kunden wird man sich in der Krise sogar trennen müssen. Die eigenen Ressourcen müssen noch gezielter unter Effektivitäts- und Effizienzkriterien eingesetzt werden.

Im Business-to-Business-Geschäft kommt der Intensivierung des persönlichen Kontaktes eine hohe Bedeutung zu. Die Kundenbindung wird darüber hinaus durch eine starke Verzahnung mit der Wertschöpfung der Kunden nachhaltig verstärkt. Über solche so genannten Wertschöpfungspartnerschaften wird nicht nur die Beziehung zu den Kunden intensiviert, sondern darüber hinaus die Wertschöpfung pro Kunde erhöht. Hierzu gibt es eine Fülle von Beispielen. Genannt seien Versicherungsunternehmen, die nicht nur die Schäden finanziell, sondern auch physisch regulieren. Oder die Firma Rank Xerox, die den Kunden nicht nur das Kopiergerät, sondern in einem integrierten Angebot auch Papier und Wartungsverträge anbietet. Im Endkundengeschäft schießen Loyalitätsprogramme – über Clubs, Karten etc. – wie Pilze aus dem Boden. Isolierte und undifferenzierte Kundenbindungsprogramme bringen in den meisten Fällen außer zusätzlichen Kosten jedoch nichts. Erfolg versprechender sind dagegen der Zugang zu Netzwerken und Programmen für ganz bestimmte Kundengruppen. Beispiele hierfür sind das Payback-Konzept oder aber das Citypower-Netzwerk, über das man Zugang zu über 500 vergünstigten Angeboten erhält. Ein Beispiel für eine differenzierte Kundenbindung liefert T-Mobile mit seinem VIP-Club, zu dem nur ein kleiner exklusiver Kreis von Kunden Zugang hat.

Erschließung neuer Marktsegmente

Zur Erschließung zusätzlicher Markt- und damit Umsatzpotenziale kann es in einer Krise erforderlich werden, neben den strategisch hoch priorisierten Marktsegmenten zusätzliche Segmente aktiv zu bearbeiten. So kümmern sich die großen Privatbanken wieder stärker um die einst verschmähten, weniger vermögenden Privatkunden. Die gleiche Branche versucht über Bündelangebote, bestehend aus Bank- und Versicherungsleistungen, die Wertschöpfung pro Kunde zu erhöhen, wie auch Energieunternehmen integrierte Angebote, bestehend aus z.B. Strom und Internet, an den Mann bringen wollen. Neue Marktsegmente können auch dadurch erschlossen werden, dass die eigenen Kompetenzen nicht nur für die eigenen Produkte/das eigene Leistungsangebot eingesetzt, sondern auf Konkurrenzprodukte ausgedehnt werden. Beispiele sind hier die Ausweitung von bisher auf die eigenen Produkte beschränkten Services, wie Instandhaltung und Ersatzteillieferung, auf Produkte des Wettbewerbs. Ein eindrucksvolles Beispiel ist das Unternehmen Caterpillar, das ausgehend von seiner Kompetenz in der Ersatzteil-Logistik einen ganz neuen Geschäftsbereich aufgebaut hat.

Gewinnung zusätzlicher Marktanteile

In einer Krise werden die Wettbewerbsintensität größer und die Marktanteile neu verteilt. Dies ist die Zeit des „Fressens und Gefressenwerdens". Jede Krise bietet Chancen, die eigene Wettbewerbsposition nachhaltig zu stärken. Die europäische Airline-Branche liefert hier ein Lehrbuchbeispiel. Unternehmen wie SwissAir oder Sabena sind mittlerweile am Ende, während Lufthansa oder Ryanair weiterhin expandieren. Natürlich müssen Marktanteile „gekauft" werden: entweder direkt durch Übernahme von Konkurrenten oder aber indirekt über ein besseres Preis-Leistungs-Konzept. Gerade in Krisenzeiten sind viele Unternehmen so preiswert wie nie. Jüngstes Beispiel in der deutschen Industrielandschaft ist die Übernahme der FAG Kugelfischer AG durch INA. Durch diesen – mittelfristig günstigen – Coup ist es dem Familienunternehmen INA gelungen, sich weltweit in ihrer Branche an die Nummer 2 zu setzen und nicht nur Marktanteile zu kaufen, sondern gleichzeitig zusätzliche Produktsegmente zu erschließen. Mit der Ausweitung der Marktanteilsposition über ein besseres Preis-Leistungs-Verhältnis ist nicht der Eintritt in einen Preiskrieg gemeint, sondern vielmehr das Angebot von Leistungen, die für den Kunden von hohem Wert sind – zu einem in Relation dazu günstigen Preis. Beispielsweise sichert im Maschinen-/Anlagenbau die Übernahme von Projektierungsleistungen in vielen Fällen auch die Lieferung der eigenen Maschine/Anlage und baut somit für die Konkurrenz eine nahezu unüberwindbare Hürde auf. Für den Kunden ist diese Zusatzleistung extrem wertvoll, für das eigene Unternehmen die Eintrittskarte für den nächsten Auftrag.

Fazit

In der Krise werden die Karten neu gemischt. Langfristig angelegte Strategien müssen überprüft und nicht selten durch kurzfristig wirkende Maßnahmen flankiert werden. Unternehmen, die die eigene Position genau analysieren und konsequent agieren, werden gestärkt aus der Krise hervorgehen.

6.4 Market Strategy in a Crisis – Part I

Michael Laker

Times of crisis are an occasion for short-term cost cutting – or so it seems. Instead, many companies react lethargically, accepting market conditions as unchangeable. Drops in revenue are endured as if they were rules of law in a crisis. There are various means within a company's grasp to boost revenues and expand market share – particularly in a crisis. When properly applied these actions not only lead a company out of the crisis, they make it stronger than it was before. In essence, a crisis requires flexible adaptation of company strategy to a changed environment. In the first of three parts, we will examine fields of action at three levels, based on the strategic triangle: "company" (positioning in a crisis), "customer" (customer loyalty and acquisition in a crisis), and "competition" (changes of competitors in a crisis). In the following two parts, we will present adapted marketing-mix instruments.

Adapted Positioning

Customer value-structure and preferences change in a crisis: Expenditures for luxury and nice-to-have products decline; and issues like security, personal indemnity, risk aversion, thrift, and short-term effects become more important. A company's own positioning must accommodate these changes in customer demand. Some examples: Banks have a central role to play when it comes to secure, short-term investment opportunities, while other investments with higher risk and greater likelihood of longer-term yield are attractive during boom periods. The machine and engineering industry stresses strict economic efficiency and payback factors, but additional projects can be acquired in this sector by extending time allowed for payment. And in tourism, the weight shifts from faraway destinations to those closer to home.

These are but a few examples. In a crisis, every company must determine for itself how to best adapt its own positioning to changing customer preferences. Opportunities and possibilities abound.

Intensifying Customer Loyalty

Successful mastery of a crisis depends largely on how well a company can hold on to its own customers. Customer loyalty is extremely valuable in a crisis. But not all customers are worth keeping. When the economy takes a downturn, a company should analyze the contribution of individual customers (or customer groups) to revenues and profits – if it has not already. In a crisis, it will be necessary to part with certain customers. At such times, company must utilize resources to their best advantage, based on efficiency and effectiveness criteria.

In business-to-business ventures, the ability to intensify personal contacts is extremely important. Over and beyond this, customer loyalty can be effectively and lastingly strengthened by interlocking personal contacts with added value for the customer. So-called value added partnerships not only intensify customer relations, they increase value added per customer. Insurance companies, for example, regulate claims with both money and material goods. Another example is Rank Xerox, which not only supplies customers with copying machines, but also provides paper and maintenance contracts as an integrated offer. In consumer businesses, loyalty programs – via clubs, cards, etc. – are sprouting up like mushrooms. Isolated and undifferentiated customer loyalty programs do nothing – in most cases – but create additional costs. Access to networks and programs for particular customer groups is more promising. An example for this is the so-called payback-concept or the Citypower-Network through which it is possible to gain access to over 500 lower-priced offers. An example of differentiated customer loyalty of this kind is T-Mobile with its VIP-Club, which provides only a small circle of customers access.

Opening Up New Market Segments

To open up market and revenue potential, it may be necessary in a crisis to actively address consumers outside of strategic high-priority segments. Large private banks are now caring for less wealthy private customers, whom they once spurned. This same industry is trying to boost revenue per customer by bundling bank and insurance services, just like energy companies, which are offering integrated products, e.g. electricity and Internet access. New market segments can also be opened by expanding competencies for one's own products or services to competitor products. Examples include an expansion of services, which were previously limited to one's own products, like maintenance and spare parts delivery, to competitor products. An impressive example is the company Caterpillar, which used its competency in spare parts logistics to build up a completely new sphere of business.

Acquiring Additional Market Share

In a crisis, competition intensifies and market share is redistributed. It is a time "to devour or be devoured". Every crisis provides the opportunity to substantially strengthen one's own competitive position. The European airline industry is a textbook example. Companies like Swiss-Air or Sabena are near collapse, while Ryanair and other no frills airlines continue to expand. Of course, market share must be "purchased": either in the form of a direct takeover of competitors or indirectly in the form of an improved price/benefit concept. Especially at times of crisis, acquisitions become less expensive. A recent example from the German industry is the takeover of FAG Kugelfischer by INA. This inexpensive coup (at least on the mid-term) propelled INA – a family-owned company – to number two in the industry worldwide, giving the company market share, but also additional product segments. The strengthening of the market position based on better price/benefit relations does not imply a price war, but rather a service proposal, which is valued highly by the customer – especially in relation to a favorable price. Involvement in the definition of projects in the machine and engineering industry, for example, secures the consignment of a company's own machines and plants, creating – in the process - an almost insurmountable hurdle for competitors. For the customer, this additional service is extremely valuable. For the company it is the admission ticket for additional business.

Conclusion

A crisis reshuffles the deck. Long-term strategies must be reviewed and often accompanied by measures, which are more effective on the short term. Companies that analyze their own position with care and act accordingly will survive the crisis stronger than they were before.

6.4 Marktstrategie in der Krise – Teil II

Michael Laker

Im vorangegangenen Beitrag wurden die Handlungsfelder entsprechend des strategischen Dreiecks „Eigenes Unternehmen – Kunde – Wettbewerb" diskutiert. In diesem zweiten Beitrag werden die Besonderheiten der beiden Marketing-Mix-Instrumente „Produkt" und „Preis" in der Krise behandelt. Fakt ist, dass sich in Krisenzeiten die Elastizitäten der einzelnen Marketing-Mix-Instrumente ändern. Daraus folgt, dass eine Anpassung einzelner Marketinginstrumente notwendig werden kann. Diesem Tatbestand muss Rechnung getragen werden, wenn auch in Krisenzeiten der Umsatz ausgeweitet bzw. verteidigt werden soll. Alle Bereiche des Marketings sind potenziell betroffen.

Produkt-/Angebotspolitik

In Krisenzeiten wird schonungslos aufgedeckt, welche Produkte/Leistungen profitabel und welche defizitär sind. Spätestens jetzt sind unprofitable Produkte/Leistungen und solche, die keinen Beitrag zur Kundenbindung liefern, zu eliminieren. So hat sich beispielsweise ein Anbieter chemischer Commodity-Produkte von über 40 seiner ursprünglich 45 kostenlosen Zusatz-Services getrennt. In gleicher Weise verabschieden sich die Banken von den ehemals kostenfreien Online-Girokonten. Durch den Druck der Krise verschärft sich auch der Druck bei der Suche nach neuen Erlösquellen. Dies ist die Zeit, in der die eigenen Kompetenzen zur Realisierung neuer Geschäftsfelder durchforstet werden müssen. Beispielsweise haben Heimann Systems, ein Tochterunternehmen von Rheinmetall – bekannt durch Röntgensysteme zur Kontrolle von Personen und Gepäck in Flughäfen –, ihr Geschäft ausgeweitet auf mobile Kontrollanlagen für Container-LKW.

Neben der Schaffung solcher originär neuer Geschäftsfelder kann das eigene Angebotsspektrum durch Generierung neuer Konfigurationen erweitert werden. Häufig sind Einzelleistungen in einem Paket versteckt, die durchaus separat in Rechnung gestellt werden können. Durch ein solches Unbundling berechnet beispielsweise ein Komponenten-anbieter, der bisher für den Handel die Konfektionierung und den Versand eines jeden Auftrages kostenlos übernommen hat, Produkt und Versand jetzt separat und erzielt damit einen beachtlichen Zusatzumsatz. In die gleiche Richtung geht der Vorstoß einiger Banken, die bestimmte Beratungsleistungen gesondert berechnen. Geringere Investitions- bzw. Ausgabenbudgets auf Kundenseite erfordern darüber hinaus ein flexibles und modular aufgebautes Angebots-Leistungs-Spektrum. Deshalb sollten kleinere Einstiegsangebote konzipiert werden, auf denen kontinuierlich aufgesattelt werden kann. Mit dieser „Salamitaktik" ist es auch in Krisenzeiten möglich, neue Kunden zu gewinnen bzw. eine bestehende Kundenbeziehung überhaupt aktiv zu halten.

Preispolitik

In der Krise gibt es starke Veränderungen bei den Preiselastizitäten. Variable Preise werden anstelle von hohen Fix-/Abonnementpreisen bevorzugt. Die Preisbereitschaften für starke und qualitativ sichere Marken erhöhen sich auf Grund der eingeschränkten Risikobereitschaft seitens der Kunden, dagegen sinken die Preisbereitschaften für Nice-to-have-Produkte rapide. Die eigenen Preisstrukturen und -niveaus müssen in solchen Situationen differenziert angepasst werden. Die wichtigsten Aufgaben betreffen die Entbündelung von Leistungen und Preisen, die Offerierung von Eintrittsangeboten oder aber die Verschiebung von hohen Fixpreisen hin zu variablen Preisstrukturen.

Insbesondere im Business-to-Business-Geschäft wird das ursprüngliche Preisniveau nicht gehalten werden können, d.h., Preissenkungen sind vielfach unvermeidbar. Die Negativauswirkungen auf Umsatz und Ergebnis lassen sich durch folgende Maßnahmen teilweise eindämmen:

- differenzierte Vorgehensweise – d.h., Preiszugeständnisse sollten nur selektiv bei ausgewählten Kunden und Produkten gewährt werden –,

- Koppelung der Preissenkungen an Mengensteigerungen und

- Gewährung der Preissenkung in Form von einem einmaligen Sonderrabatt und nicht als unspezifizierte generelle Preisreduktion.

Gleichzeitig sollte in der Krise auch die eigene Rabattpolitik durchforstet werden. Viele Kunden haben – historisch bedingt – Rabatte realisiert, die sie sprichwörtlich nicht verdienen. Die Ursache liegt vielfach darin begründet, dass die einzelnen Vertriebsmitarbeiter über unangemessen hohe Rabattkompetenzen verfügen. Innerhalb dieser Kompetenzgrenzen findet dann eine wirksame Umsatz- und Ergebnissteuerung nicht statt. Hier sollte ein effektives Preisverteidigungssystem implementiert werden. Aber auch jenseits der Rabattpolitik im engeren Sinne fließt häufig in nicht unbeträchtlichem Ausmaß Geld ab. So haben beispielsweise die Kunden eines Hightech-Unternehmens durchschnittlich die Skontogrenze um einen Prozentpunkt überschritten. Bei einem Umsatz von ca. 250 Millionen Euro liegt hier ein Profitpotenzial von 2,5 Millionen Euro bzw. eine Steigerung der Umsatzrendite von ca. 20 Prozent verborgen.

Fazit

Die Instrumente des Marketing-Mix sind auch in der Krise der Transmissionsriemen zur Stärkung der eigenen Marktposition. Die Möglichkeiten sind extrem vielfältig und müssen vor dem eigenen Unternehmenshintergrund bewertet werden. Die Chancen sind jedoch enorm – gerade in der Krise.

6.5   Market Strategy in a Crisis – Part II

Michael Laker

In the first part of our series "Market Strategy in a Crisis" we discussed operational spheres within the strategic triangle "company – customer – competition". In the second, we will focus on special aspects of designing distinct marketing-mix instruments in a crisis. The fact is, individual marketing-mix instruments become more or less elastic in a crisis. As a result, they may need adjustment. This situation must be mastered, if a company hopes to increase or defend sales volume. This has a potential effect on all aspects of marketing.

Product and Sales Policy

At times of crisis, companies relentlessly scrutinize products and services to determine, which are profitable and which are not. Those products and services, which run at a loss and do not contribute to customer loyalty, are eliminated. One company, which sells chemical commodity products, parted with 40 of its initially 45 extra services. In a similar move, banks are doing away with free online checking accounts. A crisis puts additional pressure on companies to find new sources of sales revenue. This is the time to examine one's own ability to tap new business opportunities. Heimann Systems, a subsidiary of Rheinmetall – known for x-ray surveillance systems for passengers and luggage at airports –, has expanded its business to include machinery and equipment for checking trucks, which transport containers. Besides creating these new areas of business, it is possible expand a company's sales spectrum by generating new configurations. Very often individual goods and services are hidden in a bundle, which can be sold separately. By unbundling products one component supplier, which previously offered free packing and shipping, now changes separately for products and shipping, generating a considerable sales boost. Some banks are moving in the same direction by charging extra for some consulting services.

Pricing

In a crisis, price flexibility changes dramatically. Variable prices are preferred to fixed subscription prices. The willingness to pay for strong and qualitatively secure brands increases, because consumers are less willing to take risks. They are also less inclined to buy nice-to-have products. Respective price structures and levels must be adjusted to different situations. The most important task pertains to unbundling of services and prices, tendering of entry offers and/or the shift from higher fixed prices to variable price structures.

Particularly business-to-business enterprises will not be able to maintain their original price level in many cases, i.e. avoid price reductions. The negative effect on sales revenues and results can be limited in part by initiating the following measures:

- a differentiated approach, i.e. price concessions should be selectively accorded chosen customers and products;
- price reductions should be coupled with volume increases;
- price reduction concessions in the form of a one time special rebate and not as an unspecified general price reduction.

At the same time, a company in a crisis should review its rebate policy. Many customers are given rebates, which they literally do not earn. This may occur simply because individual sales representatives have too much authority to award unreasonable rebates. In this case, effective control of sales revenue and profits lies outside their competency. A price defense system must be implemented. But a company may find considerable money is lost even outside a narrow rebate policy. Customers of a high-tech company exceeded discount limits by one percent on the average. With sales revenues of approx. 250 million euros, the company has a profit potential of 2.5 million euros, i.e. a yield return increase of 20 percent.

Conclusion

Marketing-mix instruments are the transmission belt to stronger company's market position in a crisis. The possibilities are extremely varied and numerous, but require individual company evaluation. Opportunities are enormous – especially in a crisis.

6.6 Marktstrategie in der Krise – Teil III

Michael Laker

In den ersten beiden Beiträgen zum Thema „Marktstrategie in der Krise" wurden die Handlungsfelder entsprechend des strategischen Dreiecks sowie der beiden Marketing-Mix-Instrumente „Produkt" und „Preis" behandelt. In diesem dritten Teil erfolgt die Diskussion der Marketing-Mix-Instrumente „Vertrieb" und „Kommunikation" in Krisenzeiten. Beide Instrumente zielen auf die Interaktion mit den Kunden ab. Ihr Einsatz ist jeweils mit einem finanziellen Ressourceneinsatz verbunden und unterliegt deshalb einer strikten Effektivitäts- und Effizienzbewertung.

Vertriebspolitik

Gerade in der Krise kommt dem Vertrieb eine Schlüsselrolle zu. Die wichtigste Aufgabe besteht darin, die persönliche Nähe zu den Top-Kunden aufrechtzuerhalten bzw. zu schaffen. Hier ist insbesondere das Top-Management gefordert. Neben einem Preisverteidigungssystem kommt der Mengenverteidigung eine zentrale Bedeutung zu. Die Incentives des Vertriebes müssen an die neuen Preis- und Mengenziele angepasst werden.

In Krisenzeiten steht die Effizienz des Vertriebes sehr viel stärker auf dem Prüfstand als in der Boom-Phase. Über ein internes Vertriebs-Benchmarking kann z.B. die Vertriebsproduktivität nachhaltig gesteigert werden. So realisierte bei einem Hersteller von Elektroartikeln die Vertriebsregion Süd mit der identischen Produktgruppe und bei vergleichbaren Marktstrukturen einen doppelt so hohen Pro-Kopf-Umsatz als die Region West. Die Ursache für den Erfolg lag darin, dass von der Vertriebsregion Süd in Eigenregie eine Fülle von Kundenbindungsaktionen durchgeführt wurden. Fast sämtliche Aktionen konnten auf die anderen Vertriebsregionen übertragen werden und führten zu einem deutlichen Anstieg der Vertriebsproduktivität.

In vielen Endkundenbranchen können die Kunden über verschiedene Kanäle erreicht werden. So ist beispielsweise im Finanzdienstleistungsbereich dieses Multi-Channel-Management zu einem der wichtigsten strategischen Felder geworden. Hier wird versucht, die eigenen Produkte in möglichst vielen Kanälen zu platzieren (Produkte zur privaten Altersvorsorge findet man mittlerweile schon in Bäckereien). Insbesondere in einer Krise sind solche Trial-and-Error-Aktivitäten im Vorfeld unter strikten Kosten-Nutzen-Aspekten zu bewerten. Häufig sind die Unternehmen gut damit beraten, die vorhandenen Ressourcen zur Intensivierung ihrer Aktivitäten in etablierten Vertriebskanälen einzusetzen, statt teure Spielereien auszuprobieren.

In gleicher Weise verspricht die Einführung oder Intensivierung des Cross Selling – wenn überhaupt – eher begrenzte Erfolgspotenziale. Notwendige Voraussetzung für ein erfolgreiches Cross Selling ist die A-priori-Bündelung von Produkten und Leistungen. Wenn diese Aufgabe ausschließlich an den Vertrieb delegiert wird, scheitern solche Cross-Selling-Vorhaben kläglich.

Insbesondere in der Krise müssen sämtliche Ressourcen des Vertriebes auf dessen Kernaufgabe konzentriert werden: profitabel verkaufen. Das Management muss dazu die folgenden wichtigen Rahmenbedingungen schaffen:

• drastische Reduktion nicht wertschöpfender Vertriebstätigkeiten und Umschichtung der Personalressourcen an die Kundenfront;

• regionaler Einsatz der Vertriebsmitarbeiter entsprechend der unausgeschöpften und gleichzeitig realisierbaren Umsatzpotenziale;

• Erstellung von Argumentationsleitfäden für die Vertriebsmitarbeiter zur Wertdurchsetzung des eigenen Angebots;

• Schnelligkeit und Flexibilität in allen Facetten des Kundenkontaktes.

Die wirklichen Stärken und Schwächen des eigenen Vertriebs werden in der Krise schonungslos offen gelegt. Operative und kurzfristig realisierbare Maßnahmen haben gegenüber strategischen und langfristigen angelegten Aktionen eindeutige Priorität.

Kommunikationspolitik

In Krisenzeiten werden die Werbeetats drastisch gesenkt. So hat sich das Werbevolumen in Deutschland im Jahr 2001 gegenüber dem Vorjahr um ca. 10 Prozent reduziert. Bestimmte Branchen – wie zum Beispiel Banken und Energieunternehmen – waren über mehrere Monate hinweg in der Fernsehwerbung praktisch nicht mehr vertreten. Diese Situation haben Unternehmen wie die Dresdner Bank oder E.ON genutzt, um sich nachhaltig zu positionieren, indem sie die Werbeintensität unvermindert hoch halten.

Hinter dieser Vorgehensweise steckt die Tatsache, dass gerade in der Krise – neben den billigen No-Name-Marken – insbesondere starke Marken Marktanteile hinzugewinnen können. Die großen Verlierer sind Marken aus dem breiten und häufig unprofilierten Mittelfeld. In der Krise muss zudem die Struktur der Werbebudgets überprüft werden. Schnell wirkende Maßnahmen, wie z.B. Promotions, sollte der Vorzug gegenüber langfristig wirkenden Werbeaktivitäten, wie z.B. Sponsoring, gegeben werden.

Inhaltlich wandelt sich das Bild während der Krise stärker in Richtung Substanz und Kundennutzen. So ist beispielsweise die Produktwerbung gegenüber der Imagewerbung der letzten Jahre wieder stärker auf dem Vormarsch.

Fazit

Die eher „weicheren" Marketing-Mix-Instrumente Vertrieb und Kommunikation bilden das Bindeglied zwischen Unternehmen und Kunde. In der Krise zählen insbesondere die auf kurzfristig realisierbare Wertschöpfung ausgerichteten Vertriebsaktivitäten und eine auf den Kundennutzen fokussierte Kommunikation.

6.6 Market Strategy in a Crisis – Part III

Michael Laker

In the first two parts of "Market Strategy in a Crisis", we discussed the operational spheres within the strategic triangle and the roles of product and price as marketing-mix instruments in times of crisis. In this third part, we will continue our discussion of marketing-mix instruments in a crisis, focusing now on sales and communication – two instruments that have interaction with customers in close view. Their utilization is connected to a utilization of financial resources, which is then subject to critical assessment for effectiveness and efficiency.

Sales Policy

Sales play a particularly key role in times of crisis. The most important task is to maintain – or create – close personal relations with top customers. This requires the initiative of top management in particular. Apart from price defense systems, volume defense systems also have a key role to play. Sales incentives must be adapted to the new price and volume objectives.

In times of crisis, sales efficiency is more closely scrutinized than in times of strong economic growth, e.g. sales productivity can be substantially increased through internal benchmarking. An electrical appliance manufacturer was able to nearly double per customer sales revenue in one southern German region in comparison to another western German region. Its success was based on a large number of actions initiated by the region in southern Germany to boost customer loyalty. Nearly all of these actions could have been applied to other sales regions, thereby increasing sales considerably.

In many end customer sectors, it is possible to reach customers through different distribution channels. In the financial services sector, for example, multi-channel management has become one of the most important strategic fields. Distribution of respective products takes place through as many sales channels as possible (private pension insurance plans are now being sold at bakeries). Especially in times of crisis, trial-and-error actions of this kind must be evaluated in advance, using strict cost/benefit criteria. Very often, companies are well advised to use resources at hand to intensify activities in established sales channels instead of trying out expensive gadgets.

For the same reason, there is limited – if any – potential for success in introducing or intensifying cross selling. The necessary prerequisite for successful cross selling is the "a priori" bundling of products and services. If this task is delegated exclusively to the sales force, it will fail miserably.

All sales resources during a crisis must be concentrated on one central task: profitable selling. To accomplish this, management must fulfill the following important prerequisites:

- a drastic reduction in non-value adding sales activities and a regrouping of personnel resources in customer services;
- regional utilization of sales staff corresponding to untapped and viable revenue potential;
- preparation of argumentation guides for the sales staff to enforce the value of a particular offer;
- speed and flexibility in all aspects of customer contact.

The true strengths and weaknesses of the particular sale will be mercilessly exposed in a crisis. Short-term and functional measures take a clear priority over those that are long-term and strategic.

Communication Policy

Advertising budgets are drastically reduced during crisis times. In 2001, the advertising volume in Germany dropped 10 percent below the previous year. Certain sectors, e.g. banks and utilities, did not advertise in television for several months. Companies like Dresdner Bank or E.ON have used this situation to improve their market position by continuing advertising with the same intensity.

The fact that strong brands – along with inexpensive no-name brands – gain ground in crisis supports this approach. The big losers turn out to be the brands from the broad and often unprofiled middle field. In a crisis, the structure of the advertising budget must also be examined. Quickly effective measures, like promotions, are preferred over communication activities with longer-term effects like sponsoring. A crisis tends to shift the focus towards substance and value for customer. In the last few years, for example, the importance of product promotion has advanced ahead of image promotion.

Conclusion

Sales and communication – the "softer" marketing-mix instruments – create the bridge between companies and customers. In particular, sales activities geared towards short-term value adding and communication focused on customer benefits are crucial in a crisis.

6.7 Der Krise trotzen: Strategische Produkt-gestaltung

Dirk Schmidt-Gallas

In Krisenzeiten neigen Unternehmen dazu, das konjunkturelle Umfeld für ihre Misserfolge verantwortlich zu machen. Dennoch gibt es eine Reihe von Anbietern, die auch in der Krise beeindruckende Erfolge erzielen. Was sie auszeichnet, ist die bedingungslose Fokussierung auf ihren Wettbewerbsvorteil. Nur wenn das Produkt strikt auf diesen Vorteil ausgerichtet wird, lässt sich der Krise trotzen. Diese Erkenntnis zwingt Unternehmen zum Handeln. Niemand ist Krisen hilflos ausgeliefert.

Die Zeiten sind hart. Geringes Wachstum, Arbeitslosigkeit, Käuferstreik und Investmentverzicht sind nur einige der Stichwörter, die immer häufiger die Runde machen. Fast könnte man den Eindruck gewinnen, als kämen die täglichen Hiobsbotschaften nicht immer ungelegen, dienen sie doch allzu oft als bequeme Erklärung für die Misserfolge vieler Unternehmen. Wie steht es aber wirklich um die deutsche Wirtschaft? Ist das derzeitige konjunkturelle Umfeld tatsächlich so bedrückend, dass es keinen Raum für Erfolge lässt? Die Antwort ist eindeutig: Nein.

So realisierte der Discounter Aldi in 2002 eine Umsatzrendite, die um den Faktor sechs bis acht über dem Durchschnitt der Branche liegt – bei zweistelligen Raten des Umsatzwachstums. Die irische Airline Ryanair, die seit 1997 die europäische Luftfahrtindustrie umkrempelt, hat ihr Nachsteuerergebnis 2001 um 44 Prozent gesteigert und mit diesem Rekordgewinn viele Analysten überrascht. Auch für die Zukunft will das Unternehmen nicht in die oft zu hörenden Klagelieder einstimmen: Ryanair erwartet zukünftig weiteres Gewinnwachstum. Die Ausrichtung auf das Geschäft mit „kleinen Preisen" kann diese Erfolge allein nicht erklären. So hat Porsche den Gewinn vor Steuern im Geschäftsjahr 2002 um 40 Prozent nach oben schnellen lassen.

Was also unterscheidet diese erfolgreichen Unternehmen von denjenigen, die sich der Krisensituation scheinbar nicht entziehen können? Wieder ist die Antwort eindeutig: ihr scharfes Profil. „Der Kern von Strategie besteht darin, für das Unternehmen zu definieren, wie es einzigartig sein und einen besonderen Wertemix liefern kann. Strategie heißt, jede Aktivität so auszurichten und ein Angebot zu schaffen, das nicht einfach von Wettbewerbern imitiert werden kann." So hat es Michael Porter, einer der führenden Strategie-Vordenker unserer Zeit und Professor an der Harvard Business School, formuliert.

Aldi ist nicht allein deswegen erfolgreich, weil es dort billige Produkte gibt. Aldi ist seinen Wettbewerbern überlegen, weil die Qualität der Produkte als zufriedenstellend wahrgenommen wird. Eine akzeptable Qualität gilt als Grundvoraussetzung für den Erfolg im Lebensmittelmarkt, auf Hersteller- wie auf Handelsseite. Wettbewerbsvorteile will Aldi bei der Qualität seiner Waren jedoch bewusst nicht erzielen. Hier kommt der Preis ins Spiel. Kunden messen dem Preis erhebliche Bedeutung bei ihrer Kaufentscheidung im Lebensmittelmarkt bei. Hier wird der Wettbewerb ausgetragen. Exzellente Prozesse, die rigoros auf Kostenminimierung zielen, erlauben es Aldi, Value-to-Customer durch niedrige Preise zu bieten und zugleich weit überdurchschnittliche Gewinne zu erzielen.

Airlines müssen sich zusehends der Frage stellen: Wird durch laufende Verbesserungen einiger Randbereiche des Dienstleistungsangebots substanzieller Value-to-Customer und Wert für das Unternehmen gleichermaßen geschaffen, oder sind die Grenzerträge zusätzlicher Aufwendungen verschwindend? Ryanair hat diese Frage im Markt für Privatreisen eindeutig beantwortet. Kunden sind durchaus bereit, auf einiges an Sitzkomfort und Mahlzeiten an Bord zu verzichten. Im Gegenzug erhält der Kunde „Fliegen zum Taxipreis", wie es ein Wettbewerber nennt. Auch bei Ryanair sind beispielhafte Prozesse dafür verantwortlich, dass trotz der niedrigen Preise Gewinne erzielt werden können. Das Ausweichen auf Nebenflughäfen wie auch die extrem kurzen Turn-around-Zeiten der Maschinen schaffen erhebliche Kostenvorteile gegenüber den klassisch aufgestellten Anbietern.

„Porsche ist Faszination." Mit diesem Selbstverständnis, Fahrzeuge zu verkaufen, die nicht nur von hervorragender technischer Qualität sind, sondern die Lebenseinstellung ihrer Besitzer widerspiegeln und ihnen Geltungsnutzen verschaffen, erringt dieser Anbieter hochwertiger Fahrzeuge Wettbewerbsvorteile trotz – und zu einem guten Teil auch wegen – seiner hohen Preise. Es ist der emotionale Zusatznutzen aus dem Besitz eines solchen Fahrzeugs und erst in zweiter Linie dessen technische Qualität, die Porsche seine Erfolge bescheren.

Noch vor einiger Zeit schien es zu genügen, der Zweitbeste zu sein. Die Märkte wuchsen in einem solchen Ausmaß, dass das Wichtigste in Vergessenheit zu geraten schien: der dauerhafte und für den Kunden relevante Vorteil gegenüber dem Wettbewerb. In stagnierenden oder schrumpfenden Märkten entscheidet aber gerade dieser Wettbewerbsvorteil wieder über Erfolg oder Misserfolg von Unternehmen. Der Selektionsdruck des Marktes, die Auslese unzureichend aufgestellter Unternehmen, nimmt zu.

Was gilt es also zu tun, um der Krise zu trotzen? Die Strategie entscheidet. Nur ein klar profiliertes Angebot, das sich entweder auf günstige Preise oder überlegene Leistung stützt, kann den dringend benötigten Erfolg bescheren. Zu ergreifen sind die im Folgenden aufgeführten Maßnahmen.

Das Produkt im Hinblick auf den Wettbewerbsvorteil schärfen

Kunden haben vier Arten von Anforderungen an Produkte. Basisanforderungen an ein Produkt führen bei Nichterfüllung durch den Anbieter zu eklatanter Unzufriedenheit des Kunden. Wird das angestrebte Leistungsniveau jedoch übererfüllt, stellt sich keine zusätzliche Zufriedenheit ein; Wettbewerbsvorteile lassen sich so nicht erzielen. Bei den so genannten Leistungsanforderungen hingegen schlagen sich Mehr- und Minderleistung im Vergleich zum Wettbewerb gleichermaßen im Urteil des Kunden nieder. Die Differenzierung vom Wettbewerb über herausragende Leistung gelingt jedoch am besten durch Begeisterungsanforderungen. Sind diese erfüllt, lassen sich deutliche Wettbewerbsvorteile erzielen. Werden sie jedoch nicht berücksichtigt, bedeutet dies nicht zwangsläufig einen Wettbewerbsnachteil. Entscheidend für den Erfolg ist die Selektion der strategierelevanten Treiber des Value-to-Customer. Preis- und Kostenführer werden sich auf die Erfüllung von Basisanforderungen im Sinne eines „Gerade-gut-genug"-Urteils beschränken. Leistungsführer hingegen werden sich auf einzelne Begeisterungsanforderungen konzentrieren und hier überragend sein.

So zielen Aldi und Ryanair darauf ab, die Mindestanforderungen ihrer Kunden zu erfüllen. Über dieses Niveau hinaus streben sie jedoch nicht nach Überlegenheit. Ihre Wettbewerbsvorteile erzielen sie über den Preis. Hier sind sie unschlagbar. Begeisterungsanforderungen sparen sie bewusst aus und vermeiden so unnötige Kosten. Porsche aber geht einen anderen Weg: Die Basis- wie auch die Leistungsanforderungen der Kunden werden erfüllt. Die Differenzierung findet über die Begeisterungsanforderung des emotionalen Zusatznutzens statt.

Alle Aktivitäten auf den Wettbewerbsvorteil ausrichten

Strategie heißt nicht zuletzt Verzicht. Indem sich etwa Aldi und Ryanair voll auf den Wettbewerbsvorteil unschlagbarer Preise bei akzeptabler Leistung konzentrieren, verzichten sie bewusst auf Kunden, die ein umfassenderes oder qualitativ höherwertiges Produkt wünschen. Selbst wenn Ryanair wollte, den vielfliegenden Geschäftsreisenden, der sich mit Nebenflughäfen nicht begnügen will, könnte sie nicht bedienen. Zu stark ist das Angebot auf Discount-Flüge ausgerichtet. Zugleich bietet dies aber einen wirksamen Schutz vor den Wettbewerbern. Airlines, die sich des traditionellen Geschäftsmodells bedienen, sind zwar in der Lage, den besagten Geschäftsreisenden zufriedenzustellen, der Markt für Discount-Flüge bleibt ihnen jedoch auf Grund kostenstruktureller Nachteile verwehrt. Ob sich die neueren Wettbewerber am Himmel für Billigflüge etablieren können, bleibt abzuwarten.

Strategisch nicht relevante Elemente radikal streichen

Als Reaktion auf die derzeitige Situation werden nicht selten massive Kostensenkungsprogramme angeschoben – und das ist auch gut so. Allerdings ist hierbei oft undifferenzierter Kahlschlag zu beobachten, der nicht nur zu Einschnitten bei übermäßigen Overheads, dem „Speckgürtel" aus besseren Zeiten, führt. Vielmehr sind oft Aktivitäten betroffen, die für das Erreichen des Wettbewerbsvorteils essenziell sind. Viel versprechend ist hingegen die konsequente Reduktion bei allem, was nicht dem Ausbau des Wettbewerbsvorteils dient. So werden nicht selten Ressourcen frei, die den Weg aus der Krise beschleunigen.

6.7　Defying the Crisis: Strategic Product Design

Dirk Schmidt-Gallas

In times of crisis, companies tend to blame the dismal economic situation as the culprit for their misfortunes. Yet there are a number of companies which defy the crisis and achieve impressive results. What sets them apart is an unwavering focus on their competitive advantage. The product must be designed around this advantage if the crisis is to be overcome. This fact coerces companies to act. No one is helpless against a crisis.

Times are rough. Meager growth, unemployment, consumer strikes and low investments are only a few of the words circulating these days. It almost seems that, while there may be truth to the bad news, these reports have certainly offered an easy explanation for the misfortunes of many companies. But what is the real status of the German economy? Is the current economic environment really so dismal that success is unattainable? The answer is a resounding "no".

The discount retailer Aldi corroborated this answer in 2002 by achieving a profit margin which was six to eight times above the industry average – a two figure revenue growth rate. The Irish airline Ryanair, which has been shaking up the European airline industry since 1997, increased its net profits for 2001 by 44 percent – a record which surprised many analysts. And Ryanair has no plans to stop there: the airline expects more profit growth in the future. The orientation on "low prices" cannot be the sole explanation for their success. Porsche, for example, managed to skyrocket its gross profits in the 2002 fiscal year by 40 percent.

So what differentiates these successful companies from those which obviously cannot escape the crisis situation? Once again, the answer is clear: a sharp profile. "The essence of strategy is defining how a company is unique and how it will deliver a distinctive mix of value. Strategy is about aligning every activity to create an offering that cannot easily be emulated by competitors," as Michael Porter, one of the leading strategic thinkers of our time and professor at the Harvard Business School, formulates.

Aldi's success cannot be attributed exclusively to their low-cost products. Aldi is superior to competition because its products are perceived as satisfactory. Acceptable quality is the fundamental requirement for success in the food retailing business, on both the manufacturer's and the retailer's side. Nevertheless, Aldi deliberately does not aim for competitive advantages through the quality of their goods. This is where the price factor jumps in. Customers attach immense importance to prices when buying food. And this is where the competition is knocked out. Highly efficient processes which rigorously aim to minimize costs enable Aldi to offer value-to-customer through low prices while simultaneously achieving far above-average profits.

Airlines must repeatedly ask themselves: Are constant improvements in various marginal areas of the service spectrum simultaneously creating substantial value-to-customer and value for the company? Or are the returns of surplus expenditures vanishing? Ryanair has already answered this question in the market for private travel. Customers have shown that they are quite prepared to forego seat comfort and meals on board. In return, they get to "fly for the price of a taxi", as one competitor has described it. Efficient processes at Ryanair are likewise responsible for its ability to achieve profits, despite low prices. By operating out of smaller airports and achieving extremely short turn-around times, they have created enormous cost advantages over the classic airlines.

"Porsche is fascination." With this self-image, Porsche successfully sells cars which offer not only excellent quality, but they also reflect the lifestyle of the owner and deliver prestige. Despite – and partly because of – its high prices, Porsche has attained highly valuable competitive advantages. It is primarily the emotional additional value of owning such a car, complemented by its technical performance, which makes Porsche so successful.

For a time, being second best seemed to be enough. The markets grew to such an extent that the most important thing was forgotten: continuous and customer-relevant advantages over the competition. In stagnating or shrinking markets, it is this competitive advantage which determines whether a company will sink or swim. The market pressure to sort out poorly positioned companies is increasing.

What can be done then to defy the crisis? The strategy is crucial. Only a clearly profiled offering based on either low prices or superior performance can stimulate the desperately needed success. The following measures must be taken.

Sharpen the Product's Competitive Advantages

Customers have four types of requirements of their products. When the "basic" requirements of a product are not fulfilled by the vendor, this can lead to blatant customer dissatisfaction. Yet even if the target performance level is surpassed, the satisfaction does not increase. Competitive advantages cannot be achieved this way. With the so-called "rival" requirements, however, increased and decreased performance in comparison to the competition is reflected in the judgement of the customer. Differentiation from the competition through outstanding performance is most effective with so-called "out-performer" requirements. If these are fulfilled, clear competitive advantages can be achieved. If these requirements are neglected, it does not necessarily equate to competitive disadvantages. The selection of strategically-relevant drivers of value-to-customer is decisive here. Price and cost leaders will concern themselves only with fulfilling basic requirements along the line of "just good enough". In contrast, performance leaders will concentrate on the individual out-performer requirements and fulfill them on a higher level.

In the framework of this concept, Aldi and Ryanair aim to fulfill the minimum requirements of their customers. Yet beyond this level, they do not strive for superiority. Their competitive advantages are attained through their low price, making them unbeatable. By consciously omitting out-performer requirements, they also avoid unnecessary costs. Porsche takes another route. The basic as well as the rival requirements of the customer are fulfilled. The fulfillment of out-performer requirements, i.e. the emotional additional value, puts Porsche ahead of the competition.

Orientate All Activities Around the Competitive Advantage

Last but not least, strategy means being selective. By concentrating fully on the competitive advantage of unbeatable prices with acceptable service, Ryanair and Aldi intentionally forego the customers who desire a more comprehensive or higher value product. Even if Ryanair wanted to satisfy those frequent business travelers wishing to fly out of major airports, they could not do it. Ryanair's offerings are too closely aligned with discount flights. At the same time, this also protects the airline from competition. Airlines operating under the traditional business model are capable of satisfying these business travelers. Yet because of the structural cost disadvantages, they stay out of the market for discount flights. Whether or not the new German discount airlines can establish themselves as bargain fliers remains to be seen.

Getting Rid of Irrelevant Elements

In reaction to the current situation, it is not uncommon that major cost cutting programs are being implemented – that's a given. The problem, however, is that undifferentiated cost cuts do not only lead to the slashing of excessive overheads – the luxuries of better times. They more often affect the activities which are essential for attaining competitive advantages. The consistent downsizing of everything which does not contribute to the building of competitive advantages is a much more promising strategy. In pursuing this path, resources will be freed up to help companies find a quicker way out of the crisis.

VII

Strategie und Outsourcing
Strategy and Outsourcing

7.1 Value Chain Management – Teil I: Outsourcing

Uli Fell

Outsourcing ist in den letzten Jahren ein dominierender Trend bei der Umorganisation von Wertschöpfungsketten. Grundlage von Outsourcing-Entscheidungen sollte jedoch nicht allein eine kostengetriebene Auslagerung von Teilen der Wertschöpfung sein. Erforderlich ist stattdessen eine Analyse von Wettbewerbsvorteilen auf jeder einzelnen Prozessstufe. Erfolgreiche Unternehmen behalten trotz Outsourcing die Kontrolle über die gesamte Wertschöpfungskette. Dies gelingt in besonderem Maße Unternehmen mit starken Marken.

Im vergangenen Jahrhundert dominierten Konzerne, die auf nahezu allen Wertschöpfungsstufen operierten. Forschung und Entwicklung, mehrere Produktionsstufen, das Marketing und oft auch der Vertrieb lagen in einer Hand. Lange expandierten die Unternehmen in alle vor- und nachgelagerten Bereiche, die technisch machbar waren. In den letzten zehn bis fünfzehn Jahren wandelte sich das Bild jedoch drastisch. „Outsourcing"-Strategien bestimmten die Planung von Unternehmensstrukturen, meist in Folge der Forderung der Kapitalgeber nach höherer Rentabilität. Auch die Verbreitung neuer Informationstechnologien schien diesen Prozess auf Grund reduzierter Transaktionskosten zu beschleunigen. Virtuelle Marktplätze, so wurde erwartet, könnten unternehmensinterne Transaktionen zunehmend ersetzen. Die Wertschöpfungskette wurde zerlegt.

Doch die Veränderung ist weniger dramatisch ausgefallen als ursprünglich angenommen. Die Zahl der Fälle, bei denen unternehmensinterne Prozesse vollständig veräußert und als eigenständige Firmen auf freie Märkte ausgelagert wurden, ist nicht sehr groß. Kein Unternehmen verliert freiwillig die Kontrolle über die Wertschöpfung. Vielmehr sind „quasi-integrative" Modelle an die Stelle von ehemals unternehmensinternen Transaktionen getreten: Langfristige Lieferverträge, Kooperationen und strategische Allianzen bestimmen verstärkt die Organisation von Wertschöpfungsketten.

Zahlreiche Unternehmen erkennen, dass Wettbewerbsvorteile selten auf allen Wertschöpfungsstufen existieren. Prominente Beispiele finden sich aktuell in der Hightech-Branche: Die Wettbewerbsvorteile bestehen hier in innovativer Produktentwicklung und überlegenem Marketing. Die Produktion jedoch wird verstärkt von Electronic Contract Manufacturers (ECM) übernommen. Flextronics, Sanmina, Celestica und Solectron bilden die Spitzengruppe dieser „No-Name-Branche", mit atemberaubenden Jahrsumsätzen von jeweils über 10 Milliarden US$. Ericsson, Nokia, Siemens und Sony lassen hier große Teile ihrer Produktion herstellen. Casio hat jüngst zwei Werke an Flextronics veräußert und lässt nun auf vertraglicher Basis produzieren. Auch Microsoft bedient sich der Dienste der modernen Lohnfertiger, anstatt sich durch die Eigenproduktion der Xbox auf unbekanntes Terrain zu wagen. Und auf nachgelagerten Wertschöpfungsstufen vertraut Microsoft etwa auf die Dienste der Bertelsmann-Arvato AG, die in Deutschland neben der Lagerung und dem Vertrieb auch Finanzdienstleistungen und die Kundenbetreuung für die Xbox übernimmt. Ähnliche Outsourcing-Beispiele finden sich in vielen Branchen. Die Automobilindustrie war mit der Auslagerung der Bauteilherstellung auf Zulieferer eine der ersten. Auch Adidas oder Nike lassen auf der Basis langfristiger Verträge auswärtig fertigen, vor allem in Asien.

Festzuhalten ist: Outsourcing besteht in der Besinnung auf Wettbewerbsvorteile. Eine ausschließlich kostengetriebene Aufsplittung des Unternehmens zerstört oft Werte, statt Werte zu schaffen. Beim Outsourcing können sich die ausgliedernden Unternehmen jedoch nicht leisten, die Kontrolle über weite Teile der Wertschöpfungskette zu verlieren – nicht umsonst verbleiben Entwicklung und Marketing bei den genannten Beispielen in der Hand der Konzerne. An die Stelle von ehemals vertikal integrierten Firmen müssen somit Unternehmen treten, die in der Lage sind, das Zusammenspiel rechtlich unabhängiger Wertschöpfungsstufen zu „orchestrieren".

Welchen Firmen gelingt dieses aber am besten? Es sind fraglos die Unternehmen mit führenden Marken. Die starke Nachfrage nach Markenprodukten garantiert ihnen ein hohes Transaktionsvolumen. Außerdem besitzen diese Unternehmen eine Reputation, die sie als Kunde oder Zulieferer nahezu unentbehrlich macht. Folglich kann ein starker Einfluss auf die gesamte Wertschöpfung ausgeübt werden. Markenhersteller sind also diejenigen, die Value Chain Management auch über die eigenen Unternehmensgrenzen hinweg betreiben können.

Firmen, die in geringerem Maße über den komparativen Vorteil stark etablierter Marken verfügen, sind vor die Aufgabe gestellt, alle Prozessstufen, auf denen sie tätig sind, sorgfältig zu prüfen. Nur Wertschöpfungsstufen, auf denen nachhaltige Wettbewerbsvorteile bestehen, lassen sich langfristig sinnvoll erhalten. Bei der Outsourcing-Entscheidung muss jedoch die Gefahr berücksichtigt werden, nach der Auslagerung den optimalen Zugang zu Input- oder Outputmärkten zu verlieren und zum Spielball von Zulieferern, Abnehmern oder direkten Konkurrenten zu werden. Riskant ist eine allzu starke Orientierung der Strategiewahl an Branchentrends. Auch in Industrien, die sich aus Unternehmen mit weitestgehend gleicher Produktionstiefe zusammensetzen, erfordern Internationalisierung der Märkte, technische Innovationen und sich ändernde Markstrukturen einen regelmäßigen internen „Value-Chain-Check" des Unternehmens.

7.1 Value Chain Management – Part I: Outsourcing

Uli Fell

In recent years outsourcing has become a dominant trend in the reorganization of value chains. Yet an outsourcing strategy should not be chosen with only the cost aspects in mind. Instead, the choice should be based on an analysis of competitive advantages on each activity level. Successful companies maintain control over the entire value chain, even while they are outsourcing. This proves to be particularly true for companies with strong brands.

The past century has been dominated by corporations that operated on virtually all value chain levels. Research and development, multiple production levels, marketing and often sales were under central control. The companies eventually expanded into all technically feasible downstream and upstream sectors. This situation changed significantly in the last 10–15 years. Outsourcing strategies determined the design of corporate structures, mainly as a result of the investors' demand for higher profitability. Reduced transaction costs due to new information technology also accelerated this process. It was expected that virtual marketplaces could increasingly replace intra-corporate transactions. The value chain was broken apart.

But the changes were less dramatic than originally expected. The number of cases in which internal business processes were spun off onto the market and thus outsourced as independent firms is not very large. No company voluntarily loses control over its value chain. Quasi-integrative models frequently replaced business transactions previously handled internally: long-term delivery contracts, cooperations and strategic alliances increasingly determine the organization of the value chain.

Many companies realize that competitive advantages rarely exist on all levels of the value chain. Prominent examples of this are found in the high-tech industry: the competitive advantages stem from innovative product development and superior marketing. Production is increasingly being outsourced to electronic contract manufacturers (ECM). Flextronics, Sanmina, Celestica and Solectron comprise the top group of this hardly known industry, each with annual sales of over 10 billion US$.

These companies manufacture large parts of the electronic components that Ericsson, Nokia, Siemens and Sony use in their products. Casio recently sold two factories to Flextronics and has them produce on a contractual basis. To avoid treading on unfamiliar territory, Microsoft employs the services of a contract manufacturer for their Xbox. In the downstream levels of the value chain, Microsoft also relies on the services of Bertelsmann-Arvato AG, which handles the financial services, customer care, distribution and storage for the Xbox.

Similar examples of outsourcing are found in many industries. The automobile industry was one of the first to outsource component manufacturing to subcontractors. Adidas or Nike also employ contractual manufacturers on a long-term basis overseas, primarily in Asia.

Outsourcing requires consideration of competitive advantages. Splitting up a company only for cost reasons often destroys value instead of creating it. Yet companies which outsource cannot afford to lose control over vital segments of the value chain – a good reason why the aforementioned corporations have kept product development and marketing under their direct control. Companies which were once vertically integrated must now 'orchestrate' the interactions of legally independent players at the different value chain levels.

But which companies are most successful? Without a doubt, it is those with leading brands. Above all, the strong demand for branded products guarantees a high transaction volume. In addition, these companies have a strong reputation which makes them indispensable for both customers and suppliers. Consequently, the brand reputation has a strong influence on the entire value chain. Owners of strong brands are therefore in the position to run their value chain management beyond their own corporate boundaries.

Companies which do not have the advantage of strong, established brands are faced with the challenge of carefully examining all activity levels in which they operate. Only value chain levels on which a company has lasting competitive advantages should be retained for the long-term. But certain risks must be taken into account when deciding to outsource: optimal access to input or output markets could be lost and subsequently fall under the control of suppliers, customers, or even competitors. Choosing a strategy which focuses on industry trends is far too risky. Even in industries comprised of companies with identical vertical structures, the globalization of markets, technical innovations and changing market structures make it necessary that companies regularly conduct an internal value chain check.

7.2 Value Chain Management – Teil II: Vertikale Integration

Uli Fell

Bei Entscheidungen zu vertikaler Integration ist die Analyse möglicher Kosteneinsparungen unabdingbar, aber nicht ausreichend. Darüber hinaus sollten Unternehmen prüfen, ob die Profitabilität durch Expansion in ertragreichere Stufen zu steigern ist und ob sie die Kontrolle auf zusätzliche essenzielle Wertschöpfungsstufen ausweiten müssen. Die Strategie vertikaler Integration darf nicht allein der Ausweitung der Unternehmensgröße oder des Umsatzes dienen. Sie ist letztlich nur dann zu rechtfertigen, wenn durch sie eine Stärkung von Wettbewerbsvorteilen möglich ist.

Die Zahl der Unternehmen, die ihre Geschäftstätigkeit auf vor- oder nachgelagerte Stufen ausweiten, also vertikal integrieren, geht seit Beginn der neunziger Jahre deutlich zurück. Dies ist angesichts der starken Outsourcing-Tendenzen nicht erstaunlich. Trotzdem bleibt die vertikale Integration ein wichtiges strategisches Instrument zur Steigerung des Unternehmenserfolges, sei es durch die Fusion mit einer bereits existierenden Firma oder durch den Aufbau eigener Unternehmensteile. Drei der wichtigsten Argumente für vertikale Integration werden im Folgenden skizziert: Erhöhung der Effizienz, Expansion auf profitablere Wertschöpfungsstufen sowie Kontrolle essenzieller Wertschöpfungsstufen.

Effizienzerhöhung

Die Schnittstellen einzelner Wertschöpfungsstufen, die Transaktionen, sind zentrales Element von Effizienzüberlegungen in der Wertschöpfung. Transaktionen finden etwa zwischen jeder einzelnen Verarbeitungsstufe oder zwischen Produktion und Vertrieb statt. Daran anknüpfend ist die für vertikale Integration entscheidende Grundüberlegung so einfach wie einleuchtend: Sind die Kosten der Abwicklung von Transaktionen über den Markt größer als unter dem Dach eines Unternehmens, ist eine Ausweitung der Aktivität auf die entsprechende Wertschöpfungsstufe angezeigt. Die Kunst besteht darin, abzuschätzen, welche Kosten bei unternehmensinterner Abwicklung anfallen. Die physischen Produktionskosten sind dabei nur ein Faktor unter vielen. Ein wichtiger Faktor sind die Informationskosten: Innerhalb von Firmen können Informationen oft einfacher und schneller ausgetauscht werden. Hieraus entstehen wiederum bedeutende Einsparungen (economies of scope). Demgegenüber steigen die Organisationskosten bei wachsender Unternehmensgröße ab einem gewissen Punkt. Arbeitsabläufe und interne Warenströme müssen koordiniert werden. Gerade bei großen Konzernen wird diese interne Abstimmung zunehmend bürokratisiert, die internen Reibungsverluste sind enorm.

Wenn Zulieferer oder Kunden über Anbieter- bzw. Nachfragemacht verfügen, funktionieren die jeweiligen Märkte nicht mehr effizient. Vertikale Integration ist eine Strategie, um dieser Macht nicht länger ohne Alternative ausgeliefert zu sein und somit die Effizienz der Wertschöpfungskette zu steigern. Auch Ineffizienzen, die auf Risiken (zum Beispiel von Preisschwankungen) beruhen, lassen sich durch vertikale Integration internalisieren. Ein Beispiel ist die Aluminiumindustrie, in der vertikal integrierte Konzerne dominieren. Nur sie können langfristige Verträge mit Preisgarantien, wie sie etwa die Automobilindustrie verlangt, anbieten.

Expansion auf profitablere Wertschöpfungsstufen

Sehr populär ist die Strategie, in Wertschöpfungsstufen mit höheren Margen zu expandieren. Ohne dort über zusätzliche Wettbewerbsvorteile zu verfügen, ist dies allerdings ein gefährlicher Schritt. Das Beispiel eines Chemie-Unternehmens untermauert dies. Als Reaktion auf dessen Vorwärtsintegration in eine lukrativere Wertschöpfungsstufe zog die Konkurrenz unmittelbar nach. In der Folge erodierten die Preise auch auf dieser Stufe, und die Umsatzrentabilität ging zurück.

Demgegenüber konnte ein Produzent eines Commodity-Grundstoffs für die Textilindustrie, bei dem nur unbefriedigende Margen zu erwirtschaften sind, durch gezielte Ausweitung auf eine weitere Fertigungsstufe die Profitabilität deutlich steigern. Erstens gelang es hier, das Produkt durch technische Neuerungen sowie logistischen und technischen Service gegenüber der Konkurrenz zu differenzieren. Zweitens wurde auf dieser Stufe ein weitaus größerer Marktanteil als auf der Commodity-Stufe erreicht, sodass auf Preiswettbewerb gelassener reagiert werden konnte. Drittens ließen sich auf der neuen Wertschöpfungsstufe

Preise international und auch kundenspezifisch besser differenzieren. Gerade diese Möglichkeit zur Preisdifferenzierung ermöglicht in vielen Branchen eine Erhöhung der Gewinne. Vertikale Vorwärtsintegration erleichtert die optimale Ausschöpfung der Zahlungsbereitschaften durch Preisdifferenzierung, da mittels der Vorwärtsintegration ein andernfalls stattfindender Arbitragehandel ausgeschaltet wird.

Kontrolle essenzieller Wertschöpfungsstufen

Ein amerikanischer Marken-Hersteller von Unterhaltungselektronik übernahm jüngst den europäischen Vertrieb seiner Produkte, der bislang über unabhängige nationale Distributoren abgewickelt wurde. Ziel der Maßnahme war es, verstärkt Einfluss auf das Marketing und vor allem die Preispolitik zu nehmen. Dadurch gelang es, das Preisniveau zu harmonisieren und einer Gefährdung des Markenimages entgegenzuwirken. Auch in der Stromindustrie ist vertikale Integration ein wichtiges Thema: Verbundkonzerne wie RWE oder E.ON haben durch Übernahmen und Beteiligungen an Stadtwerken ihre Kontrolle über die Vertriebsstufe erhöht. Dies geschah mit dem Ziel, die Wettbewerbsposition – auch gegenüber internationaler Konkurrenz – zu stärken. Unternehmen anderer Netzindustrien wie der Telekommunikation verfolgen ähnliche Strategien. Vertikale Integration ermöglicht es also Unternehmen, Kontrolle über essenzielle Wertschöpfungsstufen zu erlangen und somit die Wettbewerbsposition zu verbessern.

7.2 Value Chain Management – Part II: Vertical Integration

Uli Fell

The analysis of possible cost saving measures is a necessary step towards deciding whether a vertical integration strategy makes sense. But such an analysis is not enough. Companies should also examine if they can increase profitability through expansion into higher value added levels and if they should expand their control into other essential segments of the value chain. A vertical integration strategy should not be used for the sole purpose of expanding the company's size or raising revenues. Ultimately, only the strengthening of competitive advantages can justify vertical integration.

The number of companies which expand their business operations into upstream and downstream levels, i.e. engage in vertical integration, has clearly decreased since the early nineties. This is not surprising considering the strong outsourcing tendencies observed in the market. Nevertheless, vertical integration has remained an important strategic instrument for stimulating a company's success, be it in mergers or through internal growth. Three of the strongest arguments for vertical integration are discussed in this article: improved efficiency, expansion into more profitable segments of the value chain and control over essential value chain levels.

Improved Efficiency

The interfaces of individual value chain segments, or transactions, determine to a large degree how efficient value chains are. Transactions take place between all processing levels or between production and sales. The main consideration for vertical integration is simple: if the costs of transactions executed on the market are higher than those executed internally, then an expansion of activity into the respective segments of the value chain is advantageous. The key is to assess which costs incur in internal processing; physical production costs are only one of many factors involved. Information costs are a critical factor: within the firm, the exchange of information is simpler, faster and safer, resulting again in vital cost reductions (economies of scope). In contrast, organization costs start to increase disproportionately with increasing company size. Work routines and internal product flows demand more and more coordination efforts. Particularly in large corporations, this internal coordination is bureaucratic, and as a consequence frictional losses are substantial.

If suppliers or customers have considerable market or bargaining power, the respective markets cease to function efficiently. Vertical integration as a strategy provides a company with an alternative to overcome this disadvantage, thus improving efficiency across the value chain. Inefficiencies owing to certain market risks (e.g. to price fluctuations) can likewise be internalized through vertical integration. For this reason, the aluminum industry is dominated by vertically integrated corporations. Only they can offer long-term contracts with price guarantees, similar to what the automobile industry requires.

Expansion into more profitable value chain segments

Expansion into higher margin value chain segments is a popular strategy. Yet this can be a dangerous step to take if a company does not possess sufficient competitive advantages. A chemical company exemplifies this: in response to their forward integration into a more profitable segment of the value chain, the competition immediately followed suit. The prices at this level promptly eroded and the return on sales dropped.

Yet there are more promising examples: a primary commodity producer for the textile industry, generating only unsatisfactory margins, was able to significantly increase profitability through targeted expansion into an additional manufacturing level. First, forward integration enabled the manufacturer to differentiate its product from its competitors' offerings through technological innovation and logistic and technical services. Second, in comparison to the commodity segment, a far larger market share was achieved at the new segment of the value chain.

This allowed the manufacturer to react with greater ease to price competition. Third, in the new value segment, prices could be differentiated according to countries and customers. Such a price differentiation option generates a profit increase in many industries. Vertical forward integration inhibits arbitrage trading and thus facilitates the optimal extraction of the customers' willingness to pay through price differentiation.

Control over essential value segments

An American manufacturer of a consumer electronics brand recently took over the European distribution of its products. Sales were previously handled by independent national distributors. The objective of the takeover was to exert a stronger influence on marketing and, most of all, on pricing. The action successfully harmonized price levels and counteracted a nascent threat to the manufacturer's brand image. Vertical integration is also an important theme in the energy industry: large utilities like Germany's RWE or E.ON have increased their control over sales channels through acquisitions and investments in municipal utilities. They aimed to strengthen their competitive position vis-à-vis both national and international competition. Companies of other network industries (e.g. telecommunication) pursue similar strategies. Vertical integration thus enables companies to gain control over essential segments of the value chain and improve their competitive position.

7.3 Vom Lieferanten zum strategischen Entwicklungspartner: Die Evolution der großen Automobilzulieferer

Siegfried Wolf

Die Automobilindustrie befindet sich in einer Phase tief greifenden Wandels. In jedem der zurückliegenden Jahrzehnte der Automobil- und Industriegeschichte hatte diese Aussage Geltung. Derzeit erleben wir eine substanzielle Neuverteilung von Rollen, Aufgaben und Kompetenzen im Verhältnis zwischen Automobilherstellern und Zulieferern. Aus „einfachen" Lieferanten werden Entwicklungs- und Wertschöpfungspartner, die Verantwortung übernehmen, die weit über die bisher gepflegten Kunden-Lieferanten-Beziehungen hinausgeht. Zulieferer wie Magna Steyr passen ihre Strategie dieser Entwicklung an.

Nie zuvor boten sich dem Autokäufer derartig viele verschiedene Fahrzeugsegmente. Auch spezielle Kundenwünsche werden mit Serienfahrzeugen erfüllt. Die großen Hersteller belegen heute fast alle denkbaren Marktnischen. In Nischen, die noch vor wenigen Jahren lediglich kleineren Spezialitätenherstellern vorbehalten waren, gibt es heute jeweils mehrere Konkurrenzangebote. Diese Produktdiversifikation erzeugt einerseits einen immensen Verdrängungswettbewerb in jedem Segment. Andererseits reichen die vorhandenen Entwicklungskapazitäten der Fahrzeughersteller immer weniger aus. Und immer kürzere Lebenszyklen neuer Modellvarianten erfordern zusätzliche Entwicklungsressourcen.

Aus diesen Gründen beauftragen die Automobilkonzerne zunehmend externe Partner mit Aufträgen für große Module oder sogar komplette Nischenfahrzeuge. Bei Magna Steyr, dem weltgrößten Automobilhersteller ohne eigene Marke rollen mittlerweile fünf Modelle verschiedener Hersteller vom Band. Am Ende dieses Trends sehen Experten die Fokussierung der Hersteller auf wenige Kernkompetenzen wie Branding, Design, Vertrieb und erweiterte Serviceleistungen.

Von den Zulieferern, vor allem von jenen der ersten Ebene, verlangen die Automobilhersteller aber nicht nur die Lieferung der übertragenen

Umfänge nach spezifizierten Konditionen. Entwicklungsleistungen der Zulieferer, von der Konzeptphase bis zum Serienanlauf, zählen inzwischen ebenso zum Standard wie die Erwartung der Hersteller, dass sie von den Lieferanten Ideen und Produkte angeboten bekommen, die auf eigene Kosten und Risiken vorentwickelt wurden.

Das Consulting-Unternehmen Accenture hat diese Rolle der Zulieferer als Innovatoren beleuchtet. Resultat: Nicht nur 86 Prozent der Zulieferer sehen die Technologieführerschaft mittelfristig bei sich, auch 79 Prozent der Vertreter von Herstellern stimmen der These zu, dass die Entwicklung neuer Technologien schwerpunktmäßig bei den Zulieferern liegen wird.

Für Zulieferer mit hoher Engineering-Kompetenz wie Magna Steyr ist dies ein positiver Trend, der eine Vielzahl neuer Möglichkeiten eröffnet. Allerdings werden damit auch ein erheblicher Teil des Risikos und der Entwicklungskosten von den Herstellern auf die Zulieferer umgeschichtet. Es drängt sich der Eindruck auf, dass die Hersteller beim „risk sharing" schnell, beim „opportunity sharing" aber eher zögerlich agieren.

Die Übertragung von komplexen Aufgaben und Verantwortung auf die vorgelagerten Partner in der Wertschöpfungskette wirkt sich auf die strategische Ausrichtung der Zulieferer der ersten Ebene unmittelbar aus und lässt gleichzeitig einen speziellen Lieferantentypus entstehen: den Systemintegrator. Systemintegratoren erfüllen Aufgaben, die bisherige Kunden-Lieferanten-Verhältnisse weit übersteigen und alle Partner in ein völlig neues Netzwerk geschäftlicher Verflechtungen einbinden. Die Wertschöpfungsinhalte der großen Zulieferer werden um Supply Chain Management, Lieferantenmanagement, Sequencing etc. erweitert. Wir erleben die Evolution der Supplier zu Partnern der Hersteller für die gesamte Wertschöpfungskette.

Während es in den neunziger Jahren (Stichwort: Lopez-Effekt) primär um Kostensenkung und Rationalisierung ging, müssen die Supplier jetzt den Wandel zum System- und Entwicklungspartner ihrer Kunden bewältigen. Bei diesem anstrengenden und teuren Prozess werden zahlreiche Firmen auf der Strecke bleiben, allen voran die Hersteller leicht substituierbarer Massenprodukte. Die strategische Herausforderung ist klar: Auf- und Ausbau der Engineering-Kompetenzen, Entwicklung von Know-how weit über den Fertigungsbereich hinaus, Schaffung neuer Kernkompetenzen. Die Unternehmensgröße ist nur eine Determinante für die Erfolgschancen dieser Neupositionierung. Mut, Entschlossenheit, klare Strategien und Innovationskraft sind ebenso wichtig – und daran darf es nicht mangeln!

7.3 From Supplier to Strategic Development Partner: The Evolution of Major Automotive Suppliers

Siegfried Wolf

> The automotive industry is in the midst of a profound change. In past decades, this has been a common and valid statement. Currently we are experiencing a major redistribution of roles, tasks, and competencies in the relationship between automotive manufacturers and suppliers. "Simple" suppliers are transforming themselves into complex development and value partners. Suppliers bear much more responsibility now as a partner in development and in the value chain, a role which goes far beyond the usual customer-supplier relationship. Suppliers like Magna Steyr have adapted their strategies to these developments.

Automotive buyers have never before been offered such a wide range of vehicle segments. Even special customer wishes are being fulfilled with factory-built vehicles. The major manufacturers cover practically every market niche thinkable. In niches once occupied only by small specialty manufacturers just a few years ago there are now several offers from various competitors. This product diversification, on the one hand, gives rise to immense competition in every segment. On the other hand, the existing development capacities of vehicle manufacturers are becoming even less sufficient. Furthermore, as the life cycles of new models grow even shorter, additional resources for development are badly needed.

For this reason, automotive corporations are working more often with external partners on large modules or even complete niche vehicles. At Magna Steyr, the world's largest automotive manufacturer without its own car brand, five models of various manufacturers roll off the assembly line. At the end of this trend, experts will see manufacturers focusing on a few competencies like branding, design, sales and expanded services.

Automotive manufacturers demand not only that the suppliers, especially the first tier suppliers, deliver the assigned volumes according to specified conditions. A full service package from conceptualization to launch is considered today standard. Manufacturers expect suppliers to develop innovative ideas and products for them, although this may be at the suppliers' own risk and costs.

The consulting firm Accenture has exemplified this role of the supplier as innovator. The result: Not only 86 percent of the suppliers see themselves as technological leaders on the mid-term, but 79 percent of the manufacturing representatives agree that the development of new technology in the future will mostly come from suppliers.

For suppliers with high engineering competencies like Magna Steyr, this is a positive trend that will open up many new opportunities. Nevertheless, a major part of the risk and the development costs is shifted from the manufacturer to the supplier, giving the impression that the manufacturers act quickly to share risks, but are reluctant to share opportunities.

The transfer of complex tasks and responsibilities to the preceding partner in the value chain has a direct impact on the orientation of the first tier suppliers. At the same time, it also causes a special supplier type to emerge: the system integrator. System integrators fulfill tasks which demand more than the previous customer-supplier relationship and which integrate all partners into a totally new business network. The value chains of the large suppliers are enhanced by supply chain management, supplier management, sequencing, etc. We are witnesses to the evolution of the supplier into a partner of manufacturers for the entire value chain.

While the focus in the 1990s (keyword: Lopez-Effect) was on cost reductions and rationalizations, the supplier must now manage its metamorphosis into the customer's systems and development partner. In this strenuous and costly process, many companies will fail, especially the manufacturers of easily substitutable mass products. The strategic challenge is obvious: building and expanding the engineering competencies, developing know-how beyond the manufacturing sector, and creating new core competencies. The size of the company is only one determinant for the success of this new positioning. Boldness, determination, a clear strategy, and the enduring ability to innovate are just as important and should by no means be lacking!

7.4 Electronic-Manufacturing-Services-Unternehmen: Die dynamischen Strategen

Ben Kluge/Stefan Herr

In den 70er- und frühen 80er-Jahren lag der strategische Fokus auf der Wahrnehmung externer Chancen, in den späten 80er- und 90er-Jahren jedoch auf der Konzentration auf interne Ressourcen. Heute hingegen steht die Wertorientierung im Fokus der EMS-Unternehmensstrategien. Die Wertorientierung zeichnet sich aus durch die Integration externer Chancen und interner Ressourcen zur Steigerung des Unternehmenswertes. Das wirtschaftliche Potenzial der Nutzung aktueller Strategieerkenntnisse soll im Folgenden an der beeindruckenden Entwicklung von Electronic-Manufacturing-Services-Unternehmen erläutert werden.

Keines der Strategiesysteme, die in den vergangenen Jahrzehnten im Fokus der EMS-Unternehmen standen, hatte dauerhaften Bestand. Sie bildeten jedoch die Chancen der Unternehmen zu jeder Zeit sehr treffsicher ab. Die inhaltliche Weiterentwicklung der Strategiesysteme im Zeitablauf und die Auswirkungen auf die Unternehmen kann eindrucksvoll am Beispiel der EMS-Firmen illustriert werden. Solectron, 1977 gegründet, ist heute die weltweite Nr. 1 unter den EMS-Firmen und weist einen Umsatz von über 15 Milliarden US$ auf, gefolgt von Sanmina und Flextronics mit einem Jahresumsatz von rund 14 Milliarden US$. Flextronics strebt für das Jahr 2006 einen Umsatz von 46 Milliarden US$ an. Zum Vergleich: 1993 wurde ein Umsatz von 93 Millionen US$ realisiert.

In den Anfangsjahren waren die EMS-Unternehmen kleine Lohnfertiger, die die Spitzenproduktion ihrer Kunden abfingen. Sie wurden abfällig als „Board Stuffer" bezeichnet. Das damalige Geschäft basierte vollständig auf dem Gedanken des Outsourcing und der Wahrnehmung externer Chancen. Damit lagen die „Board Stuffer" schon am Anfang ihrer Unternehmensgeschichte im Trend des zu dieser Zeit vorherrschenden Strategiesystems. Das änderte sich auch nicht mit der anschließenden

Entwicklung der Strategiesysteme in Richtung der Fokussierung auf interne Ressourcen. Aus „Board Stuffern" wurden „Contract Manufacturer", die durch Bündelung von Aufträgen in die Massenproduktion hineinwuchsen. Skaleneffekte der Massenproduktion sowie Vorteile der Automatisierung und Prozessoptimierung führten zu Kostenvorteilen, die auf der Optimierung interner Ressourcen basierten und ein weiteres Wachstum gewährleisteten.

Die meisten EMS-Unternehmen bestanden die Herausforderung zur Integration von externen Chancen und internem Ressourceneinsatz durch eine Integration vor- und nachgelagerter Wertschöpfungsstufen, beispielsweise dem Produkttesting, dem Prototyping und der Produktlogistik. Neben Kostenvorteilen konnten die EMS-Firmen somit Zeitvorteile an ihre Kunden weiterreichen und die kritischer werdende „Time to Market" minimieren. Heute haben EMS-Unternehmen in ihren Bestrebungen nach Wertorientierung eine neue Dimension erreicht. Ihre Größe und Marktmacht ermöglicht ihnen den günstigen Einkauf von Komponenten und Produktionsmitteln, wodurch weitere Kostenvorteile realisiert werden. Durch den Aufbau von Designkompetenzen dringen sie immer weiter in die Entwicklung neuer Produkte und in die Wissenszentren ihrer Kunden vor. Die Lieferung komplett verkaufsfähiger Produkte, wie der Microsoft-Spielkonsole X-Box durch Flextronics, macht die einst kleinen Lohnfertiger zu global agierenden, vollständig integrierten Elektronikkonzernen mit verstärktem Zugang zu Endkunden. Vorstellbar ist, dass man eines Tages statt Ericsson und Alcatel Handys mit der Aufschrift Flextronics, Solectron, Sanmina oder mit Aldi, Wal-Mart etc. kaufen kann. Ein ähnliches Szenario gilt für PCs, Unterhaltungselektronik und Netzwerkkomponenten.

Am Beispiel der EMS lassen sich einige Erkenntnisse für die dynamische Strategieanpassung ableiten:

1. Trotz der beeindruckenden Umsatzentwicklung der EMS-Unternehmen muss auch die Substanz stimmen. Es sind zahlreiche mittelgroße EMS-Firmen entstanden, die in den Boomzeiten mitgewachsen sind. Vielen fehlt jedoch die klare Fokussierung. Nur zwei Arten von EMS-Unternehmen werden langfristig überleben: Global Player und Spezialisten.

2. Entscheidende Impulse zur Überarbeitung der Unternehmensstrategie kommen häufig von Kundenseite oder unabhängigen Drittparteien. Ihre Aufnahme sowie Integration in die Unternehmensstrategie sind für eine optimale Entwicklung unabdingbar und müssen durch das Top-Management gewährleistet sein (zum Beispiel der Wunsch zur Übernahme kompletter Fabriken ehemaliger OEM-Kunden).

3. Die Risiken einer innovativen Unternehmensstrategie sollten durch das Management analysiert und beherrscht werden. Nicht jeder Trend beinhaltet langfristige Chancen. Flextronics musste diese Lehre in den Jahren 1992/93 ziehen, als das Unternehmen mit seinen weltweiten Operationen in Schwierigkeiten geriet und sich nur durch eine Reihe komplexer Finanztransaktionen neu am Markt aufstellen konnte. Nicht nur die Analyse, sondern auch die monetäre Bewertung von Chancen und Risiken ist essenziell und bildet die Grundlage für eine erfolgreiche, dynamische Unternehmensstrategie.

7.4 Electronic Manufacturing Services Companies: The Dynamic Strategists

Ben Kluge/Stefan Herr

At the heart of current EMS company strategies is value orientation. This orientation entails integrating external opportunities and internal resources in order to boost corporate value. Before the focus was on value orientation, two strategy systems were favored. In the 70s and early 80s, the strategic focus was on the perception of external opportunities. Yet in the late 80s and 90s, the focus shifted onto internal resources. The economic potential of using current strategic insights will be revealed in the following analysis of the impressive development of Electronic Manufacturing Services companies.

The two strategy systems used in the last three decades did not last very long, and yet they unerringly represent the opportunities a company always has at its disposal. The continuing development of strategic systems in past years and its effects can be observed well in EMS companies.

Selectron, founded in 1977, is the number one worldwide EMS company today and reports annual revenue of over 15 billion US$, followed by Sanmina and Flextronics with around 14 billion US$ a year. Flextronics is aiming for revenue of 46 billion US$ in 2006. In contrast to this, revenue of 93 million US$ was achieved in 1993.

In the first years, the EMS companies were small contract manufacturers which took care of their customers' peak production requirements. Rather derogatorily, these companies were often tagged as "board stuffers". Past EMS business activity was based completely on a belief in outsourcing and the perception of external opportunities. With this belief, the "board stuffers" made their company history a trend for the current predominant strategy systems. And this did not change when the focus of the strategy shifted onto internal resources. A mere "board stuffer" was transformed into a "contract manufacturer" which grew by bundling projects in mass production. The mass production's economies of scale and the advantages of automation and process optimization led to cost advantages which were based on the more efficient use of internal resources and guaranteed continued growth.

Most EMS companies withstood the challenge of integrating external opportunities and using internal resources by integrating up- and downstream value chain levels such as product testing, prototyping and product logistics. Aside from the cost advantages, EMS could also pass on time advantages to their customers and minimize the increasingly critical "time to market". In their efforts to be more value-oriented, EMS companies have reached a whole new dimension. The companies' size and market power enable them to purchase components and means of production at lower costs through which cost advantages are achieved. By strengthening their design competencies, EMS companies become even more involved in the new products and knowledge centers of their customers. The ability to supply products which can be marketed, like the Microsoft play console X-Box through Flextronics, turned the once small contract manufacturers into globally active and totally integrated electronics corporations with greater access to end customers. It is imaginable that one day, instead of Ericsson and Alcatel labels on mobile telephones, there will be the labels of Flextronics, Solectron, Sanmina or Aldi, Wal-Mart, etc. A similar situation could occur with PCs, consumer electronics and network components.

The dynamic orientation of the EMS companies can be summarized as follows:

1. Despite the impressive revenue growth of the EMS company, the substance must also be right. There are countless mid-sized EMS companies which grew in the boom times. Yet many lacked a clear focus. Only two types of EMS companies will survive on the long-term: global players and specialists.

2. The critical instigation for reworking the company strategy often comes from the customer side or from an independent third party. Their inclusion and integration into the company strategy is indispensable for optimal development. This must be guaranteed by top management (e.g. the desire to acquire entire factories of former OEM customers).

3. The risks of an innovative company strategy should be analyzed and confronted by the management. Not every trend entails long-term opportunities. Flextronics had to learn this lesson the hard way. In 1992/93, the company had trouble with their international operations. Only after a series of complex financial transactions could the company present themselves again onto the market. Not only the analysis, but also the monetary evaluation of opportunities and risks are essential and create the foundation for a successful, dynamic company strategy.

7.5 Strategie für Betreibermodelle

Norbert Klapper

Die optimale Gestaltung der Produktion bezüglich Kosten, Qualität und Zeitverhalten ist das tägliche Brot von Automobilherstellern und -zulieferern. Der Kostendruck nimmt weiter zu, die Qualität des Produktes und die Lieferzeit sind so wichtig wie nie zuvor. Der Kostendruck zeigt sich nicht allein in den Anstrengungen zur Senkung der Stückkosten – daneben sind der Abbau von Kapitalbindung und die Optimierung des Cashflows als gleichberechtigte Ziele getreten. So genannte Betreibermodelle, bei denen der Zulieferer nicht nur Produkte verkauft, sondern Teile der bisher vom Autohersteller betriebenen Produktion übernimmt, spielen in diesem Zusammenhang eine zunehmende Rolle.

Ein Betreibermodell ist dadurch gekennzeichnet, dass ein Anlagen- oder Maschinenlieferant die Anlage liefert, betreibt und instand hält. Die Vergütung erfolgt in der Reinform über einen festen Preis je produzierter Einheit ("pay on production"), d.h., der Abnehmer, im hier beschriebenen Fall das Automobilunternehmen, muss die Anlage nicht vorfinanzieren und verlagert einen erheblichen Teil des Absatzrisikos auf den Anlagenlieferanten. Natürlich sind auch Vereinbarungen über Volumina, Laufzeiten, Flexibilität, Sicherstellung der Versorgung, Qualitätskriterien Gegenstand der entsprechenden Verträge. Bei entsprechender Vertragsgestaltung kann erreicht werden, dass die Anlage nicht beim Abnehmer, sondern beim Lieferanten oder einem Dritten, der als Finanzier agiert, bilanziert wird. So werden aus Sicht des Abnehmers Risikoposition, Liquidität und Kapitalbindung optimiert. Im Fall einer Lackiererei, die ein Investitionsvolumen zwischen 100 und 200 Millionen Euro darstellt, kann dies ein verlockendes Modell sein.

Vor allem sprechen oft handfeste operative Gründe für Betreibermodelle. Der Anlagenlieferant, der in seinem Feld ein hohes Spezialwissen besitzt, ist in der Lage, die von ihm gelieferte Anlage auf maximalem Effizienz- und Qualitätsniveau zu fahren. Zusätzlich verspricht man sich eine Rückwirkung aus der Betriebs- und Instandhaltungsfunktion heraus auf das Design der Anlage, die wiederum zu einem Gesamtoptimum führt.

Den Ausgangspunkt für die Entscheidung über Betreibermodelle bildet die Frage der Kernkompetenz des Automobilunternehmens. Jedes Betreibermodell ist eine Form des Outsourcing der Produktion. Für Automobilunternehmen stellt sich die Frage, ob die Produktion bzw. welche Teile der Produktion in Zukunft als Kernkompetenz verstanden werden. Die Elektronikindustrie hat diese Frage weitgehend beantwortet: Im Zuge der Konzentration der OEMs auf Entwicklung und Vertrieb/Marketing ist eine ganze Industrie neu entstanden, die so genannten Electronics Manufacturing Services.

In der Autoindustrie wird dieses Thema schon einige Jahre sehr kontrovers diskutiert. Die Dürr AG – als Weltmarktführer bei Autolackieranlagen – hat sich in den vergangenen Jahren sehr intensiv mit dem Thema Betreibermodelle auseinander gesetzt. Im Jahre 2001 wurden bei Dürr 39 Projektanfragen zum Thema Betreibermodelle bearbeitet. Eine Auswertung der Motivation der Kunden in Automobil- und Zulieferindustrie zeigt Abbildung 1.

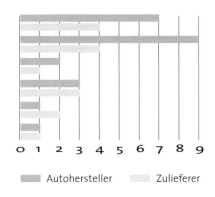

Abb.1: Motivation der Kunden in Automobil- und Zulieferindustrie

- Bei einem Drittel der Anfragen standen finanzielle Motive im Vordergrund. Im Wesentlichen ging es um eine Optimierung des Cashflows und die Überwindung von Budgetrestriktionen.

- Die Erhöhung der operativen Effizienz war lediglich für drei Kunden das entscheidende Motiv.

- Aus Überlegungen zu den zukünftigen Kernkompetenzen resultierten sechs Anfragen.

- Drei Kunden hatten sehr konkrete Vorstellungen über die zu erreichenden Ziele; sie formulierten ein Motivbündel.

- Elf Kundenanfragen wurden im Nachhinein als „aus Neugier" qualifiziert – die Kunden hatten keine klare Vorstellung über das zu erreichende Ziel. In jüngerer Zeit nahmen Anfragen dieser Art deutlich ab.

Aus Sicht der Dürr AG lassen sich aus dieser Analyse einige Schlussfolgerungen für die Zukunft von Betreibermodellen in der Automobilindustrie ziehen:

1. In der Dominanz finanzieller Motive spiegelt sich die aktuelle Investitionszurückhaltung der Automobilindustrie. Die Aussichten für das Zustandekommen eines Betreibermodelles sind in diesen Fällen eher gering. Die Finanzierungskosten eines Anlagenherstellers werden regelmäßig deutlich über denjenigen eines Automobilunternehmens liegen. Das Problem verschärft sich bei einer Verlagerung des Absatzrisikos auf den Betreiber, da ein solches Risiko nach einer eigenkapitalbasierten Finanzierung verlangt. Die Renditeerwartungen von Eigenkapitalgebern erhöhen damit die Finanzierungskosten weiter. Nur ein Effizienzvorteil kann diesen Effekt überkompensieren – ist dieser Effekt im konkreten Fall nicht vorhanden, so wird ein Betreibermodell kaum zu Stande kommen.

2. Die Diskussion um die Produktion als Kernkompetenz ist noch nicht abgeschlossen. Der Spielraum für das Outsourcing und damit auch für Betreibermodelle definiert sich in Abhängigkeit des Ergebnisses dieser Diskussion. Momentan ist ein Outsourcing-Trend bei Nischenfahrzeugen und Komponenten wie Achsen zu erkennen, der aber auf Grund von Produktionserfahrung, Kapitalbedarf und Geschäftsmodell eher von bestehenden Zulieferern als von Anlagenlieferanten aufgenommen wird.

3. Unter den verschiedenen Formen des Outsourcing eignet sich ein Betreibermodell besonders dann, wenn die Einbindung des Anlagenlieferanten einen Effizienzvorteil für den Kunden bedeutet. Bei einer solchen Konstellation sind die Erfolgschancen für das Zustandekommen eines Betreibermodelles hoch. Es geht darum, im Einzelfall solche Vorteile zu identifizieren und darauf aufbauend zu vertraglichen Regelungen zu kommen, die eine faire Teilung von Chancen und Risiken beinhalten.

Zusammenfassend lässt sich sagen, dass Betreibermodelle mit Sicherheit ein attraktives Modell zur weiteren Steigerung der Wettbewerbsfähigkeit in der Automobilindustrie darstellen. Die Erfahrungen bei Dürr mit bestehenden Modellen sind sehr gut. Momentan entwickelt der Markt realistische Erwartungen an Kosten und Nutzen sowie an die Teilung von Chancen und Risiken solcher Modelle. Dies wird begleitet von der weiteren Diskussion um die zukünftigen Kernkompetenzen von Automobilunternehmen. Das Zusammenwirken dieser Entwicklungen wird in einer Zunahme ökonomisch für beide Partner sinnvoller Betreibermodelle münden.

7.5 Strategy for Pay-on-Production Models

Norbert Klapper

Automotive manufacturers and suppliers constantly strive to optimize the organization of overall production processes, including costs, quality and time responses. When cost pressure becomes stronger, the fulfillment of end-consumer demands regarding product quality and delivery time is more crucial than ever. Yet the increasing focus on cost-reduction is not confined to the continuous attempts to shrink unit costs; companies also increasingly try to cut costs by ensuring that costly surplus capital is reduced wherever possible and cash flow streams are enhanced. In this context, "pay-on-production" models, in which the supplier both sells products and takes over production segments previously operated by the manufacturer, play an increasingly important role.

Pay-on-production is a model in which a supplier installs, operates and maintains manufacturing operations. In the pure form, the compensation is derived from the fixed price per unit produced, the so-called "pay on production". This means that the customer, in our case the automotive company, does not have to pre-finance a production system and thus transfers a substantial part of the sales risk to the system supplier. The contracts in these cases contain stipulations about volumes, operating times, flexibility, maintenance and quality criteria. Depending on the exact set of contractual obligations, the overall system remains an asset in the books of the supplier or of a third party who acts as an investor. From the perspective of the customer, risk, liquidity, and capital use are optimized. Applied to the operations of an automotive paint shop with an investment volume between 100 and 200 million euros, the pay-on-production model offers attractive advantages.

There are concrete operational reasons for choosing such a pay-on-production model. With specialized know-how, the system supplier is capable of bringing the supplied system to a higher level of quality and efficiency. Furthermore, the operation and maintenance functions can have a positive feedback effect on the design of the system, leading to overall optimization.

One question must first be answered before deciding on the implementation of a pay-on-production model: what are the core competencies of the automotive manufacturer? A pay-on-production model is a variant of production outsourcing. Automotive manufacturers must decide whether production or certain segments of production should be a core competency in the long-term. The electronics industry has pretty much answered this question: the Original Equipment Manufacturers (OEMs) have been concentrating on development and sales/marketing, and an entirely new industry has been created – the so-called Electronics Manufacturing Services (EMS).

This topic has long been a source of controversial discussion in the automotive industry. Dürr AG, the world leader in automotive painting systems, has energetically confronted this topic in the past years. In 2001, 39 project inquiries about pay-on-production models were received and evaluated at Dürr.

An examination of customer motives in the automotive and supplier industries reveals figure 1.

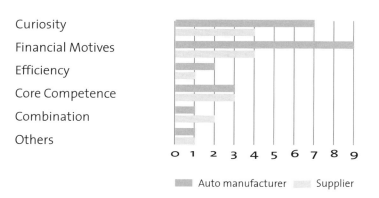

Figure 1: Customer motives for the "pay-on-production" model

- One-third of the inquiries listed a financial motive. Customers strive to optimize cash flows and overcome budget restrictions.

- For only three customers, increasing operational efficiency was the decisive motive.

- Six inquiries were out of consideration about future core competencies.

- Three customers had very concrete ideas about the goals they wanted to accomplish; they named a whole set of motives.

- Eleven customer inquiries were qualified as "out of curiosity" – these customers had no specific goals they wanted to accomplish. Such general inquiries have declined in the recent years.

Based on this analysis, Dürr AG can draw certain conclusions about the future of pay-on-production models in the automotive industry.

1. The dominance of financial motives reveals the automotive industry's current reluctance to invest. In these cases, the prospects of putting a pay-on-production model into effect are not good. The capital costs will typically be higher for systems suppliers than for the automotive manufacturers. The problem becomes worse if the sales risk is also externalized to the operator, because such a risk demands equity-backed financing. Equity investors' high expectations for the return on their investment add to the financing costs. This situation requires accordingly higher efficiency if the pay-on-production model is to be advantageous. The absence of high efficiency advantages interferes with the realization of the model.

2. The discussion about production as a core competency is not yet over. The range for outsourcing and pay-on-production models will be determined by the results of this discussion. Today there is a trend to outsource vehicles for niche markets and components like axles – but, because of experiences in production, capital demand and business models, this trend is observed more often with existing component suppliers than with equipment suppliers.

3. If the involvement of the systems supplier induces an efficiency advantage for the customer, then a pay-on-production model is especially suitable. It may be superior to other forms of outsourcing. Under these circumstances, the chances for a successful implementation of the pay-on-production model are considerably improved. The advantages have to be identified in each individual case and contractual obligations should be designed in a way that leads to a fair sharing of opportunities and risks.

In conclusion, it is clear that pay-on-production models present an attractive model which can further strengthen competitiveness in the automotive industry. Dürr's experiences with these models are very positive. Currently the market is developing realistic expectations both about the costs and the benefits of pay-on-production models and about ways to fairly share opportunities and risks. While these developments are taking place, the future core competencies of automotive manufacturers remain a point of discussion and analysis. A combination of these factors will lead to an economic boost of pay-on-production models which are advantageous for both partners.

7.6 Strategie für industrielle Dienstleister

Thomas Ludwig

Industrielle Dienstleister müssen dem Kunden strategisch komplexere und gewerkeübergreifendere Dienstleistungen anbieten, um Optimierungspotenziale in der Wertschöpfungskette für den Kunden realisieren zu können. Nur so ist die langjährige Partnerschaft zwischen Dienstleister und Kunde möglich. Zugleich wird nur hierdurch die Sicherung der Qualität der erbrachten Dienstleistungen für den Kunden sichergestellt. Dies gilt auch in zunehmendem Maß für IT-Dienstleistungen.

Fokussierung ist das Zauberwort, das in den letzten Jahren viele Unternehmen und Branchen in ihrer Entwicklung vorangetrieben hat. Die Zerlegung der Wertschöpfungsketten hat zu neuen Strukturen in der industriellen Produktion geführt. Dies ging einher mit dem Outsourcing wesentlicher Funktionen des Unternehmens, die aus der Sicht des Produzenten nicht mehr Kernkompetenz und Kernaktivitäten sind. Beispielhaft für diese Entwicklung ist die Automobil- und Elektronikindustrie.

Konsequenz der Entwicklung der Konzentration auf Kernkompetenzen ist die Entstehung von leistungsfähigen Dienstleistungsunternehmen, die die ausgelagerten Prozesse des Kunden nun ihrerseits übernehmen und zu ihrer Kernkompetenz machen. In der ersten Phase des Outsourcing arbeiten die Unternehmen mit einer Vielzahl von Dienstleistern zusammen, die sich als Spezialisten andienen. Dies führt jedoch auf Seiten des Kunden zu einem immer höheren Koordinierungs- und Projektmanagementaufwand. Die entstehenden Schnittstellen werden nicht mehr optimiert. Kostensenkungspotenziale können nicht genutzt werden, da die Koordination von sinnvollen Werkschöpfungsketten nicht gewährleistet ist.

Industrielle Dienstleister stehen deshalb strategisch vor der Notwendigkeit, ihre Kompetenz von Einzelgewerken auf ganze Gewerkebündel auszuweiten. Nur so sind sie in der Lage, dem Kunden komplette Dienstleistungen anzubieten. Hierdurch wird beim Kunden Koordinierungsaufwand gespart, zugleich können Optimierungsmöglichkeiten innerhalb des Gewerkebündels durch den Dienstleister genutzt werden. Deutliche Kostenvorteile sind die Konsequenz. Als ein Beispiel aus der chemischen Industrie seien die Gewerke Gerüstbau, Rohrleitungsbau, Isolierung und Korrosionsschutz erwähnt. Kompetente Dienstleister offerieren heute der Chemie diese Dienstleistungen aus einer Hand und können hierbei günstigere Preise anbieten, da sie intern das Optimierungspotenzial ausschöpfen. Zugleich spart der Kunde Engineering- und Projektsteuerungsaufwand, da er es nur mit einem Dienstleiter zu tun hat.

Verfolgt ein industrieller Dienstleiter die Strategie, Komplettdienstleistungen anzubieten, muss er sich vielfältigen, strategischen Herausforderungen stellen. Hierzu gehören die Entwicklung der technischen Kompetenz über mehrere Gewerke hinweg. Mitarbeiter müssen als Projektmanager oder Baustellenleiter geschult werden, komplexe Projekte abzuwickeln.

Zugleich stellt sich die Herausforderung, die Ausweitung der Kompetenz bei den Mitarbeitern in der Fläche der Organisation sicherzustellen. Industrielle Dienstleister zeichnen sich durch dezentrale Organisationen aus, da sie ihre Dienstleistung vor Ort beim Kunden erbringen. Die Steigerung der Mitarbeiterqualifikation muss also auch in der Fläche sichergestellt werden.

Mit dem Auftreten von Dienstleistern, die Komplettangebote anbieten, wird der Kunde zugleich in die Lage versetzt, die Anzahl der Dienstleister, mit denen er zusammenarbeitet, zu reduzieren. Damit tritt auch auf der Dienstleistungsseite ein Prozess in Kraft, der bereits auf der Zulieferseite von Rohstoffen und Produkten in vielen Branchen in den letzten Jahren vollzogen worden ist, nämlich die Reduzierung der Lieferantenzahl. Nur technisch kompetente, lokal in der Fläche verankerte und mit hohem Qualitätsstandard arbeitende Dienstleister werden den gestiegenen Anforderungen des Kunden gerecht werden können.

Strategisch ist die veränderte Partnerschaft zwischen Kunde und Dienstleister von besonderer Bedeutung. Die Qualität und Zuverlässigkeit des Dienstleisters bestimmen in immer höherem Maße durch die enge Verzahnung mit den Kernaktivitäten des Kunden auch den Produkterfolg des Kunden, insbesondere in qualitativer Hinsicht. Durch die enge Verzahnung mit den Kernaktivitäten des Kunden gewinnt der Dienstleister zunehmenden Einblick in die gesamte Wertschöpfungskette. Dabei muss er auch dem Kunden Optimierungspotenziale aufzeigen und selber umsetzen. Langfristige Zusammenarbeit zwischen Kunde und Dienstleister ist nur möglich, wenn der Dienstleister an der Optimierung der Wertschöpfungskette aktiv mitarbeitet und auch auf seiner Seite Optimierungspotenziale identifiziert und umsetzt. Nur dann wird eine langfristige Kundenbindung für beide Seiten erfolgreich sein.

Nicht nur im Bereich der Produktion wird in den nächsten Jahren eine Tendenz zu komplexen Dienstleistungen zu sehen sein. Dies gilt auch für andere Prozesse im Unternehmen. Hierzu gehören vielfältige kaufmännische Prozesse, die nicht unbedingt zur Kernkompetenz und Kernaufgabe eines Unternehmens gehören. Beispielhaft sei die Personalabrechnung genannt.

In der ersten Stufe werden die mit den kaufmännischen Prozessen verbundenen Transaktionen, die auf Rechnern laufen, ausgegliedert. Große Rechenzentren erbringen für den Kunden die notwendigen Rechnerdienstleistungen. In zunehmendem Maß wird die gesamte Wertschöpfungskette vom Dienstleister erbracht. Es werden die mit der Personalabrechnung verbundenen vorbereitenden Arbeiten bis hin zum gesamten Prozess der Personalabrechnung selbst übernommen; so entwickelt sich ein IT-Rechenzentrums-Dienstleister zu einem Komplett-Dienstleister, der ganze Prozesse des Kunden übernimmt. IT-Dienstleister werden zu „Business-Process-Outsourcing-Unternehmen".

BPO-Unternehmen erbringen die gleichen Dienstleistungen, die industrielle Dienstleister bei der Produktion erbringen. Strategisch wachsen beide Bereiche zusammen, da sie für den Kunden wesentliche Prozesse übernehmen und optimieren. Der industrielle Dienstleister der Zukunft wird also auch in vielen Bereichen IT-Kompetenz haben müssen. In Deutschland steht beispielhaft für diese Entwicklung die ThyssenKrupp Serv AG, die alle wesentlichen Kompetenzen abdeckt, um dem Anspruch des Kunden, wesentliche Teile seiner Wertschöpfungskette zu übernehmen, gerecht zu werden.

7.6 Strategy for Industrial Service Providers

Thomas Ludwig

> To achieve greater optimization potential in the value chain for the customer, industrial service providers must strategically offer customers more complex and comprehensive services. This is the only way to establish a long-term partnership between service providers and customers. In this partnership, the customer is guaranteed to receive top quality services. For IT services, this is increasingly crucial.

In the last few years, "focusing" has been the magic word that has driven the development of many companies and industries. The deconstruction of the value chain resulted in new structures of industrial production. Main business functions were outsourced which, from the manufacturer's perspective, were no longer core competencies and activities. Recent changes in the automotive and electronics industries offer strong examples of this process.

With the focus shifted onto core competencies, a new breed of effective service providers has emerged. These service companies take over specific outsourced processes and make them their core competencies. In the first phase of outsourcing, companies work together with numerous service providers who offer their services as specialists. Yet this often leads to higher coordination and project management costs for the customer; the emerging interfaces are not optimized. The exploitation of cost reduction potentials fails because the coordination of the most appropriate value chain structure is not guaranteed.

To avoid this disadvantage, industrial service providers must expand their competencies from individual services to entire service bundles. Only then will they be able to offer their customers comprehensive performance. Consequently, service providers allow their customers to reduce coordination costs and to exploit optimization potentials of individual trade bundles. The outcome entails clear cost advantages, as exhibited by the chemical industry in e.g. scaffolding, pipeline construction, insulation and corrosion protection. Today, competent service providers offer all-inclusive services to chemical companies. As a result, lower prices are possible because the optimization potential is internally exploited. Furthermore, since the customer only works with one service provider, engineering and project controlling costs are minimized.

If an industrial service provider pursues a strategy of offering a complete service package, then various strategic challenges must be overcome. The development of technical competencies across the numerous fields is one of the challenges. Employees must be trained as project managers or site supervisors so they are prepared to handle complex projects.

At the same time, there is still the challenge of extending employee competencies across the organization. Industrial service providers are decentrally organized because they provide their customers with services on location. Due to this decentralization, employees' competencies must be strengthened across the entire organization.

With the emergence of complete service package providers, the customer will also be able to reduce the number of suppliers. An ongoing process which has already been implemented in the past years on the supply side in many industries becomes increasingly relevant for service providers: the reduction of the number of suppliers. Only the service providers who are technically competent, locally integrated in many fields, and who work according to a high standard of quality will meet the growing requirements of customers.

The changed nature of the partnership between the customer and service provider is of particular strategic relevance. With the customer's core activities so well integrated into their own, the quality and reliability of the service provider determines to a growing extent the success of the customer's product, especially from a qualitative perspective. This tight interweaving of core activities enables service providers to gain a deeper insight into the processes of the entire value chain. From this standpoint, the provider should not only identify optimization potentials for the customer, he should also be able to exploit them. Long-term cooperation between the customer and the service provider is only possible if the service provider works actively with the customer on value chain optimization. Individually, the provider must identify and exploit optimization potentials. Only then will the long-term customer relationship be successful for both partners.

In the coming years, production is not the only area in which we will see a tendency towards more complex outsourcing. Other company processes are affected as well, especially a variety of business processes – like payroll accounting. Such processes do not necessarily belong to the core competencies and responsibilities of the company.

The first business processes which will be outsourced are computer-executed business transactions. Large computing centers will provide customers with the necessary computing capacities. To an increasing degree, the entire value chain will be covered by the service provider. Taking payroll accounting as an example, service providers do not restrict their activities to the preparatory tasks. Rather, they cover the entire payroll process, thus transforming themselves as IT computing service providers into complete service providers who handle all customer processes. In effect, IT service providers become business process outsourcing (BPO) companies.

The BPO companies offer the same services as the industrial service providers do in production. Both areas grow strategically together because they cover and optimize substantial processes for the customer. Future industrial service providers must possess competencies in a large variety of industries. A current example of such an industrial service provider is Germany's ThyssenKrupp Serv AG, which masters all major competencies. Consequently, when their customer needs major parts of the value chain to be taken over, this need can be fulfilled.

7.7 Strategisches Sourcing in der IT

Ricardo Diaz Rohr

Viele IT-Organisationen sind zunehmend überfordert, mit den Innovationsschüben moderner Informationstechnologie (IT) angemessen Schritt zu halten. Die Zusammenarbeit mit verlässlichen und kompetenten Partnern erweist sich hierbei als erfolgskritisch. Mittels traditionellem Outsourcing kann dieser Situation nicht angemessen begegnet werden. An dieser Stelle setzt das „Strategische Sourcing" an, indem es das Management von Sourcing-Entscheidungen zu einer langfristig orientierten Aufgabe mit strategischer Bedeutung erhebt. Der bereits in der Praxis erprobte Ansatz ermöglicht einen beträchtlichen Zugewinn an Flexibiliät, Produktivität und Kosteneffizienz.

Die existenzielle Bedeutung flexibler Informationstechnologie im heutigen Handlungsfeld wird nicht zuletzt in den immer kürzeren Produktlebenszyklen, der Globalisierung der Märkte, den steigenden IT-Ausgaben sowie einer zunehmenden IT-Abhängigkeit der meisten Geschäftsprozesse offenbar. Dies trifft im Besonderen auch für moderne Fluggesellschaften zu.

Wie soll sich ein Unternehmen in diesem äußerst dynamischen Umfeld verhalten? Innerhalb des Lufthansa-Konzerns wurden bereits frühzeitig eine Reihe hilfreicher Erfahrungen mit Sourcing-Entscheidungen getroffen. Im Rahmen der Umstrukturierung des Lufthansa-Konzerns in den neunziger Jahren wurden zahlreiche Aufgabenbereiche ausgelagert und in eigenständige Gesellschaften umgewandelt. Eine davon war die IT-Tochter Lufthansa Systems, die IT-Leistungen im Rechenzentrumsbetrieb anbot. Neuentwicklungen von Systemen wurden gemeinsam mit ihr und einer Vielzahl weiterer Systemintegratoren durchgeführt. Für den Auftraggeber ergab sich aus dem Einkauf der IT-Leistungen ein differenziertes Bild der Kosten sowie weitere Kostensenkungspotenziale.

Ein sehr erfolgreicher Schritt zur Reduzierung der Anbieterzahl war das innovative Vorhaben, den Betrieb und die Wartung der Desktop-Arbeitsplätze im Rahmen von Application-Service-Providing-Modellen auszulagern. An die Stelle einer Vielzahl von dezentral verteilten Anbietern trat ein Generalunternehmer, der die Verantwortung für das Gesamt-paket übernahm und alle Leistungen gegen eine monatliche Mietpau-schale anbot. Sowohl im Hinblick auf die Kostentransparenz als auch auf Leistung, Qualität und Standardisierung konnte dieser Paradigma-wechsel im Infrastrukturmanagement der Lufthansa überzeugen.

Doch bald wurde deutlich, dass dies nur ein erster Schritt sein konnte. Die Anbieterauswahl per Aussschreibungsverfahren erweist sich meist als unbefriedigend. Sie bringt hohen Aufwand und Zeitverlust mit sich, da das Projekt für eine gewisse Zeit unterbrochen werden muss. Da man keinen Bewerber bevorzugen möchte, muss die Ausschreibung ohne Mitwirkung eines Dienstleisters erfolgen. Das kann dazu führen, dass der Lieferant, der das Problem am wenigsten überblickt und damit die Kosten am niedrigsten einschätzt, den Zuschlag erhält. Die Lufthansa Cargo AG löste dieses Dilemma, indem sie sich im Sommer 2001 zu einer langfristigen IT-Partnerschaft mit der Lufthansa Systems AS ent-schloss. Die Partnerschaft basiert auf einer dreijährigen Exklusivität des IT-Dienstleisters in den Bereichen IT Consulting, Entwicklung und Betrieb von IT-Lösungen bis hin zum Application Service Providing.

Ein entsprechendes Sourcing-Modell überzeugt sowohl durch hohe Ein-spareffekte als auch durch Effizienz- und Qualitätsvorteile:

- Auf Grund der Exklusivität entfallen beim Partner Marketing- und Vertriebskosten sowie das Risiko der Minderbeschäftigung. Allein diese Positionen können bei IT-Dienstleistern bis zu über einem Vier-tel der Kosten ausmachen.

- Der Verzicht auf Ausschreibungen verkürzt die durchschnittliche Projektlaufzeit.

- Effizienzvorteile ergeben sich weiterhin aus der Mehrfachverwen-dung einer einheitlichen Entwicklungs- und Testumgebung, dem nachhaltigen Aufbau von Know-how etc.

- Die Abrechnung von IT-Leistungen auf Basis geschäftsrelevanter Kenngrößen, wie z.B. die Anzahl von Buchungen anstelle der übli-chen technischen Größen wie Plattenspeicher oder Prozessorver-brauch, schafft Transparenz und ermöglicht die adäquate Messung des Beitrags der IT-Dienstleistung zum Geschäftserfolg.

Aus den Erfahrungen, die bei dieser Sourcing-Entscheidung gesammelt werden konnten, lassen sich drei Erfolgsfaktoren für ein strategisches Sourcing ableiten:

- *Reduktion von Komplexität* durch Standards und Methoden, die für beide Partner bindend sind.

- *Integratives Management* garantiert die enge Abstimmung von Verantwortlichkeiten, Geschäfts- und Kommunikationsprozessen.

- *Performance Management* durch kontinuierliches Monitoring der Einsparungsziele, konsequentes SLA-Management und ein komplementäres Anreizsystem.

Grundsätzlich lässt sich sagen, dass Outsourcing- und Strategische Sourcing-Entscheidungen einer umfangreichen Vorbereitung bedürfen und stark von den individuellen Rahmenbedingungen des Unternehmens abhängen. Gleichwohl wird künftig kein Unternehmen mehr umhinkommen, dem Thema IT-Sourcing einen Logenplatz unter den Strategiethemen einzuräumen.

7.7 Strategic Sourcing in IT

Ricardo Diaz Rohr

The latest innovations in modern IT technology have increasingly left many IT organizations struggling to keep up. Collaborations with dependable and competent partners prove to be a success factor in this situation. Traditional outsourcing is insufficient. "Strategic sourcing" must be applied. This strategy turns sourcing decisions into a long-term-oriented task with strategic relevance. This approach, currently being implemented, enables a considerable gain in flexibility, productivity and cost efficiency.

The critical importance of flexible Information Technology (IT) in current areas of operation is reflected in ever-shorter product life-cycles, the globalization of markets, increasing IT expenses and the growing dependence of most business activities on IT. This is especially the case for modern airlines.

How should a company behave in such a dynamic environment? Lufthansa's experiences with sourcing decisions can serve as a helpful guide. During the restructuring of Lufthansa in the nineties, numerous responsibilities were transferred into independent business units. One of these was the IT division Lufthansa Systems, which offered IT services from a data processing center. New systems developments were executed with this IT division and a number of other system integrators. The purchase of IT services provided a differentiated overview of costs and further cost reduction potentials.

A highly successful step towards reducing the number of providers was the innovative plan to transfer operations and maintenance of the desktop PCs in the context of application service providing models. A general contractor took the place of the numerous decentrally distributed providers. This contractor was responsible for the entire package and offered all services for a monthly flat rate. In light of the cost transparency, service, quality and standardization, this paradigm shift in infrastructure management worked well for Lufthansa.

It soon became clear, however, that this was just the first step. The provider selection per bidding procedure is inadequate. Because the project has to be interrupted for a certain period of time, the selection process induces high costs and is time-consuming. As no one wants to favor one bidder, the request for bids must transpire without the involvement of a service provider. This can be problematic though. The supplier who does not fully understand the respective problem, and therefore assesses the costs the lowest, may get the project. Lufthansa Cargo AG solved this problem in the summer of 2001 by deciding on a long-term IT partnership with Lufthansa Systems AS. The partnership is based on the three-year exclusivity for IT consulting, from the development and operation of IT solutions up to application service providing.

The sourcing model is valuable not only for its strong cost savings effects, but also for its efficiency and quality advantages:

- Due to the exclusivity, the partner does not accrue marketing and sales costs and does not run the risk of a cutback in activities. These positions can account for over one-fourth of the costs for IT service providers.

- Waiving the bidding process shortens the average project operating time.

- Efficiency advantages result from the multiple uses of the available development and testing environment, the continuous improvement in know-how, etc.

- The billing of IT services based on operation-relevant parameters, e.g. the number of bookings instead of the usual technical specifications like disk or processor usage, creates transparency and allows for the adequate measurement of the contribution to business success.

Our experiences with sourcing decisions reveal three factors for success in strategic sourcing:

- *Reduction of complexity* through standards and methods which are binding for both partners.

- *Integrative management* guarantees well-coordinated accountability, business and communication processes.

- *Performance management* through continuous monitoring of cost reduction goals, consistent management of Service Level Agreements (SLA) and a complementary incentive system.

As a rule, outsourcing and strategic sourcing decisions require comprehensive preparation. They are strongly dependent on the individual situation of a company. Among strategy topics, companies must place IT sourcing on the top of their agenda.

7.8 Strategie der Offenheit: Was Informationstechnologie zukünftig leisten muss

Michael Kleinemeier

Manager in der Informationstechnologie haben derzeit keinen einfachen Job: Einerseits sollen immer mehr Geschäftsprozesse mithilfe integrierter Computersysteme optimiert werden, andererseits werden die Budgets in vielen Unternehmen wenn nicht gekürzt, so doch zumindest eingefroren. Was im ersten Moment als unmöglicher Spagat anmutet, kann jedoch zur heilsamen Übung werden. Immer vorausgesetzt, die Anwender fordern bei den Herstellern die richtige Unterstützung ein. Die IT-Industrie muss in den kommenden Jahren einen Strukturwandel erfahren, der langfristig bei Anwendern zu mehr Vertrauen führt.

Nach Jahren großer Technologiesprünge und der Jahr-2000-Umstellung, verbunden mit hohen IT-Investitionen, die nicht immer den gewünschten wirtschaftlichen Nutzen zeigten, kehrt in vielen Firmen Ernüchterung ein. Sie sehen sich umgeben von unzähligen Systemstrukturen unterschiedlicher Provenienz, deren täglicher Betrieb einer Rechenoperation mit zu vielen Unbekannten gleicht. Das Ergebnis ist eine extreme Investitionszurückhaltung, die Hersteller von Informationssystemen derzeit schmerzlich spüren. Daran sind sie selbst nicht schuldlos, da sie zu spät das vorangetrieben haben, was ihre Kunden von ihnen verstärkt einfordern: die Offenheit und Transparenz ihrer Systeme, die eine Integration mit nachweislichem Return on Investment ermöglichen. IT-Infrastrukturen sind heute viel zu komplex, als dass einzelne Hersteller alle Betriebsbereiche abdecken könnten.

Daher ist die IT-Industrie gefordert, die Standardisierung von Technologien voranzutreiben, um ein möglichst reibungsloses Zusammenspiel unterschiedlicher Produkte sicherzustellen. Das muss nicht heißen, dass sich unzählige Gremien mit einer Normierung beschäftigen, die zumeist von der Realität überholt wird. Die Konsequenz ist vielmehr, dass einige unverzichtbare Industriestandards etabliert und weiterentwickelt werden, beispielsweise bei Datenformaten oder Austauschprotokollen. Insbesondere müssen sich aber alle Hersteller auf die Offenheit ihrer Systeme und die umfassende Dokumentation ihrer Schnittstellen verpflichten, um einer Gesamtintegration den Weg zu ebnen. Es wird aus gutem Grund immer spezialisierte Hersteller geben, die sich auf bestimmte Märkte oder Anforderungsprofile konzentrieren und hierfür eine genau passende Lösung anbieten. Jedoch wird der Anwender nicht von der Lösung profitieren, wenn sie sich nicht oder nur mit hohem Aufwand in die gesamte Infrastruktur einbinden lässt. Daher werden Hersteller, die sich nicht auf Offenheit verpflichten, keinen Wettbewerbsvorsprung erreichen. Mittel- bis langfristig wird der Markt ein solches Verhalten negativ sanktionieren.

Auf Grund stagnierender IT-Budgets, größerer Zurückhaltung der Anwender gegenüber neuen Technologien sowie Teilmärkten, die sich bereits in einer Sättigungsphase befinden, werden IT-Hersteller vorübergehend mit geringeren Wachstumsraten wirtschaften müssen. Neben gezielten Harmonisierungsbestrebungen der Industrie werden auch diese Trends zu einer weiteren Standardisierung beitragen, insbesondere bei den Technologieplattformen. Für Hersteller wird es unrentabel, zu viele verschiedene Systeme zu unterstützen. Daher wird es im Markt zu einer Konzentration bei Basistechnologien kommen. Nur einige wenige Hersteller sind dann in der Lage, ein komplettes Rahmenwerk für die betriebliche Informationsverarbeitung bereitzustellen. Diese Oligarchie der Technologieplattformen birgt aber durchaus Vorteile für Anwenderfirmen: Sie können ihre Systemumgebung auf einem Fundament aufbauen, das über lange Zeiträume stabil bleibt und für Investitionssicherheit sorgt. Die unverzichtbare Offenheit der Plattform ebnet den Weg, jederzeit neue Technologien einzubinden – ohne das Gesamtkonstrukt zu verändern und aus dem Gleichgewicht zu bringen. Vieles spricht außerdem für ein breiteres Lösungsangebot: Softwarehersteller können sich so auf die Funktionsbreite und Stabilität ihrer Lösungen statt auf die Unterstützung zahlreicher Plattformen konzentrieren.

Fazit

Informationstechnologie erfüllt keinen Selbstzweck, sondern muss die Unternehmensstrategien und die Geschäftsprozesse wertschöpfend unterstützen. Demzufolge verlangen Entscheider und Anwender von der IT-Industrie zur Sicherstellung einer leistungsfähigen und gleichzeitig stabilen „IT-Landschaft" mehr Offenheit ihrer Technologien und Lösungen. Eine Standardisierung in der Informationstechnologie wird mittelfristig zu mehr Vertrauen beim Anwender führen und ein weiteres Investitionshindernis aus dem Weg räumen: die Furcht vor der Abhängigkeit von einzelnen Herstellern.

7.8 The Strategy of Open Standards: What Information Technology Must Accomplish in the Future

Michael Kleinemeier

Information Technology (IT) managers have no easy job right now. On the one hand, more and more business processes must be optimized through integrated computer systems. On the other hand, the budgets of many companies are frozen, if not downsized. What at first glance appears to be an impossible balancing act can, however, be a beneficial exercise, provided that the users demand the right support from the manufacturers. In the coming years, the IT industry must go through a structural transformation which builds more trust among users on a long-term basis.

After years of major technological advances and the Y2K transition – a time period associated with high IT investments often without the expected return –, many companies are now disenchanted. They see themselves surrounded by countless system structures of varying origin in which the daily operation resembles an equation with too many unknowns. The result is an extreme reluctance to invest from which manufacturers of information systems now suffer. Of course, manufacturers are not completely without blame. After all, they were in fact too late in implementing what their customers increasingly demanded from them: open standards and transparency in their systems that enables integration with a demonstrable return on investment. IT infrastructures today are far too complex for individual manufacturers to cover all operational areas. That is why the IT industry is pressured to standardize technology in order to secure the smoothest interaction between differing products. This does not mean that countless committees must concern themselves with standardizations that will be overtaken by reality. A more likely consequence will be that certain indispensable industry standards, e.g. data formats and exchange protocols, will be established and further developed. To pave the way towards holistic integration, manufacturers must have open standards in their systems while comprehensively documenting their interfaces. There will always be specialized manufacturers who concentrate on specific markets or product profiles and therefore offer a precise and compatible solution. Nevertheless, the user will not profit from such a solution if it cannot be implemented into the existing infrastructure, or only at a high cost. Consequently, manufacturers will not achieve a competitive advantage if they do not pursue an open standard strategy. The market will sanction such behavior negatively on both the mid- and long-term.

Stagnating IT budgets, greater user reluctance towards new technologies, and sub-markets in a saturation phase are all trends indicating that IT manufacturers will have to momentarily cope with lower growth rates. These trends, doubled with the targeted attempts at harmonization, will contribute to further standardizations, especially for technology platforms. It will become unprofitable for manufacturers to support so many different systems. Because of this, we will see a concentration of platform technologies. Only a few manufacturers are in the position to supply a complete framework for information processing. But this oligarchy of technological platforms necessarily salvages advantages for user companies: they can build their systems environment on a foundation which has enduring stability and provides for investment security.

Indispensable open platform standards always facilitate the successful integration of new technologies without changing the entire structure and ruining the balance. Furthermore, the demand for a broader range of solutions is clear: software manufacturers can concentrate on the functional range and stability of their solutions rather than on the support of numerous platforms.

Conclusion

Information Technology is not an end in itself, but it must support the company strategy and business processes in adding value. Consequently, decision makers and users demand more open standards in technologies and solutions from the IT industry in order to ensure an effective and stable "IT landscape". A standardization in Information Technology on the mid-term will strengthen user trust and eliminate the investment barrier: the fear of depending on individual manufacturers.

VIII

Strategie, Organisation und Umsetzung

Strategy, Organization and Implementation

8.1 Chaos, Ordnung und Strategie

Hermann Simon

Unternehmen bewegen sich ständig auf dem schmalen Grat zwischen Ordnung und Chaos, zwischen Planbarem und Unvorhergesehenem. Die Bedeutung von Chaos und Ordnung für die Entwicklung und Überlebensfähigkeit dynamischer Systeme wird von der Wissenschaft erst seit jüngerer Zeit verstanden. Die Strategie eines Unternehmens muss beiden Phänomenen gerecht werden. Zu viel Ordnung führt zur Erstarrung, zu viel Chaos zum Auseinanderlaufen der Strategie. Nur wenn beide Aspekte ausgewogen in einer Strategie vereint werden, bleiben die Anpassung an sich verändernde Umfeldbedingungen und der langfristige strategische Erfolg gewährleistet.

Die Wirtschaftswelt stellt sich uns in zwei Formen dar: zum einen als Welt deterministischer Gesetzmäßigkeiten, des Geregelten, des Vorhersehbaren (zum Beispiel dort, wo Naturgesetze, technische Regeln oder feste Verträge gelten); zum anderen als eine Welt des Einmaligen, der Intuition, des Unvorhersehbaren und Zufälligen (zum Beispiel in Forschung und Entwicklung, der Erschließung neuer Märkte, dem Verhalten der Wettbewerber oder der Kunden). In dieser chaotischen Welt sind sichere Prognosen, somit absolute Planbarkeit und Ordnung, unmöglich.

Strategieformulierung und -umsetzung sind nicht technokratisch sicher planbar. Trotz dieser Unsicherheit muss jedes Unternehmen ständig nach Verbesserungen streben, verändern, innovieren. Die Strategie sieht sich dabei stets mit zwei Herausforderungen konfrontiert: Ordnung, Disziplin einerseits und Phantasie, Kreativität, Chaos andererseits. Chaos fungiert, wie in der Natur, als Suchprozess. Der Mediziner Wolfgang Gerok beschreibt die Funktionen der beiden Aspekte: „Die geordneten Reaktionen verleihen den Systemen Stabilität und Konstanz (Ordnung). Die chaotischen Reaktionen ermöglichen dagegen die Flexibilität, die rasche Anpassung an veränderte Umweltbedingungen durch ‚trial and error‘ und die Kreation neuer Eigenschaften."

Das klingt nach einer treffenden Beschreibung der Aufgabe des Managements in einer turbulenten Umwelt. Eine Strategie kann sowohl an zu viel „erstarrter Ordnung" als auch an zu viel „ungesteuertem Chaos" erkranken. Die Strategien großer, älterer Firmen einerseits und kleiner, jüngerer Firmen andererseits weisen in dieser Hinsicht typische Unterschiede auf.

Großunternehmen haben in der Regel zu viel Ordnung und entwickeln ein Immunsystem gegen Chaos. Doch durch Ordnung lassen sich nur wiederkehrende Probleme lösen. Selbst die bewährteste Regel bedarf von Zeit zu Zeit der Hinterfragung. Am Ende gibt es Ordnungen für alles: für Dienstwagen, Reisekosten, Bürostühle – und für die strategische Planung. Und Massen von Mitarbeitern sind damit beschäftigt, Ordnungen zu entwerfen und ihre Einhaltung zu überwachen.

Junge, kleine Unternehmen operieren oft am anderen Extrem. Es wird ständig nur improvisiert, und das Chaos regiert. Die Mitarbeiter in solchen Firmen, manchmal beim Unternehmer angefangen, wehren sich gegen die Einführung von Ordnung und Disziplin in der Planung und der Ausführung. Etwas übertrieben kann man sagen, dass die Mitarbeiter kleinerer Firmen „Ordnung nicht ertragen" können, während die Angestellten in Großfirmen zu viel „Angst vor Chaos" haben und sich deshalb an starre Regeln halten.

Beiden Typen sei angeraten, nach einer ausgewogeneren Balance von Chaos und Ordnung zu streben. Damit verbunden, empfehlen sich für die Strategie folgende Anregungen:

- Trainieren Sie sich selbst und Ihren Mitarbeitern das Bewusstsein an, dass Ordnung und Chaos notwendige Elemente von Strategie sind.

- Sorgen Sie für eine genügende Diversifität der Meinungen. Ein gefährliches Symptom von zu viel Ordnung ist das so genannte „Groupthink"-Phänomen, bei dem alle gleich denken, voll auf einer Linie liegen. Wenn in der Strategieentwicklung zu schnell ein Konsens erreicht wird, besteht die Gefahr, dass die vielen Facetten des Problems nicht ausreichend bedacht wurden.

- Reorganisieren Sie von Zeit zu Zeit bzw. setzen Sie um, um der Erstarrung von Ordnungen einerseits, aber auch dem Fortbestehen von Chaos andererseits entgegenzuwirken.

- Wechseln Sie zyklisch zwischen Chaos und Ordnung. Hektischen Wachstumsschüben sollten Konsolidierungsphasen, in denen sich neue Ordnungen bilden können, folgen (et vice versa).

Stabilisierung von Bewährtem und Konstanz einerseits, Flexibilität und Kreativität andererseits lassen sich nur durch die Kombination von Ordnung und Chaos erreichen. Ordnung allein hat Blei unterm Hintern, Chaos allein verliert den Boden unter den Füßen. In der Unternehmensstrategie müssen sich Chaos und Ordnung ständig die Waage halten.

8.1 Chaos, Order and Strategy

Hermann Simon

Businesses are constantly walking a fine line between order versus chaos and predictability versus unpredictability. The importance of chaos and order for the development and survival of dynamic systems has only recently been recognized by scientists. A business strategy must embrace both phenomena. An overdose of order leads to paralysis, while too much chaos can garble the strategy. Only if there is a balance in the strategy between both aspects can adaptation to changing environments and long-term strategic success be achieved.

The business world has two distinct sides: first it is a world of deterministic laws, of regulations and of the foreseeable, e.g. where laws of nature, technical rules or fixed contracts apply. But it is also a world of uniqueness, of intuition, of the unpredictable and of coincidence, e.g. in research and development, the opening of new markets, or the behavior of competitors and customers. In our chaotic world, forecasting with certainty and creating definite plans and order often prove to be impossible.

The formulation and implementation of a strategy cannot be planned "technocratically". Despite uncertainties, every business must strive for improvement, change and innovation. Strategy is always faced with two challenges: order and discipline on the one hand; imagination, creativity and chaos on the other. As in nature, chaos represents the process of searching and finding. The physician Wolfgang Gerok describes the functions of both aspects: "Organized reactions provide stability and constancy to the system (order). Chaotic reactions, in turn, allow flexibility, swift adaptation to changing conditions by trial and error, and the creation of new qualities."

This sounds like an accurate description of management's job in a turbulent environment. A strategy can suffer from both a surplus of "stifling order" and too much "uncontrolled chaos". The strategies of large old and small young companies differ from each other fundamentally in this respect.

Large old companies usually have a surplus of order and develop an immune system towards chaos. However, order only allows you to solve problems which reoccur. Even the most accepted and proven rule needs to be questioned from time to time. At the end of the day, there are rules and regulations for everything: for company cars, travel expenses, office chairs – and even for strategic planning. And the huge staffs are kept busy creating rules and seeing that they are adhered to.

Small young companies often go to the other extreme. They constantly improvise. Chaos reigns. The staff in such companies, sometimes even from the start, resist any introduction of order and rebel against discipline in planning and execution. Without exaggerating, one can say that the staffs of small firms find it difficult to handle discipline, while the big firms cannot handle chaos and adhere rigidly to their rules.

Large or small, both companies should strive for a more balanced relation between chaos and order. Therefore the following suggestions should be observed in strategy development:

- Managers and staff should make themselves aware that order and chaos are vital elements of strategy.

- Cultivate attitude diversification. An alarming symptom of too much order is the so-called "group think" phenomenon: everyone thinks in the same way and has the same opinion. If a consensus is reached too easily it can mean that the problem has not been dealt with thoroughly and critically enough.

- From time to time, reorganize and implement in order to counteract both the paralysis and the continuation of chaos.

- Alternate between chaos and order cyclically. Bursts of chaotic growth should be followed by phases of consolidation in which order and structure can be restored (and vice versa).

Stabilization of time-tested patterns and constancy on the one hand, with flexibility and creativity on the other, can only be achieved by combining order and chaos. Order alone will weigh down your development. Chaos alone will pull the rug out from under you. In a well-balanced corporate strategy, there should be a healthy equilibrium of chaos and order.

8.2 Von der Strategie zur Struktur

Hannes Utikal

„Structure follows strategy" – mit diesen Worten brachte im Jahr 1962 der Harvard-Professor Alfred Chandler die Ergebnisse seiner empirischen Untersuchungen zu dem Zusammenhang zwischen Strategie und Organisationsstruktur auf den Punkt. Chandler hat in historischen Studien den in den ersten Jahrzehnten des zwanzigsten Jahrhunderts bei General Motors und DuPont zu beobachtenden Strukturwandel von der Funktional- zur Spartenorganisation untersucht. Er identifiziert die verfolgte Unternehmensstrategie als zentrale Ursache für die Reorganisationen und kommt zu dem Schluss, dass die jeweilige Strategie die Wahl der Organisationsstruktur bestimmt. Diese Aussage ist zwischenzeitlich kontrovers diskutiert worden. Denn neben der Strategie beeinflussen auch die Geschichte eines Unternehmens, die persönlichen Erfahrungen des Top-Managements und nicht zuletzt auch so genannte „Management-Moden" die Organisationsentscheidungen. Dennoch: Bei weit reichenden Restrukturierungen ist eine rationale Organisationsgestaltung nur unter Berücksichtigung der Strategie möglich. Dabei bezieht sich die Gestaltungsaufgabe auf die Organisation (Strukturen, Prozesse, Schnittstellen), die Mitarbeiterführung (Qualifikation, Motivation) sowie das Steuerungssystem (Controlling).

Um den Grundsatz „Structure follows Strategy" mit Leben zu füllen, sind Antworten auf zwei Fragen zu finden:

1. Welche Anforderungen stellt die Strategie an die Organisationsgestaltung?

2. Mit welchen Maßnahmen können diese Anforderungen erfüllt werden?

In Zeiten sich intensivierenden Wettbewerbs müssen Unternehmen in strategischer Hinsicht nicht mehr nur das Spannungsfeld zwischen einer Kostenführer- und einer Leistungsführerstrategie bewältigen sowie in den Dimensionen „niedrige Kosten" und „hohe Qualität" konkurrenzfähig sein. Vielmehr müssen sie zusätzlich auch im internationalen Zeitwettbewerb bestehen. Denn in vielen Industrien haben Wettbewerbsvorteile nur kurzzeitig Bestand. Im Investmentbanking benötigt die Konkurrenz zwei bis drei Wochen, um ein neues Derivate-Produkt zu imitieren; der Wettbewerbsvorteil eines neuen Mobiltelefons hat weniger als ein halbes Jahr Gültigkeit. Damit ist der Faktor „Zeit" neben den Dimensionen „Kosten" und „Qualität" von strategischer Relevanz. Dieser mehrdimensionale Zielkatalog schlägt auch auf die Organisationsgestaltung durch.

Organisatorisch relevante Ziele lassen sich auf verschiedene Aspekte der Organisation beziehen. In Anlehnung an das Effizienzkonzept von Erich Frese können strukturelle und personenbezogene Ziele unterschieden werden. Strukturelle Ziele thematisieren zum Beispiel die Bewältigung von Leistungsprozessen (Prozesseffizienz), den Ressourcenbedarf (Ressourceneffizienz), das Auftreten am Markt (Markteffizienz) oder die Steuerbarkeit des Unternehmens; personelle Ziele fokussieren auf die Qualifikation und die Motivation der Mitarbeiter.

„Von der Strategie zur Struktur"

Strategie	Organisatorische Anforderungen	Gestaltungsmaßnahmen
• Unternehmensstrategie	**strukturell,** z.B.:	• Organisation: Strukturen, Prozesse, Schnittstellen
• Wettbewerbsstrategie	• Ressourceneffizienz	• Mitarbeiterführung: Anreize
• Funktionsstrategie	• Prozesseffizienz	• Steuerungssysteme: Controlling
	• Markteffizienz	
	personell, z.B.:	
	• Motivation	
	• Qualifikation	

Abb.1: Von der Strategie zur Struktur

Bei struktureller Betrachtung findet Organisationsgestaltung vor allem im Spannungsfeld zwischen Prozess-, Ressourcen- und Markteffizienz statt. Die Prozess- und die Ressourceneffizienz dominierten die Reorganisationen in den späten neunziger Jahren. Um eine hohe Prozesseffizienz zu erzielen, d.h. die Schnelligkeit und Flexibilität der Unternehmen zu steigern, wurden vorhandene Leistungsabläufe analysiert und zur Basis der Bildung neuer Organisationseinheiten gewählt („Prozessorganisation"). Dies führte zum Beispiel im Maschinen- und Anlagenbau regelmäßig zu produktorientierten Strukturen, in denen alle für die Erstellung eines Produktes erforderlichen Ressourcen zusammengefasst wurden. Die Ressourceneffizienz betrachtet die Kostenwirtschaftlichkeit einer organisatorischen Lösung (Personalkosten, Auslastungsgrad von Maschinen und Anlagen); typische Reorganisationen zur Verbesserung der Kostensituation waren in den neunziger Jahren der Abbau von Zentralbereichen sowie die Reduktion des mittleren Managements.

Im Zuge von E-Commerce und Kundenbindungsmanagement hat in jüngster Zeit die Absatzmarkteffizienz an Bedeutung gewonnen. Sie thematisiert, inwiefern ein Unternehmen durch ein abgestimmtes Verhalten Cross-Selling-Erlöse realisieren und ungewollte Marktinterdependenzen (zum Beispiel Substitutionseffekte) vermeiden kann. Diese Fragen sind für Unternehmen, die neben ihrem konventionellen Vertrieb auch E-Commerce betreiben, von zentraler Bedeutung. Sie müssen im Rahmen eines systematischen Customer-Relationship-Managements Kannibalisierungseffekte zwischen ihrem elektronischen und dem persönlichen Vertriebskanal vermeiden und sicherstellen, dass ein Kunde über verschiedene Vertriebskanäle hinweg koordiniert informiert und beraten wird. Nur wenn dies sichergestellt ist, wird der Kunde die Betreuung als qualitativ hochwertig einstufen und die Geschäftsbeziehung mit seinem Anbieter ausweiten. Kundenorientierte Strukturen, in denen alle für die Bearbeitung einer Kundengruppe erforderlichen Kompetenzen und Ressourcen zusammengefasst sind, tragen zur Erzielung einer hohen Markteffizienz bei.

Doch wie können Trade-offs, die zwischen den Effizienzkriterien bestehen und die jeweils unterschiedliche organisatorische Maßnahmen als geeignet erscheinen lassen, aufgelöst werden? In Zeiten eindimensionaler strategischer Prioritäten ist die Entscheidung für eine bestimmte Struktur vergleichsweise einfach. Es wird die Lösung gewählt, die das wichtigste strategische Ziel am besten erfüllt. Heute besteht in vielen Branchen jedoch die Kunst darin, organisatorische Lösungen zu entwickeln, die sowohl eine hohe Prozess- und Ressourceneffizienz als auch eine hohe Markteffizienz gewährleisten. Innovative organisatorische Lösungen haben hierzu IT-Hersteller wie IBM und Oracle entwickelt. Sie haben Produkt-/Kunden-Strukturen implementiert, bei denen alle Wertschöpfungsstufen ohne unmittelbaren Kundenkontakt (zum Beispiel Anwendungsentwicklung und Produktion) produktorientiert und alle Aktivitäten mit direkter Kundeninteraktion (zum Beispiel Vertrieb, Kundendienst) markt- oder kundenorientiert abgegrenzt sind. Derartige mehrdimensionale Organisationslösungen sind zur Verschiebung des skizzierten Trade-offs geeignet. Ihnen gehört bald 100 Jahre nach der „Erfindung" der Spartenorganisation die Zukunft.

8.2 Structure Follows Strategy

Hannes Utikal

> "Structure follows strategy" – these words of Harvard professor Alfred Chandler from 1962 concisely summarize the results of his empirical research which examined the relationship between strategy and organizational structure. Chandler's historic studies investigated the structural shift from functional to divisional organization which took place at General Motors and DuPont in the early decades of the twentieth century. He identified a company's strategy as the main influencing factor for the reorganization. He then concluded that the respective strategy determines which organizational structure is selected. Since then, his statement has been a source of controversial discussion because, while strategy influences structure, so do company history, the personal experiences of top management and so-called "management fads". Yet a rational organizational design has to take strategy into account. The goal-oriented configuration of a company focuses on organization (structures, processes and interfaces), staff leadership (training, motivation) and the controlling system.

To give meaning to the statement "structure follows strategy," two questions must be answered:

1. Which demands does strategy place on organizational design?

2. Through which actions can these demands be met?

Examined strategically, periods of intensified competition require companies to move beyond the conflict between cost leadership and differentiation strategies and to stay competitive in the areas of "low costs" and "high quality". In addition to these strategic requirements, companies now face international time-based competition, as a competitive edge in many industries is often short-lived. In investment banking, the competition needs only two to three weeks to imitate a new derivative product; the competitive advantage of a new mobile telephone device lasts less than half a year. In addition to the "costs" and "quality" requirements, "time" is in its own right a strategic success factor. Organizational design has to take this multi-dimensional set of requirements into account.

Organizationally relevant goals can be tied to various aspects of organization. Following the concept of organizational efficiency as developed from Erich Frese, structural and personnel oriented efficiency criteria can be identified. Structural criteria focus e.g. on the management of working processes, the workflow in the value chain (process efficiency), the resource needs (resource efficiency), the market performance (market efficiency) or the company's controllability. Personnel oriented criteria focus on the training and motivation of staff.

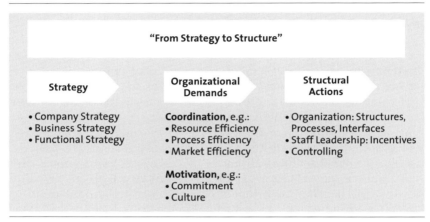

Figure 1: From Strategy to Structure

Examined structurally, organizational configuration is largely influenced by the area of conflict existing between the requirements of process, resource, and market efficiencies. Process and resource efficiencies were dominating factors in the reorganizations of the late nineties. To achieve a high process efficiency – i.e. a fast and flexible reaction to customer requirements –, the existing workflows in the value chain were analyzed and chosen as a basis for building new organizational units ("process organization"). This led quite often to product-oriented structures in industries like machinery and engineering in which all necessary resources were consolidated for the preparation of a product. The resource efficiency considers the cost effectiveness of an organizational solution (personnel costs, the degree of machinery and facility utilization); the downsizing of central staff and reductions in middle management were typical restructuring activities executed in the nineties to improve the cost situation.

E-Commerce and customer relationship management have recently strengthened the importance of market efficiency criteria. The extent to which a company can achieve cross-selling revenues through coordinated sales representatives' behavior and can avoid market interdependencies (e.g. substitution effect) are the central themes of market efficiency. These themes are crucial for companies offering their products via E-Commerce and their conventional distribution channels. For systematic customer relationship management, they must avoid cannibalization effects between their electronic and traditional sales channels and ensure that the customer is thoroughly informed and advised across all channels in a coordinated manner. Only when this is ensured will customers appreciate the quality of customer care, prompting them to expand business relations with their supplier. Customer-oriented structures – in which all necessary talents and resources are consolidated for handling one customer group – are appropriate for achieving high market efficiency.

But how can trade-offs between different efficiency criteria be dissolved? In times of one-dimensional strategic priorities, the decision for a specific structure is comparatively simple to make. The solution that accomplishes the most important strategic goal is chosen. Yet in many sectors today the development of organizational solutions which guarantee high process and resource efficiencies, on top of high market efficiency, has become a real art form. IT manufacturers like IBM and Oracle have successfully mastered this art form by developing innovative organizational solutions. They have implemented product/customer structures in which all activities of the value chain without direct customer contact (e.g. application development and production) are product-oriented, and all activities with direct customer interaction (e.g. sales, customer service) are organized to be market- or customer-oriented. Such multi-dimensional organizational solutions are suitable for the postponement of the outlined trade-offs between resource, market, and process efficiencies. Almost 100 years after the "discovery" of divisional organization, the future now belongs to them.

8.3 Learn to Compete – Compete to Learn

Frank Rautenberg

In zunehmend internationalisierten Märkten nehmen Komplexität und Dynamik der Umwelt rapide zu. Daraus ergeben sich neue Herausforderungen an das Management von Kompetenzen in Unternehmen: Einmal aufgebaute Kompetenzen können schnell wertlos werden, wenn für sie kein Markt mehr existiert. Ebenso wenig können Unternehmen eine attraktive Wettbewerbsposition einnehmen, wenn die dazu notwendigen Kompetenzen fehlen.

Die Verwertung von internen Kompetenzen zur Nutzung externer Chancen stellt eine strategische Herausforderung für Unternehmen dar. Bei der Antwort auf diese Herausforderung nimmt organisationales Lernen eine herausragende Stellung ein, denn manche Kompetenzen lassen sich nicht auf Märkten erwerben. Sie können nur durch langfristige Lernprozesse aufgebaut werden. Dabei existieren unternehmensinterne und -externe Lernbarrieren, die jedoch überwindbar sind.

Die erste Lernbarriere besteht in der Herausforderung, neues Wissen der Organisation nicht nur zu entwickeln, sondern es tatsächlich zu nutzen: Wissen muss in einer für das Unternehmen brauchbaren Form verfügbar gemacht werden. Die zweite Lernbarriere beruht darauf, dass individuelles Lernen in organisationales Lernen umgewandelt werden muss: Individuelle Lernprozesse sind zwar Grundlage organisationalen Lernens, aber organisationales Lernen ist mehr als die Summe der individuellen Lernprozesse aller Menschen in einer Organisation. Die dritte Lernbarriere ergibt sich daraus, neue Wissensquellen zu erschließen. Dies ist insbesondere dann eine Herausforderung, wenn Unternehmen miteinander Wissen austauschen wollen. Die vierte Lernbarriere liegt in der Unüberschaubarkeit potenziell zugänglichen Wissens. Bei der Wissenssuche und Kompetenzentwicklung ist Selektivität gefragt.

Wissen erwerben und nutzen

Der erste Schritt der Entwicklung von Kompetenzen ist das sukzessive Erwerben, Verteilen, Interpretieren und Speichern von Wissen in der

Organisation. Das beste Wissen ist jedoch nutzlos, wenn es nicht verwertet wird. Der zweite Schritt der Entwicklung von Kompetenzen ist daher das Brauchbarmachen von Wissen für die Steuerung von ganz bestimmten Unternehmensaktivitäten. Bei der Planung, Gestaltung und Erfolgsbewertung seiner Aktivitäten sollten Unternehmen abwägen, ob das notwendige Wissen verfügbar ist bzw. ob es optimal genutzt werden kann. Dadurch werden Wissenslücken im Unternehmen aufgedeckt, und der Prozess der Wissenssuche und -verarbeitung kann so gesteuert werden.

Die beiden Ebenen der Kompetenzentwicklung lassen sich nicht scharf voneinander trennen. Oft ergeben sich Lernerfolge aus sukzessiven Anpassungen der Organisation auf Grund neuer Erfahrungen. Dieser graduelle Wissensaufbau bewirkt dann allmählich, dass sich im Unternehmen herrschende Annahmen über Ursachen und Wirkungen von Managemententscheidungen dauerhaft verändern. Wichtig ist dabei, dass erst die Kombination aus Wissensverarbeitung und -anwendung den Aufbau von Kompetenzen sichert, die einen Wettbewerbsvorteil bieten.

Individuelle Lernergebnisse für die Organisation nutzbar machen

Grundlage organisationalen Lernens sind individuelle Lernprozesse. Nur wenn die Mitarbeiter eines Unternehmens neues Wissen erwerben und aus ihren Erfahrungen lernen, kann das Unternehmen Kompetenzen entwickeln. Dabei können sich die Lernprozesse zunächst auf einen Teil der Mitarbeiter beschränken, denen ganz spezifisches Wissen zugänglich ist. So besitzen Vertriebsmitarbeiter einen besseren Zugang zu Wissen über Marktentwicklungen, während Mitarbeitern in Forschung und Entwicklung Wissen über technische Entwicklungen besser zugänglich ist. Schlüsselpersonen des Wissenserwerbs und der Wissensverbreitung kommt daher eine besondere Bedeutung zu. Allerdings gelingt es nur durch intensive Kommunikation, die Wissensbasen der einzelnen Mitarbeiter auf der Ebene der Organisation zu verdichten. Der Wissensaustausch vollzieht sich dabei sowohl durch formelle Kanäle wie z.B. durch unternehmensinterne Informationssysteme als auch durch informellen Austausch über Abteilungsgrenzen. Daher sollte der Wissensaustausch zwischen Mitarbeitern in der Unternehmenskultur verankert werden.

Wissen suchen und verfügbar machen

Bei der Suche nach neuem Wissen zur Nutzung externer Chancen sind Unternehmen oftmals damit konfrontiert, dass für das gesuchte Wissen kein Markt existiert. Der Arbeits- und der Informationsmarkt bieten dann nur eingeschränkte Möglichkeiten beim Zugang zu neuen Kompetenzen. Die Kooperation mit anderen Unternehmen in strategischen Allianzen kann in diesem Fall ein wirksames Mittel zur Kompetenzentwicklung sein. Dabei sollten gezielt solche Unternehmen als Partner gesucht werden, die über komplementäres Wissen verfügen. Es bestehen aber keine Automatismen zwischen dem Einrichten einer strategischen Allianz und dem Aufbau neuen Wissens. Daher ist von den Unternehmen die Bereitschaft gefordert, Wissen auch dann an den Partner weiterzugeben, wenn der Wissenstransfer nicht unmittelbar durch einen neuen Wissenserwerb kompensiert wird. Nur eine intensive, von gegenseitigem Vertrauen geprägte Zusammenarbeit bietet die Chance zum organisationsübergreifenden Lernen. Das Allianzmanagement sollte dies berücksichtigen und sich an der herausragenden Bedeutung der Lernprozesse für die Wettbewerbsfähigkeit orientieren.

Selektiv vorgehen

Bei der Suche nach Wissen müssen Unternehmen selektiv vorgehen. Das Wissensangebot für eine Organisation ist nahezu unüberschaubar. Gleichzeitig ist der Aufbau von Kompetenzen ein langfristiger Prozess. Die externe Suche nach neuen Kompetenzen sollte sich daher an zwei Faktoren orientieren: Einerseits sollte das bereits bestehende Wissen eine Grundlage für das neu gesuchte Wissen bieten. Der Aufbau einer neuen Kompetenz aus dem Nichts kann leicht die Zeit überschreiten, während der sich eine externe Chance bietet. Deshalb ist es einfacher, sich schrittweise in einer gegebenen Kompetenz zu verstärken als zu versuchen, für das Unternehmen absolut neue Kompetenzen aufzubauen. Andererseits sollte sich der Aufbau neuer Kompetenzen an den industrie- und branchenspezifischen Erfordernissen orientieren. Benchmarks mit Wettbewerbern und intensive Marktstudien können hier die Voraussetzung zum erfolgreichen Aufbau neuer Kompetenzen sein. Benchmarks sagen uns lediglich, was andere bisher erreicht haben, nicht jedoch, wie man über diese Leistungsniveaus hinauskommt.

Die große Herausforderung beim Aufbau und Verwerten von Kompetenzen besteht für Unternehmen darin, der zunehmenden Umweltkomplexität und -dynamik durch das Management von organisationalen Lernprozessen zu begegnen. Gelingt es Unternehmen, die vorgestellten Lernbarrieren zu überwinden, dann können sie Kompetenzen aufbauen und weiterentwickeln und dadurch ihre Wettbewerbsfähigkeit dauerhaft festigen.

8.3 Learn to Compete – Compete to Learn

Frank Rautenberg

As markets become more internationalized, the business environment also becomes more complex and dynamic. As a result, new challenges emerge for companies in competency management: a competency can quickly become worthless if its market no longer exists. Furthermore, a company cannot attain an attractive competitive position if the necessary competencies are missing.

Utilizing internal competencies in order to exploit external opportunities can be a strategic challenge for companies. Organizational learning plays a crucial role when trying to face this challenge: certain competencies cannot be acquired on the market. Rather, they can only be built up through long-term learning processes. Although some internal and external barriers may exist, there are ways for a company to overcome them.

The first learning barrier lies in the challenge of not only developing new organizational knowledge, but actually using it. Knowledge must be made available in a form that is practical for the company to use. The second learning barrier is the ability to convert individual learning into organizational learning. Individual learning processes are the bases for organizational learning, but organizational learning is actually the sum of each person's knowledge in the organization. The third learning barrier exists in opening up new sources of knowledge. This can be especially challenging if companies want to exchange knowledge with one another. The fourth learning barrier is the complex potential of accessible knowledge. Selectivity is crucial when searching for knowledge and developing competencies.

Acquiring and Utilizing Knowledge

The first step in developing competencies is the continuous acquisition, distribution, interpretation and storage of knowledge in the organization. Nevertheless, the best knowledge is useless if it is not utilized properly. Consequently, the second step in developing competencies is utilizing knowledge with the goal of managing all business activities. When planning, forming and evaluating the success of activities, a company should check if the necessary knowledge is available and if it can be optimally used. In doing so, the knowledge gaps in the company can be filled and the knowledge search and interpretation process can be managed accordingly.

Both levels of competency development cannot be separated from one another very easily. Learning often results from successive adjustments in the organization which are based on new experiences. This gradual accumulation of knowledge has the eventual effect that the company's basic assumptions about the causes and effects of management decisions are permanently changing. Furthermore, it is critical that only the combination of knowledge processing and application ensures the building of competencies which create a competitive advantage.

Taking Advantage of Individual Learning

The basis of organizational learning are individual learning processes. When employees acquire new knowledge and learn from their experiences, only then can the competencies of a company develop. In addition to this, the learning process can initially be limited to a part of the staff which has access to very specific knowledge. For example, sales personnel have better access to knowledge about market developments, while personnel in research and development have access to knowledge about technical developments. As a result, the key individuals who acquire and distribute knowledge become even more important. Communication is crucial when individual learning must lead to organizational learning. Knowledge can be exchanged through formal communication channels such as management information systems. Informal channels, like communication between employees, are also possible means of exchange. Knowledge exchange should become a part of the organizational culture.

Searching for Knowledge and Making It Accessible

When searching for new knowledge to exploit external opportunities, companies are often confronted with the fact that a market for the sought after knowledge does not exist. The job and information market offers only limited possibilities for accessing new competencies. Cooperations with other companies in strategic alliances can be an effective tool for developing competencies. Furthermore, companies should pursue partners with complementary knowledge. There is no direct link, however, between the founding of a strategic alliance and the building of new knowledge. As a result, a company must be willing to pass on knowledge to the partner if the knowledge transfer isn't automatically rewarded with newly acquired knowledge. Inter-organizational learning is only possible through an intense cooperative relationship which is strengthened by mutual trust. Alliance management should take this into consideration and focus on the great significance of learning processes for competitiveness.

Being Selective

When seeking knowledge, a company must be selective. The vast amount of knowledge offered to an organization is almost unmanageable. The accumulation of competencies, however, is a long-term process. Consequently, the external search for new competencies should be oriented around two factors. First, knowledge already on hand should be used as a basis for the search for new knowledge. Building a new competency from scratch can take too much time, but an external opportunity may exist for only a limited time. For this reason, it is easier to strengthen an already existing competency step by step, rather than trying to create a totally new one. Second, the accumulation of competencies should concentrate on the industry and sector-specific demands. Benchmarks with competitors and intense market studies can serve as prerequisites for successfully creating new competencies. However, benchmarks tell us only what others have achieved so far, not how one can reach beyond these levels of performance.

A company's greatest challenge in building and utilizing competencies lies in managing organizational learning processes in order to cope with the increasingly complex and dynamic environment. If a company successfully overcomes its learning barriers, then the competencies can be expanded and developed. Only then competitiveness will be guaranteed in the long run.

8.4 Netzwerke und Strategie

Michel Claessens/Alexander Pohl

Produkte und Services sind zunehmend in technische und soziale Netzwerke eingebunden. Der Wert eines Produktes innerhalb eines Netzwerkes ist höher als der des gleichen Produktes ohne Netzwerkverbund. Netzwerkeffekte nehmen eine Schlüsselrolle für den Erfolg oder Misserfolg von Unternehmen ein. Wettbewerb entwickelt sich weg von der Gewinnung von Marktanteilen hin zur Übernahme ganzer Märkte. Erfolgsfaktoren sind die Berücksichtigung sozialer Mechanismen, die mit Netzwerkeffekten zusammenhängen, sowie die Definition eines langfristigen strategischen Zeithorizontes. Strategische Konzepte müssen an diese neuen Herausforderungen angepasst werden.

Bei Netzwerkeffekten müssen Unternehmen die Interaktion von Kunden in einem bestimmten Markt koordinieren. Grundvoraussetzung ist das Erreichen einer kritischen Masse, d.h. einer Mindestanzahl an miteinander „verbundenen" Kunden im Netzwerk. So hat zum Beispiel ein Faxgerät aus Sicht der Kunden erst dann einen Wert, wenn eine ausreichende Mindestanzahl weiterer relevanter Personen ebenfalls über ein Faxgerät verfügt. Zusätzlich zum isolierten Produktwert ergibt sich der Wert eines Netzwerkproduktes aus Kundensicht auch aus der erwarteten Marktentwicklung. Diese Zukunftserwartungen beeinflussen die Zahlungsbereitschaft der Kunden für das Produkt. Der wahrgenommene Produktwert steigt mit der Anzahl von Käufen weiterer Marktteilnehmer in der Zukunft.

Netzwerkeffekte betreffen Kartellbehörden, Unternehmen und Kunden. Kartellbehörden sind betroffen, da der Konzentrationsprozess in verschiedenen Branchen zu neuen Wettbewerbsstrukturen, insbesondere zu Oligopolen und Quasi-Monopolen, führen kann. Die gestiegene Marktmacht der Anbieter kann auf Grund von Netzwerkeffekten volkswirtschaftlich ineffizient werden, was sich in einem Rückgang an sozialer Wohlfahrt sowie in einer Verringerung der Innovationsgeschwindigkeit und technologischen Leistungsfähigkeit äußert. Entsprechend sind Unternehmen an einer Ausnutzung von Netzwerkeffekten interessiert, da sie ihren Kundenbestand einbringen und entsprechende Gewinne erzielen können. Auf Grund hoher Wechselkosten und Produktinkompatibilitäten stehen Kunden vielfach praktisch keine Produktalternativen zur Verfügung. Folglich sind sie gezwungen, Preise von Folge- bzw. Komplementärprodukten zu akzeptieren. Microsoft ist ein gutes Beispiel für die Kraft von Netzwerkeffekten und deren Auswirkungen.

Unternehmen betreiben einen hohen Aufwand zur Ausschöpfung des Potenzials von netzwerkbasierten Märkten. Während in typischen Wettbewerbssituationen kleinere strategische Fehler häufig unwichtig sind und Planungszyklen eher kurz ausfallen, können diese Zyklen in einem netzwerkbasierten Wettbewerb deutlich länger sein und kleine Fehler in einem frühen Marktstadium zu großen Problemen in der Zukunft führen. Dieses Phänomen resultiert aus der so genannten Pfadabhängigkeit und der bei der Verbreitung von Netzwerkprodukten entstehenden Eigendynamik. Pfadabhängigkeit bedeutet, dass frühzeitige Unternehmensentscheidungen wichtig sind und Langzeiteffekte auf zukünftige Optionen haben können. Eigendynamik bedeutet, dass sich Markttrends selbst verstärken und dominant werden, sobald gewisse Schwellenwerte überschritten sind.

Unternehmen können folglich in positive, aber auch gefährliche Zyklen geraten, die dazu führen können, dass ein Unternehmen den gesamten Markt erobert. So konnte sich zum Beispiel der VHS-Standard gegenüber Betamax trotz technologischer Unterlegenheit durchsetzen, da Sony die Netzwerkeffekte des Videomarktes nicht beherrschte. Die Herausforderung besteht weniger in der Gewinnung von einzelnen Kunden und deren Kaufentscheidungen, sondern vielmehr in der Übernahme ganzer Umsatzströme, die durch aufeinander folgende Produktgenerationen sowie durch Komplementärprodukte und -dienstleistungen an eine bestehende Kundenbasis verkauft werden, wie beispielsweise im Mobilfunksektor.

Netzwerkeffekte werden durch Produkt- und Servicemerkmale und durch Kundenerwartungen begründet. Kundenpräferenzen determinieren bei klassischen Produkten typischerweise die Produktgestaltung und den optimalen Preis. In netzwerkbasierten Märkten gibt es mehrere optimale Optionen für die Produktgestaltung und den Preis. Die beste Lösung hängt von Kundenerwartungen über die zukünftige Marktgröße und von neu erscheinenden Produktcharakteristika ab. Folglich müssen frühzeitig Kundenerwartungen, -wahrnehmungen und -erfahrungen gesteuert werden, und zwar auf Einzelkunden- und Gesamtkundenebene. Dies führt wie zum Beispiel in der Computer/Software-Branche zu intensivem Wettbewerb vor der Produkteinführung, zu Auseinandersetzungen um die Etablierung eines Marktstandards, wobei sämtliche Instrumente des Prämarketing wie die Beeinflussung von Lead-Usern oder die Präsentation von Prototypen und Produktversionen zum Einsatz kommen. Neben Produkten, Märkten und Wettbewerbern werden bei netzwerkbasierten Produkten die hohe Bedeutung der Zeitkomponente und die sozialen Mechanismen von Kundennetzwerken zu zusätzlichen und expliziten Dimensionen des strategischen Denkens.

	Produktbasierte Märkte	Netzwerkbasierte Märkte
Wahrgenommener Wert eines Produktes	• Isoliert • Abhängig von individuellen Präferenzen • Eher stabil im Zeitverlauf	• Eingebunden • Abhängig von Zukunftserwartungen • Variabel im Zeitverlauf
Produktadoption	• Geringe Abhängigkeit von Käufen anderer Kunden	• Hohe Abhängigkeit von Käufen anderer Kunden
Kritische Masse	• Sehr gering, falls überhaupt vorhanden	• Üblicherweise große Kundenbasis
Eigendynamik	• Hauptsächlich Mund-zu-Mund und Tendenz zu Imitationskäufen	• Gegenwärtige und erwartete Marktgröße • Verfügbarkeit von Komplementärprodukten oder -services
Pfadabhängigkeit	• Geringe Bedeutung früher Entscheidungen	• Lang anhaltender Effekt von frühen Entscheidungen
Wettbewerbsentwicklung	• Häufig starker Wettbewerb in der Reifephase	• Harter frühzeitiger Wettbewerb • Entwicklung zu stabilen Oligopolen oder Quasi-Monopolen in der Reifephase

Tab. 1: Produktbasierte und netzwerkbasierte Märkte

8.4 Network Effects and Strategy

Michel Claessens/Alexander Pohl

Products and services are more and more embedded in technical and social networks. The stand-alone value of network products is lower than their "embedded" value. In such settings, network effects will play a key role in determining the strategic success or failure of firms. Competition will move away from gaining market share toward capturing the entire market. The mastering of the social mechanisms contributing to network effects, as well as the setting of the strategic competitive time horizon, become increasingly crucial success factors. Hence, strategic concepts have to be adapted in order to integrate these new challenges.

Network effects refer to the need for firms to coordinate customers in a given market and to reach a critical mass, i.e. a minimum amount of "interconnected" customers. For example, having a fax is useless, from a customer's point of view, unless faxes can be exchanged with a sufficient number of people. Thus, in addition to its intrinsic or stand-alone value, the value attributed to a product by a customer, and hence the willingness to pay for it, depend on the anticipated evolution in the market. The perceived value of the product will increase with its later adoption by others.

Network effects are important for antitrust authorities, firms and consumers. Antitrust authorities are interested in them as a growing number of industries depart from a rather open competitive structure and evolve towards oligopolies or quasi-monopolies. Due to network effects, the large market power gained by incumbents can become inefficient at the aggregate level in terms of social welfare, overall pace of innovation or technological performance. Symmetrically, firms are interested in leveraging network effects because they provide them with a stable customer base, allowing them to reap comfortable profits. Given high switching costs and product incompatibilities, customers often find themselves locked in market structures where their choices are reduced or constrained and where prices can be seen as take-or-leave deals. In that respect, Microsoft provides a good example of the power of network effects and of their consequences.

However, exploiting the potential of network-based markets comes at a cost for firms. Contrary to usual competitive situations where petty strategic mistakes are often unimportant and time frames are rather short, in network-based competition time frames can be much longer, and slight or early strategic mistakes might prove fatal in the long run. This phenomenon is due to path-dependence and to feedback effects in the spreading of products or services. Path-dependence means that strategic choices available today are at least partly determined by previous decisions. Feedback effect means that a market trend tends to reinforce itself and become dominant beyond a given threshold. Firms can subsequently enter into either virtuous or vicious circles leading to winner-take-all situations. For example, the dominance of the technologically inferior VHS standard over Betamax is due to the fact that Sony did not succeed in mastering the dynamics of the network-based video market. Strategically speaking, the focus and time frame are very different in network-based competition. The challenge switches from repetitively winning one-shot client purchases toward capturing overall streams of revenues generated through successive product generations and complementary products or services sold to a customer base, like in the mobile phone industry.

Network effects are grounded in product/service features and customers' expectations. For classical products, customers' preferences usually determine the optimal price and features of products. In network-based markets, there are potentially many price levels and product profiles that can unfold. The solution reached will depend on consumers' anticipations in terms of future market size and emerging characteristics of products and their complements. Thus, very early, expectations, perceptions and experiential learning of customers have to be managed both at the individual and group level. This induces, like in the computer/software industry, intense pre-launch competition, wars of standards, announcement effects, the nurturing of strong lead users groups, as well as prototyping and versioning tactics. Setting the right competitive time frame and mastering the social mechanisms of customer networks become explicit dimensions of the strategic thinking in addition to products, markets and competitors characteristics.

	Product-based markets	Network-based markets
Perceived value of product	• Stand alone • Based on individual preferences • Rather stable through time	• Embedded • Strong dependence on other's adoption • Changing in time
Product adoption	• Weak dependence on other's adoption	• Strong dependence on other's adoption
Critical mass	• Very low, if any	• Usually large customer bases
Feedback effect	• Basically word-of-mouth and propensity to imitate	• Current and expected market size • Availability of complementary products or services
Path dependence	• Low impact of early decisions	• Long lasting effect of early decisions
Competitive evolution	• Permissive environment evolving towards fierce competition at the maturity stage	• Fierce early competition evolving towards stable • Oligopolies or quasi monopolies at the maturity stage

Table 1: Product-based and network-based markets

8.5 Bundling: Strategie und Organisation

Georg Wübker/Jens Baumgarten

Die Strategie der Zusammenfassung von Geschäften zu einem Paket bezeichnet man als „Bundling". Aktuelle Beispiele sind Multi-Utility in der Energieversorgungsbranche und Allfinanz bei Finanzdienstleistungen. Um die Vorteile des Bundling zu realisieren, sind oft gravierende Einschnitte in die Organisation des Unternehmens notwendig. Da die zu bündelnden Leistungen meist nicht nur von einem Unternehmen erbracht werden, stellt sich zudem die Frage: Kooperation oder Fusion?

Die zunehmend populäre Bündelungsstrategie hat Auswirkungen auf die Organisation des Anbieters. Oft muss der Bündelanbieter zur konsequenten Verfolgung dieser Strategie Kooperationen oder Fusionen mit Partnerunternehmen eingehen, wie die folgenden Beispiele verdeutlichen:

- In der Energieversorgungsbranche fanden in der jüngeren Vergangenheit zahlreiche Fusionen statt, um die Multi-Utility-Strategie, d.h. das Bündeln von Strom, Erdgas, Wasser, Entsorgung und Services, konsequent fortzusetzen. Die bekanntesten Beispiele sind die Fusion der RWE mit Thames Water sowie die Verschmelzung von PreussenElektra und Bayernwerk zu E.ON.

- In der Finanzbranche wird die Bündelstrategie eine enorme Bedeutung bekommen. Die Fusion zwischen Allianz und Dresdner Bank verdeutlicht wohl am konsequentesten den Weg zur Umsetzung der Allfinanz-Strategie. Die anderen Branchenriesen, zum Beispiel die HypoVereinsbank, die mit der Ergo-Gruppe zusammenarbeitet, setzen eher auf eine Kooperationsstrategie zur Realisierung des Allfinanz-Konzepts.

Ziel des Bundling ist die Förderung des so genannten Cross Selling zwischen den einzelnen Produktlinien. Dass der gemeinsame Verkauf aber in den meisten Fällen bisher gescheitert ist, hat im Wesentlichen zwei Gründe: Erstens handelt es sich oft um komplexe, erklärungsbedürftige Produkte, zu deren Vertrieb es Generalisten bedarf, die in allen betroffenen Produktbereichen über ein hohes Know-how verfügen müssen, um als „Komplettlösungs-Anbieter" auftreten zu können. Zweitens motivieren und incentivieren die meisten Unternehmen ihre Vertriebsmitarbeiter schlichtweg falsch. Genau hier setzt Bundling an: Im Gegensatz zu anderen Strategien zur Förderung des Cross Selling bietet Bundling den Vorteil, dass die Aufgabe der Zusammenführung der einzelnen Produkte nicht allein in den Händen des Vertriebs liegt, sondern integrierter Bestandteil der Strategie wird. Durch Bundling entsteht ein „Problemlösungs-Produkt", das der Vertrieb „en bloc" verkaufen kann. Entscheidend für den Erfolg dieser neuen umfassenden Produkte ist das Beherrschen des gesamten Bundling-Prozesses (Produktauswahl, Preisoptimierung, juristische, technologische und organisatorische Aspekte).

Auch wenn durch Bundling das Incentivierungsproblem gelöst oder zumindest gemildert wird, muss den Vertriebsmitarbeitern „Generalisten-Know-how" aus allen involvierten Unternehmensbereichen vermittelt werden. Dies wird am ehesten durch eine Fusion bzw. Übernahme gewährleistet, da auf Grund des dabei freigesetzten internen und externen Drucks die Integration der einzelnen Komponenten zu einem echten „Problemlösungs-Produkt" gelingt. Andererseits sind bei einer Fusion schwierige Hürden zu überwinden.

Strategischer Fit:

Haben beide Partner eine gemeinsame Vision, aus der kompatible strategische Ziele abgeleitet werden können? Ein gutes Beispiel hierfür ist die Fusion der Firmen Daimler und Benz im Jahre 1926. Beide hatten das ambitiöse Ziel, die besten Autos der Welt zu bauen.

Effizienter Ressourceneinsatz:

Können durch die Fusion die fehlenden Kompetenzen zur Entwicklung der „Problemlösungs-Produkte" akquiriert werden? Hierbei gilt es, eine ideale Ergänzung zu den eigenen Stärken zu einem angemessenen Preis bei vertretbarem Risiko zu finden.

Organisation:

Wie stark sind die Unterschiede in den Organisationsstrukturen der Partner? Zum Beispiel sind Versicherungen eher nach Sparten, Banken eher nach Kundengruppen organisiert. Eine Fusion führt daher zu erheblichen Reorganisationsproblemen.

Kultur:

Ist ein kultureller Fit zwischen den Beteiligten gegeben? Nach wie vor sind Kulturunterschiede ein Hauptgrund, warum mehr als die Hälfte aller Fusionen scheitert.

Technologie/IT:

Sind die technologischen Infrastrukturen kompatibel? Oft müssen im Zuge der Fusion völlig neue IT-Systeme entwickelt werden, weil die alten Systeme die gebündelten Produkte nicht adäquat abbilden können.

Unter den Aspekten des Know-how-Transfers und der Vertriebsincentivierung liegt die optimale Umsetzung der Bündelstrategie wohl auf Seiten der Fusion. Leider sehen viele Unternehmen in obigen Hinderungsfaktoren jedoch unüberwindbare Barrieren, weshalb sie sich mit einer Kooperation als „Second-best"-Lösung zufrieden geben. Ziel muss es in jedem Falle sein, vorhandene Cross-Selling-Potenziale bestmöglich auszuschöpfen.

8.5 Bundling: Strategy and Organization

Georg Wübker/Jens Baumgarten

The strategy of combining businesses to create a package is called "bundling". Examples of bundling include the multi-utility concept in the utilities industry and universal banking in the financial services sector. In order to realize the advantages of bundling, major changes to a company's organizational structure are often necessary. Since the bundled products or services usually are not offered by one company, the question inevitably arises: cooperative deal or merger?

The increasingly popular bundling strategy can have an enormous impact on the organizational structure of the supplier, which often has to enter into cooperative deals or mergers in order to seriously pursue a bundling strategy. Consider the following examples:

- In the utilities industry, a number of mergers are taking place for the purpose of sustaining a multi-utility strategy, i.e. the bundling of electricity, gas, water, disposal and services. The union of RWE and Thames and the PreussenElektra–Bayernwerk (E.ON) merger are the best-known examples.

- Bundling strategies will play an increasingly critical role in the financial services sector. The merger between Allianz and Dresdner Bank is the best example of effective implementation of a universal banking strategy. Other industry giants – for example, the HypoVereinsbank, which works together with the Ergo Group – are opting for cooperative deals to realize their universal banking concepts.

The goal of the bundling strategy is to encourage cross-selling between product lines. There are basically two reasons why most joint selling arrangements have failed thus far: First, the products are often complex and require explanation. Such products can be successfully sold only by generalists who have a high degree of know-how in all the relevant product areas. This know-how is necessary in order for them to come across as complete solution providers to potential customers. Second, most companies go about motivating their sales forces the wrong way and offer them the wrong incentives. Bundling can help solve this problem:

In contrast to other cross-selling strategies, bundling does not rely solely on the sales force to combine the individual products, but becomes an integrated component of the corporate strategy. Bundling helps create a "solution product" that is sold as a package. In order for the new product bundle to work, the company must master the entire bundling process (product selection, price optimization, legal, technological and organizational aspects).

Even if bundling solves, or at least alleviates, the incentive problem, the sales force still must acquire "generalist" know-how from all the involved departments. The most foolproof way to guarantee that this knowledge is effectively communicated is through a merger. Due to the internal and external pressure that is unleashed through the merger, the integration of the components results in a true "solution product". On the other hand, mergers are generally accompanied by difficult obstacles that threaten the survival of the new union.

Strategic fit:

Do both partners have a common vision from which compatible strategic goals can be derived? A good example is the merger of Daimler and Benz in 1926. Both companies had the ambitious goal to build the best automobiles in the world.

Efficient use of resources:

Can the missing know-how needed to develop the "solution product" be acquired through a merger? The partner should ideally complement the company's own strengths at a reasonable price and at an acceptable level of risk.

Organization:

How different is the partner's organizational structure from your own? For example, insurance companies generally are organized according to classes, banks according to customer groups. A merger of the two inevitably would lead to considerable organizational problems.

Culture:

Are the cultures of the merger candidates compatible? Cultural differences continue to be one of the main causes of failure in more than half of all mergers.

Technology/IT:

Are the technological infrastructures compatible? During the course of the merger, entirely new IT systems often have to be developed because the existing systems can not adequately depict the bundled product.

In light of the transfer and sales incentive aspects, a merger is necessary in order to optimally implement a bundling strategy. Unfortunately, many companies consider the above-mentioned hindrances insurmountable. Thus, many select to enter into cooperative deals, even though it is an inferior solution. Whether cooperative deal or merger, however, the goal must be to exhaust existing cross-selling potential to the greatest degree possible.

8.6 Strategie und Veränderung: Aus der Geschichte lernen

John C. Kornblum

In den USA wird Veränderung als selbstverständlich und sogar erstre-
benswert angesehen. Demgegenüber steht man in Europa, wo tief greifender Wandel meist durch traumatische Einschnitte wie Kriege oder
Wirtschaftskrisen ausgelöst wurde, dem Wandel traditionell skep-
tisch gegenüber. Besonders nach 1945, unter dem Eindruck des Zweiten Weltkrieges und des Ost-West-Konflikts, wurden in Europa gesellschaftliche Systeme aufgebaut, die einerseits durch kontinuierliches
Wirtschaftwachstum, großzügige Sozialleistungen und politische Stabilität gekennzeichnet waren, andererseits aber massive Barrieren
gegen Veränderung errichteten. Heute tut sich Europa schwer, mit
friedlichem und positivem Wandel zurechtzukommen. Dies aber ist
eine Grundvoraussetzung zur Bewahrung der Errungenschaften der
letzten Jahrzehnte unter den neuen Vorzeichen des 21. Jahrhunderts.

Wie immer in Phasen dramatischen Wandels wird auch zurzeit eine hit-
zige transatlantische Debatte über die Bedeutung von Veränderung
geführt. Ähnliche Diskussionen gab es bereits in den frühen siebziger
Jahren während des Vietnamkrieges, der Ölkrise und der Studentenre-
volte oder während der Nachrüstungsdebatte der frühen achtziger
Jahre. Die jetzt geweckten Emotionen reflektieren die Unsicherheit auf
beiden Seiten des Atlantiks über den Umgang mit Veränderung. Am
Anfang des 21. Jahrhunderts haben das Ende des Kalten Krieges und die
technologische Revolution viele Überzeugungen der letzten fünfzig
Jahre hinfällig gemacht.

Es gibt eine Reihe von Gründen für die Schwierigkeiten, die Europa im
Vergleich zu den USA mit der Anpassung an diese Veränderungen hat.
Die amerikanische Kultur beruht auf der Erwartung von Veränderung
und dem Bedürfnis nach Wandel. In Europa hingegen wurden Phasen
tief greifender Veränderung meist durch äußere Einwirkungen wie
Kriege, Invasionen oder wirtschaftliche Zusammenbrüche eingeleitet.
Dies führte dazu, dass europäische Gesellschaften sich in erster Linie auf
die Bewahrung mühsam errungener Stabilität konzentrierten. So

wurde nach dem Zweiten Weltkrieg in Europa hart am Aufbau beherrschbarer Systeme gearbeitet. Zwei Kriege und ein geteilter Kontinent hatten dazu geführt, dass das Augenmerk europäischer Führungspersönlichkeiten eher auf Berechenbarkeit als auf Innovation lag.

Besonders in Deutschland hat dieses historische Erbe zu einer seltsamen Art von Lähmung geführt. Viel Energie wird darauf verwendet, die Probleme zu analysieren. Führende aller Parteien und gesellschaftlichen Gruppen sind in der Lage, die Symptome bis ins Detail zu beschreiben. Dieselben Personen sind weniger erfolgreich, wenn es um das Aufzeigen von Lösungsmöglichkeiten geht. Die meisten Diskussionen enden mit der pessimistischen Feststellung, dass die Nachkriegsstrukturen zu unbeweglich sind, um eine Chance zu wirklicher Veränderung in absehbarer Zeit zuzulassen.

Heute steht Europa zum ersten Mal in der modernen Geschichte vor der Aufgabe, mit friedlicher und positiver Veränderung zurechtzukommen, statt sich von dramatischen, durch Kriege oder Wirtschaftskrisen ausgelösten Umbrüchen zu erholen. Dabei bedeutet die Anpassung an neue Entwicklungen nicht die „Amerikanisierung" oder „Globalisierung" irgendwelcher Teile der Welt oder das Ende traditioneller Kulturen und Lebensformen, sondern setzt nur die Bereitschaft zur Akzeptanz veränderter Gegebenheiten voraus. So begrüßte das Europa der Gründerzeit technologischen Wandel mit Kreativität und Enthusiasmus. Allerdings verstanden die damaligen Führungspersonen nicht die politischen und gesellschaftlichen Folgen ihres Handelns. Das Ergebnis waren fünfzig Jahre Krieg. Die Lehre, die die meisten daraus zogen, war: Veränderung ist schlecht.

Anders gesagt: Die Europäer, und besonders die Deutschen, laufen Gefahr, die falschen Lehren aus der Geschichte zu ziehen. Die Weltkriege des 20. Jahrhunderts sind nicht durch technologischen Wandel ausgelöst worden. Ihre Ursachen lagen vielmehr in der Weigerung der Politik, die notwendigen gesellschaftlichen Anpassungen an diesen Wandel durchzuführen.

Schon vor dreißig Jahren schrieb Henry Kissinger über die transatlantischen Beziehungen der Nachkriegszeit: „Zwei Jahrzehnte ... haben die Illusion geschaffen, dass die derzeitigen atlantischen Arrangements ‚natürlich' sind, dass es kluge Politik ist, bestehende Systeme erträglicher zu machen." Diese Analyse ist heute noch schlüssiger als damals. Besonders in Europa hat man sich an eine „natürliche" Ordnung der Dinge gewöhnt, die gar nicht natürlich ist, sondern in der „unnatürlichen Situation" begründet ist, die auf den Zweiten Weltkrieg folgte. Politische Festigkeit, kontinuierliches Wirtschaftswachstum, großzügige Sozialsysteme waren wichtige Bestandteile der Stabilität, die zum Überstehen des Kalten Krieges und für den Wiederaufbau Europas nötig war. Der starke Bedarf an Investitionen, Aufbau und Bildung bewirkte ein Wirtschaftswachstum, dessen Aufrechterhaltung auf einem vergleichbar hohen Niveau unmöglich war. Steuereinnahmen lieferten immense Mittel zur Bildung eines großzügigen Sozialsystems, und es schien, als sei die Schaffung einer auf Dauer stabilen Wohlstandsgesellschaft tatsächlich gelungen.

Veränderung im 21. Jahrhundert wird die wichtigen gesellschaftlichen Errungenschaften der Nachkriegszeit nicht auslöschen. Wenn allerdings gesellschaftliche Systeme so hart verteidigt werden, dass sie Veränderungen blockieren, werden die europäischen Wirtschaftssysteme nicht das Wachstum erreichen, das nötig ist, um die heute wichtigen Strukturen zu finanzieren. Erhebliche Probleme sind bereits im Gesundheits- und Rentensystem, im Bildungswesen sowie in Wissenschaft und Forschung erkennbar. Auch europäische Unternehmensstrukturen und Finanzmärkte können mit den raschen Veränderungen im Rest der Welt nicht Schritt halten. Europa kann seine Sicherheit, seinen Lebensstandard und seine Rolle in der Welt nicht bewahren, wenn es seine Wirtschaftssysteme nicht von den hemmenden gesellschaftlichen Strukturen, die noch aus der Zeit des Kalten Krieges stammen, befreit.

Die „natürliche" Ordnung demokratischer Gesellschaften ist ständige Veränderung. Zur Wahrung seines Wohlstandes muss Europa sich wieder an diese natürliche Ordnung anpassen. Dieser Prozess wird schwierig sein, aber: Eine Alternative gibt es nicht.

8.6 Strategy and Change: Learning from History

John C. Kornblum

American culture is based on the expectation and need for change. In contrast, eras of major change in Europe have usually been stimulated by dramatic external events such as war, invasion or economic collapse – leaving most Europeans skeptical of change. Postwar Europe built a social structure which was, on the one hand, characterized by political stability, steady economic growth and generous social systems. On the other hand, the structure also built great barriers against further change. Today Europe is struggling with the new challenge of managing peaceful and positive change. To preserve the achievements of the 20th century, Europe must learn to change. The future prosperity of 21st century Europe depends on it.

As in all times of dramatic transformation, there is a heated transatlantic debate today about the importance of change. Such arguments have broken out regularly over the past forty years: e.g. during the Vietnam War, the oil shock and the student revolts, or the major upheavals which accompanied the nuclear arms debate of the early 1980s. The emotions today reflect uncertainty on both sides of the Atlantic over how to deal with change. In the beginning of the 21st century, the end of the cold war and the technological revolution erased most of the certainties of the past fifty years.

In contrast to the United States, Europe is experiencing more difficulties with the readjustment. A number of factors contribute to Europe's slower pace of adjustment. American culture is based on the expectation and need for change. In contrast, eras of major change in Europe have usually been stimulated by dramatic external events such as war, invasion or economic collapse. As a result, European societies are often focused on preserving hard won stability. Postwar Europe worked even harder to build a predictable environment. Two wars and a divided continent led European leaders to place a premium on predictability rather than innovation.

In Germany in particular, this historical legacy has resulted in a strange sort of immobility. Much energy is spent on defining the problems. Leaders from all parties and all walks of life can describe the symptoms in considerable detail. These same people are less successful in prescribing solutions. In fact, most discussions end with the pessimistic conclusion that postwar structures are so immovable, that there is little chance of real change for a long time to come.

For the first time in modern history, Europe is faced with the task of managing peaceful, positive change rather than recovering from dramatic change brought on by war or depression. Adapting to these new developments does not require the end of traditional cultures or ways of life. In particular, it does not demand the "Americanization" or "globalization" of any part of the world. But it does require a willingness to adapt to new situations. "Gruenderzeit" Europe embraced technological change with creativity and enthusiasm. But its leaders did not understand the political and social consequences of their actions. The result was fifty years of warfare. The lesson to most was: change is bad.

In other words, Europeans and especially Germans are in danger of learning the wrong lessons from history. Great technological change was not the cause of the world wars in the 20th century. The conflicts were caused more by political efforts to hold back the adaptation process.

Writing about postwar Atlantic relations, Henry Kissinger suggested more than thirty year ago that "two decades ... have produced the illusion that present Atlantic arrangements are 'natural', that wise policy consists of making existing frameworks more tolerable". This analysis is even more cogent today. Especially in Europe, we have grown accustomed to a "natural" order of things which is not natural at all. Current perspectives are based on the "unnatural" situation which followed World War II. Political stability, steady economic growth and generous social systems were important factors for the stability needed to fight the cold war and rebuild Europe. Strong demand for investment, construction and education stimulated economic growth at levels not sustainable over the long term. Tax receipts provided ample resources to finance this stable society. It was truly possible to believe that permanent stability and prosperity had been achieved.

Change in the 21st century will not erase the important social achievements since 1945. But if current social arrangements are defended to such an extent that they block change, European economies will not grow enough to finance the structures now considered to be so important. Major problems are already visible in health care, retirement pensions, education and scientific research. Corporate structures and financial markets are also not keeping up with the rapid pace of change in the rest of the world. Unfortunately, reality is catching up. Europe cannot maintain its security, its standard of living or its world role if economies are not freed from the framework of cold war social management.

The "natural" order of democratic societies is continuous change. To prosper, Europe must readjust to this natural order. The process will be difficult, but there is no alternative.

Die Autoren/The Authors

Jens Baumgarten, Consultant, Simon, Kucher & Partners, Haydnstraße 36, D-53115 Bonn (jbaumgarten@simon-kucher.com).

Dr. Thorsten Blecker, Institut für Wirtschaftswissenschaften, Produktions-, Logistik- und Umweltmanagement, Universität Klagenfurt, Universitätsstraße 65-67, A-9020 Klagenfurt (thorsten.blecker@uni-klu.ac.at).

Dr. Michael Claessens, Senior Consultant, Simon, Kucher & Partners, 12, avenue Franklin D. Roosevelt, F-75008 Paris (mclaessens@simon-kucher.com).

Ricardo Diaz Rohr, Leiter Informationsmanagement – Chief Information Officer –, Lufthansa Cargo AG, Flughafen-Bereich West, D-60546 Frankfurt am Main (ricardo.diaz-rohr@dlh.de).

Prof. Dr. Peter F. Drucker, Claremont Graduate University, 1021 North Dartmouth Avenue, Claremont, California 91711, USA.

Christian P. Dyvig, Morgan Stanley Bank AG, Junghofstraße 13-15, D-60311 Frankfurt am Main (christian.dyvig@morganstanley.com).

Dr. Uli Fell, Consultant, Simon, Kucher & Partners, Haydnstraße 36, D-53115 Bonn (ufell@simon-kucher.com).

Bernhard C. Fink, CEO, General Electric Deutschland, Maria-Theresia-Straße 35, D-81675 München (Bernhard.C.Fink@ercgroup.com).

Dr. Uwe Harms, Chefvolkswirt – Chief Economist –, TUI AG, Karl-Wiechert-Allee 4, D-30625 Hannover (uwe.harms@preussag.de).

Prof. Dr. Dr. h.c. Jürgen Hauschildt, Institut für Betriebswirtschaftslehre, Christian-Albrechts-Universität zu Kiel, Zentrum für Betriebswirtschaft, Westring 425, D-24098 Kiel (hauschildt@bwl.uni-kiel.de).

Stefan Herr, Director, Simon, Kucher & Partners, Haydnstraße 36, D-53115 Bonn, (sherr@simon-kucher.com).

Prof. Dr. Bernd Kaluza, Institut für Wirtschaftswissenschaften, Produktions-, Logistik- und Umweltmanagement, Universität Klagenfurt, Universitätsstraße 65-67, A-9020 Klagenfurt (bernd.kaluza@uni-klu.ac.at).

Dr. Norbert Klapper, Mitglied des Vorstandes – Board of Management –, Dürr AG, Otto-Dürr-Str. 8, D-70435 Stuttgart (norbert.klapper@durr.com).

Michael Kleinemeier, Managing Director, SAP Deutschland AG & Co. KG, Neurottstraße 15a, D-69190 Walldorf (press@sap.com).

Ben Kluge, Senior Consultant, Simon, Kucher & Partners, Haydnstraße 36, D-53115 Bonn (bkluge@simon-kucher.com).

John C. Kornblum, Chairman, Lazard & Co. GmbH, Pariser Platz 4a, D-10117 Berlin (sabinebresser@lazard.com).

Dr. Michael Laker, Senior Partner, Simon, Kucher & Partners, Haydnstraße 36, D-53115 Bonn (mlaker@simon-kucher.com).

Dieter Lauszus, Partner, Simon, Kucher & Partners, Haydnstraße 36, D-53115 Bonn (dlauszus@simon-kucher.com).

Dr. Thomas Ludwig, Vorsitzender des Vorstandes – Chairman of the Executive Board –, ThyssenKrupp Serv AG, Hans-Günther-Sohl-Straße 1, D-40235 Düsseldorf (ludwig@tkserv.thyssenkrupp.com).

Prof. Dr. Michael Mirow, Senior Vice President, Corporate Strategies, Wittelsbacherplatz 2, D-80333 München (michael.mirow@mchw.siemens.de).

Dr. Alexander Pohl, Partner, Simon, Kucher & Partners, Haydnstraße 36, D-53115 Bonn (apohl@simon-kucher.com).

Prof. Dr. Michael E. Porter, Harvard Business School, Soldiers Field Road, Boston, MA 02163, USA (mporter@hbs.edu).

Dr. Frank Rautenberg, Consultant, Simon, Kucher & Partners, Haydnstraße 36, D-53115 Bonn (frautenberg@simon-kucher.com).

Dirk Schmidt-Gallas, Consultant, Simon, Kucher & Partners, Haydnstraße 36, D-53115 Bonn (dschmidt-gallas@simon-kucher.com).

Dr. Ulrich Schumacher, Vorsitzender des Vorstandes – CEO –, Infineon Technologies AG, Sankt-Martin-Straße 53, D-81541 München (ulrich.schumacher@infineon.com).

Prof. Dr. Hermann Simon, Vorsitzender der Geschäftsführung – Chairman –, Simon, Kucher & Partners, Haydnstraße 36, D-53115 Bonn (hsimon@simon-kucher.com).

Dr. Hannes Utikal, Consultant, Simon, Kucher & Partners, Haydnstraße 36, D-53115 Bonn (hutikal@simon-kucher.com).

Jan P. Weidner, Morgan Stanley Bank AG, Junghofstraße 13-15, D-60311 Frankfurt am Main (jan.weidner@morganstanely.com).

Prof. Dr. Claus Weyrich, Mitglied des Vorstandes – Member of the Managing Board –, Siemens AG, Otto-Hahn-Ring 6, D-81739 München (claus.weyrich@mchp.siemens.de).

Siegfried Wolf, President und CEO, Magna Steyr AG & Co KG, Magnastrasse 1, A-2522 Oberwaltersdorf (daniel.witzani@magna-europa.com).

Dr. Georg Wübker, Director, Simon, Kucher & Partners, Loewenstraße 69, CH-8001 Zürich (gwuebker@simon-kucher.com).